亲爱的读者！

感谢阅读本书，希望书中所讲内容，为你的工作和生活提供有益帮助。

你的好朋友正在寻找好书。赶快拿起你的手机，拍下本书的①封面、②封底、③你很喜欢的书中的内文、④其他希望得瑟的图片，拍出9张图，发到朋友圈。

1. 提供分享朋友圈截图，领取工具包，内含：

   - 192张报表（报表内容和书中相同，Excel格式）
   - 视频版《轻松合并财务报表》精讲课程。

2. 提供朋友圈截图，加入合并报表微信群，一起交流和分享专业问题。

   本书编辑的微信号：huh88huh；昵称：胡小乐；
   加好友时备注：合并报表。
   3个工作日内处理，不要着急。

出版图书或购书，欢迎联系我！

祝大家工作顺利！

扫一扫二维码，加胡小乐的微信

轻松合并财务报表

原理、过程与 Excel 实战

宋明月 著

图书在版编目（CIP）数据

轻松合并财务报表：原理、过程与 Excel 实战 / 宋明月著 . —北京：机械工业出版社，2018.10（2024.4 重印）

（会计极速入职晋级）

ISBN 978-7-111-61153-0

I. 轻… II. 宋… III. ①企业合并 - 会计报表 - 研究　②表处理软件 - 应用 - 会计报表　IV. ① F275.2　② F231.5-39

中国版本图书馆 CIP 数据核字（2018）第 231428 号

本书先用易于理解的简单事例，对合并财务报表的原理、合并结果的利好利空进行讲解并验证，接着从贴近会计实务的角度，再对抵销工作底稿设计、合并辅助资料的提供、常规类合并抵销项目与特殊类合并抵销项目如何编制抵销分录进行详细讲解，同时用简单的数据案例演示合并财务报表的编制过程，让你对合并报表实务有初步的了解。最后用综合案例，模拟实务工作中的各种场景，编制合并财务报表。

本书根据 2018 年 6 月发布的最新报表格式要求编写。书中共有 87 张大型实战图表，手把手教你如何用 Excel 做好合并报表工作。作者还贴心提示实务工作中容易遇到的难题及对策。这些表格和合并财务报表的编制方法可直接用于工作实务。

轻松合并财务报表：原理、过程与 Excel 实战

出版发行：机械工业出版社（北京市西城区百万庄大街 22 号　邮政编码：100037）	
责任编辑：冯小妹	责任校对：殷　虹
印　　刷：固安县铭成印刷有限公司	版　次：2024 年 4 月第 1 版第 10 次印刷
开　　本：170mm×242mm　1/16	印　张：25.5
书　　号：ISBN 978-7-111-61153-0	定　价：65.00 元

客服电话：(010) 88361066　68326294

版权所有 · 侵权必究
封底无防伪标均为盗版

前 言
Preface

学以致用，在实践中奋力前行

在会计学界，有人将合并报表、外币折算和物价变动会计视为财务会计的三大难题。普遍反映的合并报表难的问题，大致可以归纳为三类：认知类、转化类和验证类。

1. 认知类。由于专业知识的掌握程度不足，很多人对合并报表知识难以理解，理解了却记不住、记不全等，常见的外在表现为：如何精准确定合并报表的合并范围？如何将成本法核算的子公司投资转换为权益法核算？对于母子公司间的固定资产、存货等内部交易，如何进行抵销处理？对归属于母公司的商誉该如何确认？少数股东权益如何处理？等等。

有这类难题的，多见于初学者，可以通过深入学习并不断模拟演练解决。

2. 转化类。对专业知识进行深入学习后，已经熟练掌握合并范围的确定、各种类型的合并抵销的处理，能轻松编制各种类型的抵销分录，但是没有经过"实战"，或者只经历过简单的"实战"，当一套数据摆在面前时，无从下手。

书上的数字是经过整理的，发生的业务也很简单，并且简化和忽略了很多条件，而且有指引和参考答案。当指引和参考答案都不见了时，马上就懵了，先做什么后做什么，要怎么做而不要怎么做，看起来都有道理，似乎又都有漏洞。虽有足够的知识积累，却不知如何下手。明明守着金饭碗，却还要向别人讨生活。

这类难题要通过深入学习并实战才能解决。

3. 验证类。报表合并工作完成了，合并范围确认无误，能想到的该抵销的业务已经全部抵销了，合并结果是否准确？不知道！

单体财务报表，可以通过试算平衡、报表间的勾稽关系来验算报表是否正确，如果有异常，可以通过查看总账与明细账甚至原始单据，来找出原因，得到准确的结果。而合并财务报表则在合并范围内单体财务报表同类项目合计金额的基础上，通过抵销调整得出。验证合并结果是否准确，只有报表间的勾稽关系这一个方法可用，这个方法只能证明合并结果不准确，而不能证明合并结果是准确的。

单体报表之间的勾稽关系本身就是一致的，把这些报表同类项目简单相加后，报表之间的勾稽关系还是一致的，并不能说明合并结果是准确的。又或者，遗漏抵销部分项目，但是合并的结果是报表之间的勾稽关系仍然是一致的，合并结果准确吗？还是不知道！只有当合并的结果表明，报表之间的勾稽关系不一致时，用这个方法验证才能真正发挥作用，仅此而已。很多实务工作者编制完合并财务报表时，经常感觉自己做的数据有问题，但是又不知道哪里有问题，只有反复检查验证才能心安。

这类难题，是合并报表的特点所决定的。只能通过深入地学习，在确定合并范围、编制抵销分录等过程中反复检查，并对合并的结果进行"证伪"验证，尽可能降低这类难题对合并结果的影响，却不能完全消除。

作者是一直工作在一线的财务人员，有着丰富的合并财务报表的实战经验。作者先用易于理解的简单事例，对合并财务报表的原理、合并结果的利好利空进行讲解并验证，接着从贴近会计实务的角度，在对抵销工作底稿设计、合并辅助资料的提供、常规类合并抵销项目与特殊类合并抵销项目如何编制抵销分录进行详细讲解的同时，用简单的数据案例演示合并财务报表的编制过程，让读者对合并报表实务有初步的了解。最后用综合案例，模拟实务工作中的各种场景，编制合并财务报表。希望本书能有助于读者解决认知难、转化难的问题，至于验证难，要学习致用，在"用"的过程中不断总结，力求奋力前行。

全书共 11 章，分为四篇：理论篇、基础篇、提高篇和实战篇。

第 1 章和第 2 章为理论篇，主要讲述合并财务报表的原理、合并前后数据的变化，辅以通俗易懂的"左口袋、右口袋"案例贯穿全文，以加深对合并原理的理解，并对实务工作中用到的表格进行展示。

第 3～7 章为基础篇，主要讲述合并过程中需要抵销的常规内部交易业务，并用母公司与 4 个子公司合并的案例贯穿全文，演示合并报表的编制过程。

第 8 章和第 9 章为提高篇，介绍特殊业务的处理，主要讲述复杂类型的、不易理解的内部交易的抵销处理，包括固定资产、无形资产、新类型的业务、少数股东权益等，并在基础篇的母公司与 4 个子公司合并的案例的基础上，增加复杂类型的合并抵销分录，演示合并报表的编制。

第 10～11 章为实战篇，以综合案例形式，模拟真实的合并报表场景，从报表合并团队的组建及分工、备查账文件格式与记录，到账目核对、填写合并辅助资料等进行讲述，然后用一个综合案例，用数据演示实务工作中可能要处理的各类抵销业务：常规业务、特殊业务，以及合并范围的变更——增加、跨越会计年度连续编制，及合并范围减少等，基本上涵盖了实务工作中的绝大部分业务。第 11 章讲述合并工作底稿不同格式的运用。为读者学以致用提供参考。

本书根据 2018 年 6 月发布的最新报表格式要求编写，完全从实战的角度出发，在兼顾理论的同时，全程用案例的方式展开讲述，更贴近实务工作的场景，并在每章结尾处进行简短总结，以回顾本章的核心内容。书中的表格用 Excel 做成，是作者在原稿的基础上，在实践中多次优化而形成的最终结果，目前仍然用于实务工作。合并财务报表的编制方法，也是在实践中多次优化的结果，并得到 IPO 审计师的认可。这些表格（Excel 形式）和合并财务报表的编制方法可直接用于实战。

  书中的内容可能与证书考试的辅导教材内容有不同之处。证书考试，要以指定的辅导教材为准，本书的内容虽然有助于理解证书考试辅导教材中关于合并报表的内容，但是却不能用于应对考试，读者一定要留意。

  由于作者水平有限，本书对同一控制下的合并、交叉持股与合并报表附注的披露等并没有涉及，且错误、疏漏之处在所难免，欢迎读者指正。答疑或加入专业微信群，请微信朋友圈晒书后，加微信好友 huh88huh（昵称：胡小乐），3 个工作日内处理，不要着急。

宋明月

2018 年 10 月于肇庆市高新区

目录
Contents

前言　学以致用，在实践中奋力前行

  原理及方法

第1章　合并会计报表原理　　2

1.1　合并资产负债表　　3

  1.1.1　合并原理：你的口袋里有多少现金　　3

  1.1.2　资产负债率的利好与利空　　4

  1.1.3　数据验证：利好利空的临界值　　6

1.2　合并利润表　　8

  1.2.1　合并原理：你的总收入是多少　　8

  1.2.2　销售毛利率的利好与利空　　9

  1.2.3　数据验证：销售毛利率指标合并的利好与利空　　11

1.3　合并现金流量表　　13

  1.3.1　合并原理：你的现金收入和支出分别是多少　　13

  1.3.2　现金流入流出比的利好　　14

1.4　本章总结：一个经营主体观　　15

第 2 章 合并财务报表的编制方法   16

2.1 资产负债表、利润表合并工作底稿   18

2.1.1 教材版合并工作底稿   18
2.1.2 实务版合并资产负债表工作底稿   21
2.1.3 实务版合并利润表工作底稿   24
2.1.4 新增抵销分录列表   24

2.2 现金流量表合并工作底稿   28

2.2.1 新增现金流量表合并工作底稿   28
2.2.2 新增抵销分录列表   30

2.3 编制方法   31

2.3.1 方法1：逐笔抵销法   32
2.3.2 方法2：汇总抵销法   32
2.3.3 新增合并资产负债表辅助资料   33
2.3.4 新增合并利润表辅助资料   33
2.3.5 新增合并现金流量表补充资料   34

2.4 本章总结：利其器，才能善其事   35

基础篇　常规业务

第 3 章 长期股权投资业务合并实战   38

3.1 长期股权投资抵销分录   38

3.1.1 调整为权益法的抵销   38
3.1.2 成本法核算的抵销   39
3.1.3 成本法调整为权益法：多此一举有必要吗   39

3.2 实战案例：母子公司5个与50个的合并   43

3.2.1 合并财务报表的编制步骤   43

        3.2.2 巧用抵销分录列表1：5个母子公司长期股权
              投资抵销 44
        3.2.3 巧用抵销分录列表2：50个母子公司合并抵销
              又有何惧 56
    3.3 本章总结：分类汇总，提高工作效率和减少
        错误的利器 56

第4章 债权债务业务合并实战 58

    4.1 内部债权债务的抵销处理 58
        4.1.1 抵销方法1：自然抵销法 58
        4.1.2 抵销方法2：合并抵销法 59
    4.2 实战案例：汇总抵销内部债权债务 59
        4.2.1 母子公司需要填列的辅助资料 60
        4.2.2 合并实战：巧用抵销分录列表 60
    4.3 案例解析：抵销顺序、汇总抵销与资产负债率
        指标抵销前后变化 82
        4.3.1 抵销顺序 82
        4.3.2 逐笔抵销与汇总抵销 83
        4.3.3 资产负债率指标的利好与利空验证 83
    4.4 资产减值损失的抵销处理 84
    4.5 本章总结：汇总的两层含义，业务汇总与报表
        项目汇总 86

第5章 内部购销业务合并实战 87

    5.1 内部购销业务抵销分录 87
        5.1.1 抵销分录讲解 87
        5.1.2 抵销分录数据实证 88
    5.2 实战案例：合并利润表 89

5.2.1　七步法编制合并利润表　　89
　　　5.2.2　合并资产负债表不平衡为哪般　　95
5.3　财务指标的利好与利空　　106
　　　5.3.1　资产负债率的利好与利空　　106
　　　5.3.2　销售毛利率的利好与利空　　106
5.4　资产减值损失的当期抵销处理　　107
5.5　跨越会计年度连续编制合并报表时内部购销业务的抵销处理　　108
5.6　本章总结：混合抵销项目过数须知　　109

第6章　现金流量表合并实务与案例　　111

6.1　合并现金流量表的编制方法　　111
　　　6.1.1　以合并资产负债表、合并利润表为基础，通常有直接法和间接法　　111
　　　6.1.2　以单体现金流量表为基础，抵销内部现金及现金等价物往来编制　　114
6.2　编制合并现金流量表时应进行抵销的项目　　114
6.3　实战案例：七步法编制合并现金流量表　　116
6.4　合并抵销顺序　　129
6.5　数据验证：合并后现金流入流出比的利好与利空　　134
6.6　本章总结：合并现金流量表，听上去很难　　137

第7章　合并年初数、本年累计数与合并所有者权益变动表　　138

7.1　合并资产负债表年初数如何生成　　138
　　　7.1.1　连续编制合并财务报表　　138
　　　7.1.2　合并范围增加与减少　　142
7.2　合并利润表与合并现金流量表本年累计数　　149

7.3	合并所有者权益变动表编制方法与抵销项目	150
	7.3.1 单体所有者权益变动表的格式	150
	7.3.2 所有者权益变动表的填列方法	153
7.4	本章总结	155

提高篇　特殊业务

第 8 章　内部固定资产交易合并

8.1	以账面净值销售固定资产	160
8.2	以高于账面净值的金额销售固定资产	161
	8.2.1 交易当期的抵销	162
	8.2.2 持有固定资产期间的抵销	163
	8.2.3 交易后跨越会计年度时的抵销处理	166
	8.2.4 固定资产清理期间的抵销	174
8.3	销售产品，购买方作为固定资产的抵销	175
8.4	本章总结：有虚拟，才抵销	176

第 9 章　内部无形资产交易合并、少数股东权益及新类型的业务　177

9.1	内部无形资产销售的抵销	177
	9.1.1 内部无形资产销售当期的抵销	177
	9.1.2 同一会计年度的次月及以后月份的抵销处理	178
	9.1.3 内部无形资产销售跨年度持有期间的合并抵销	178
	9.1.4 内部无形资产销售摊销完毕的合并抵销	180
9.2	付费使用无形资产的抵销	180
	9.2.1 被授权方计入损益的抵销处理	180
	9.2.2 被授权方计入资产价值的抵销处理	181

9.2.3　综合案例　181
9.3　少数股东权益　181
9.4　新类型的业务抵销处理　189
9.5　总结：虚拟，是合并抵销的动因　190

实战篇　综合案例

第10章　财务报表合并工作指引及综合案例　192

10.1　操作规程1：团队协作才能取得真经　192
10.2　操作规程2：备查账　193
  10.2.1　长期股权投资备查账　193
  10.2.2　存货备查账　195
  10.2.3　应收减值损失备查账　197
  10.2.4　固定资产备查账　198
  10.2.5　无形资产备查账　199
  10.2.6　特殊业务备查账　200
  10.2.7　资金流动备查账　201
10.3　操作规程3：内部交易双方定期对账　202
10.4　操作规程4：填报合并辅助资料　202
10.5　操作规程5：设计合并财务报表文件格式　203
  10.5.1　合并备查账：内部交易明细数据　203
  10.5.2　合并辅助资料：内部交易汇总数据　203
  10.5.3　合并工作底稿：报表合并过程　204
  10.5.4　合并财务报表：报表合并结果　205
10.6　操作规程6：编制合并财务报表　207
10.7　综合案例　207
  10.7.1　初次编制合并财务报表　208

	10.7.2	后续会计期间的合并	235
	10.7.3	跨越会计年度的连续合并	299
	10.7.4	合并范围减少	306
10.8		本章总结：未雨绸缪，才能游刃有余	344

第 11 章　合并工作底稿不同格式的运用　350

11.1		尚未执行新金融准则和新收入准则的企业的报表	350
	11.1.1	资产负债表	350
	11.1.2	利润表	355
	11.1.3	所有者权益变动表与现金流量表	357
11.2		已执行新金融准则和新收入准则的企业的报表	363
	11.2.1	资产负债表	363
	11.2.2	利润表	366
	11.2.3	所有者权益变动表与现金流量表	371
11.3		管理报表	376
	11.3.1	资产负债表	376
	11.3.2	利润表	376
	11.3.3	现金流量表	379
	11.3.4	所有者权益变动表	389
11.4		本章总结：主、辅要明确	389

后记　合并报表核心事项总结　390

参考资料　393

原理及方法

第1章

合并会计报表原理

2014年7月1日起施行的《企业会计准则第33号：合并财务报表》第二条对合并财务报表做如下定义。

合并财务报表，是指反映母公司和其全部子公司形成的企业集团整体财务状况、经营成果和现金流量的财务报表。

母公司，是指控制一个或一个以上主体（含企业、被投资单位中可分割的部分，以及企业所控制的结构化主体等，下同）的主体。

子公司，是指被母公司控制的主体。

合并财务报表包含的内容，《企业会计准则第33号：合并财务报表》第三条有详细列举。

合并财务报表至少应当包括下列组成部分：
（一）合并资产负债表；
（二）合并利润表；
（三）合并现金流量表；
（四）合并所有者权益（或股东权益，下同）变动表；
（五）附注。

企业集团中期期末编制合并财务报表的，至少应当包括合并资产负债表、合并利润表、合并现金流量表和附注。

合并财务报表，是以纳入合并范围的单体合并报表为基础，把母公司和所有子公司作为一个经营主体看待，按照重要性的原则而编制的。

与单体报表简单相加相对比，合并财务报表更能把经营主体中最真实的一面显露出来，比如资产与负债规模、收入与利润规模以及资金的流出量与流入量等。财务报表合并之后可同时对有些指标进行"美化"，比如资产负债率、销售毛利率、资金的流入流出比等。

1.1 合并资产负债表

1.1.1 合并原理：你的口袋里有多少现金

【案例 1-1】假设你的身上只有两个口袋——左口袋和右口袋，左口袋有现金 200 元，右口袋没有现金，你把左口袋中的 200 元现金挪到了右口袋，此时你的身上有多少现金？还是 200 元！

如果把左口袋和右口袋作为 2 个会计主体，下面用资产负债表来表示资金挪动前后的变化。

资金挪动前，左右口袋的资产负债情况如表 1-1 所示。

表 1-1　资产负债表　　　　　　　　　　　　单位：元

项目	左口袋期末余额	右口袋期末余额	合计
货币资金	200.00	0	200.00
资产合计	200.00	0	200.00
实收资本	200.00	0	200.00
负债与所有者权益合计	200.00	0	200.00

如果把资金挪动作为往来款，挪动后你的资产负债情况如表 1-2 所示。

表 1-2　资产负债表　　　　　　　　　　　　单位：元

项目	左口袋期末余额	右口袋期末余额	合计
货币资金	—	200.00	200.00
其他应收款	200.00		200.00
资产合计	200.00	200.00	400.00
其他应付款		200.00	200.00
实收资本	200.00	0	200.00
负债与所有者权益合计	200.00	200.00	400.00

如果把资金挪动作为投资款，挪动后你的资产负债情况如表 1-3 所示。

表 1-3 资产负债表 单位：元

项目	左口袋期末余额	右口袋期末余额	合计
货币资金	—	200.00	200.00
长期股权投资	200.00		200.00
资产合计	200.00	200.00	400.00
实收资本	200.00	200.00	400.00
负债与所有者权益合计	200.00	200.00	400.00

问题：你的身上只有现金 200 元，这是确定无疑的。资金挪动后，按照会计的做法出具资产负债表，并把数据相加，你的总资产就变成了 400 元？不管是作为往来款还是投资款都是如此，这是什么原因呢？

那是因为你是个主体，而你的左口袋与右口袋就不是真正意义上的主体了，它们之间所谓的债权债务也好，投资与被投资也好，都是虚拟的。

资产负债表合并要做的事情，就是把虚拟的东西给去掉，反映你的真实状况：身上只有现金 200 元，这才是你的真实财务状况！

1.1.2　资产负债率的利好与利空

利好、利空是股市用语，百度百科的解释为：

利好是指刺激股价上涨的信息，如股票上市公司经营业绩好转等。

利空是指能够促使股价下跌的信息，如股票上市公司经营业绩恶化等。

在这里引用过来是为了方便说明财务指标的变化情况。

利好是指资产负债率降低、销售毛利率提高等财务指标好转。

利空则是指资产负债率提高、销售毛利率降低等财务指标恶化。

上述案例是虚拟的，只是为了说明资产负债表合并要解决的问题。下面用现实中上市公司的财务数据来说明资产负债率指标利好与利空的数据差别。

由于很难取得上市公司合并前的各单体财务报表数据，只能用母公司单体资产负债表与合并资产负债表数据进行对比。

【案例 1-2】 2016 年 12 月 31 日贵州茅台母公司资产负债表与合并资产负

债表期末数据差异对比，如表1-4所示。数据来源于贵州茅台的年度财务报告。

表1-4 资产负债表　　　　　　　　　　单位：千元

项目	贵州茅台母公司	贵州茅台合并数
资产合计	59 660 720.00	112 934 358.00
负债合计	23 858 171.00	37 035 995.00
所有者权益	35 802 549.00	75 898 543.00
负债与所有者权益合计	59 660 720.00	112 934 538.00
资产负债率	39.99%	32.79%

资产负债表合并后，资产负债率降低了7个百分点，这是资产负债率指标利好的效果。

【案例1-3】2016年12月31日索菲亚母公司资产负债表与合并资产负债表期末数据差异对比，如表1-5所示。数据来源于索菲亚的年度财务报告。

表1-5 资产负债表　　　　　　　　　　单位：千元

项目	索菲亚母公司	索菲亚合并数
资产合计	4 437 348.00	5 338 166.00
负债合计	1 044 165.00	1 346 295.00
所有者权益	3 393 183.00	3 991 871.00
负债与所有者权益合计	4 437 348.00	5 338 166.00
资产负债率	23.53%	25.22%

资产负债表合并后，资产负债率却增加了1.7个百分点，这是资产负债率指标利空的效果。

同样是合并，为什么合并后的资产负债率，贵州茅台数据达到了利好的效果，而索菲亚却出现了利空的结果呢？我们先来看一组数字，一个大于0但是小于1的分数，分子分母同时减去1时的结果：

9/10＞8/9＞7/8＞6/7＞5/6＞4/5＞3/4＞2/3＞1/2

如果9/10的分子减去1，分母减去1.13，结果就会出现反转。

回到我们资产负债率的问题上，如果只有内部债权债务抵销，总资产的减少额等于债权债务的减少额，资产负债表合并后，资产负债率就达到了利好的效果。之所以会出现利空的反转，那是因为净资产的抵销金额超过了一定的限度，至于这个限度是多少，我们可以推算出来。推演过程如下：

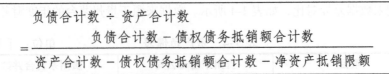

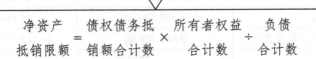

公式说明：

（1）净资产抵销限额，利空的反转点，当长期股权投资＋未实现内部销售利润大于此限额时，利好效果就会反转。

（2）债权债务抵销额合计数、所有者权益合计数、负债合计数取自于合并抵销前的原始数据合计。

1.1.3 数据验证：利好利空的临界值

【案例1-4】以左口袋和右口袋为例。初始数据如表1-6所示。

表1-6 资产负债表　　　　　　　　　　单位：元

项目	左口袋	右口袋	合计
资产合计	200 000.00	60 000.00	260 000.00
负债合计	130 000.00	30 000.00	160 000.00
所有者权益	70 000.00	30 000.00	100 000.00
负债与所有者权益合计	200 000.00	60 000.00	260 000.00
资产负债率	65.00%	50.00%	61.54%

如果确定内部债权债务抵销的金额为10 000元，按照上述公式测算，净资产的抵销限额为6 250元。如果净资产的抵销金额为6 250元，资产负债率的变化结果如表1-7所示。

如果净资产的抵销金额为6 300元，利空开始了，资产负债率的变化结果如表1-8所示。

如果净资产的抵销金额为6 200元，则开启利好模式，资产负债率的变化结果如表1-9所示。

表 1-7 合并资产负债表

单位：元

项目	左口袋	右口袋	合计	抵销借方	抵销贷方	合并数
资产合计	200 000.00	60 000.00	260 000.00	10 000.00	16 250.00	243 750.00
负债合计	130 000.00	30 000.00	160 000.00			150 000.00
所有者权益	70 000.00	30 000.00	100 000.00	6 250.00		93 750.00
负债与所有者权益合计	200 000.00	60 000.00	260 000.00	16 250.00	16 250.00	243 750.00
资产负债率	65.00%	50.00%	61.54%			61.54%

表 1-8 合并资产负债表

单位：元

项目	左口袋	右口袋	合计	抵销借方	抵销贷方	合并数
资产合计	200 000.00	60 000.00	260 000.00	10 000.00	16 300.00	243 700.00
负债合计	130 000.00	30 000.00	160 000.00			150 000.00
所有者权益	70 000.00	30 000.00	100 000.00	6 300.00		93 700.00
负债与所有者权益合计	200 000.00	60 000.00	260 000.00	16 300.00	16 300.00	243 700.00
资产负债率	65.00%	50.00%	61.54%			61.55%

表 1-9 合并资产负债表

单位：元

项目	左口袋	右口袋	合计	抵销借方	抵销贷方	合并数
资产合计	200 000.00	60 000.00	260 000.00	10 000.00	16 200.00	243 800.00
负债合计	130 000.00	30 000.00	160 000.00			150 000.00
所有者权益	70 000.00	30 000.00	100 000.00	6 200.00		93 800.00
负债与所有者权益合计	200 000.00	60 000.00	260 000.00	16 200.00	16 200.00	243 800.00
资产负债率	65.00%	50.00%	61.54%			61.53%

上述结果说明公式验证有效。

温馨提醒：我们用了不少的篇幅推演出临界值公式，并用数据来实证公式的有效性，只是为了说明合并后能达到的效果，以及利好与利空的临界值，让读者有个大致的指标概念。合并后的结果是实际存在的，这才是最真实的状态。为了某种特殊目的，在预估到"资产负债率"指标有利空时，通过一系列所谓的"包装"而达到利好的效果，终究会露出马脚的，因为谎言的开始，意味着将会产生更多的谎言来掩饰，随着时间的推移，终究会有掩饰不了的那一天。

小结：资产负债表合并要解决的是口袋里有多少现金的问题。与合计数相比，合并后的资产负债率，可以利好也可以利空，取决于抵销的净资产是否超过限定的金额。

1.2 合并利润表

1.2.1 合并原理：你的总收入是多少

现在把你左口袋的 200 元现金换成两台充电宝，购买价格 100 元/台。

场景一：当把左口袋的 2 台充电宝对外销售，销售价格为 200 元/台，本月你的销售收入是多少？ 400 元。用利润表表示，如表 1-10 所示。

表 1-10 利润表　　　　　　　　　　　　　　单位：元

项目	左口袋	右口袋	合计
销售收入	400.00		400.00
销售成本	200.00		200.00
毛利	200.00	—	200.00

场景二：如果把左口袋的一台充电宝直接对外销售，销售价格为 200 元，另一台充电宝从左口袋拿到右口袋，结算价格为 150 元，然后通过右口袋实现对外销售，价格为 200 元，你这个月的收入是多少？还是 400 元！所不同的是把一台充电宝从左口袋移到了右口袋。

如果把左口袋和右口袋作为 2 个会计主体，我们用利润表来反映充电宝的销售结果，如表 1-11 所示。

表 1-11 利润表　　　　　　　　　　单位：元

项目	左口袋	右口袋	合计
销售收入	350.00	200.00	550.00
销售成本	200.00	150.00	350.00
毛利	150.00	50.00	200.00

问题：同样是实现对外销售，采购价格、成本价格、数量都相同，所不同的是"场景二"中把其中的一台充电宝从左口袋"周转"到了右口袋，合计收入增加了150元。这是什么原因呢？

这是因为左口袋和右口袋都是你的口袋，两个口袋之间的销售与采购是虚拟的，不是真正意义上的对外销售。

利润表合并要做的事情就是：把虚拟的内部销售给抵销掉，这样才能得到真实的销售——你的充电宝一共卖了400元，这是确定无疑的。

至于"场景二"中充电宝转移过程中产生的150元内部销售，则是虚拟的，不是真正意义上的销售收入。

1.2.2　销售毛利率的利好与利空

我们仍然采用上市公司母公司的单体利润表与合并利润表进行数据对比，来说明合并前后数据的变化。

【案例1-5】2016年度贵州茅台母公司利润表与合并利润表当期数据差异对比，如表1-12所示。数据来源于贵州茅台的年度财务报告。

表 1-12 利润表　　　　　　　　　　单位：千元

项目	贵州茅台母公司	贵州茅台合并数
销售收入	12 897 811.00	38 862 189.00
销售成本	4 012 955.00	3 410 104.00
毛利	8 884 856.00	35 452 085.00
销售毛利率	68.89%	91.23%

与母公司数据相比，贵州茅台合并后的销售毛利率提高了22.34个百分点，这是销售毛利率指标利好的效果。

【案例1-6】2016年度索菲亚母公司利润表与合并利润表当期数据差异对比，如表1-13所示。数据来源于索菲亚的年度财务报告。

表 1-13 利润表   单位：千元

项目	索菲亚母公司	索菲亚合并数
销售收入	2 049 251.00	4 529 964.00
销售成本	1 295 866.00	2 873 582.00
毛利	753 385.00	1 656 382.00
销售毛利率	36.76%	36.57%

与母公司数据相比，索菲亚合并后的销售毛利率降低了 0.19 个百分点，这是销售毛利率指标利空的效果。

同样是合并，为什么合并后的销售毛利率，贵州茅台数据达到了利好的效果，而索菲亚却出现了利空的结果呢？这是因为母公司数据与合并数不具有可比性，利好或者利空不能从根本上说明问题。母子公司的收入合计数及成本合计数与合并后的数据才具有可比性。

与资产负债表合并前后资产负债率指标的变化类似，利润表合并前后的销售毛利率指标是利好还是利空也是存在临界值的，这个临界值与抵销金额有关。假设合并后有利好的效果，即合并后的销售毛利率大于合并前的销售毛利率，我们按照如下步骤进行推演。

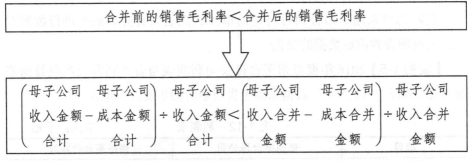

母子公司利润表合并前后的数据变化是：

①母子公司收入合并金额 = 母子公司收入金额合计 – 内部关联销售金额

②母子公司成本合并金额 = 母子公司成本金额合计 – （内部关联采购金额 – 未实现内部销售利润）

③内部关联销售金额 = 内部关联采购金额

我们把①②③三个等式代入推演公式中，略去计算过程，可以得到如下结果：

合并前的销售毛利率 ＞ 未实现内部销售利润 ÷ 内部关联销售金额

公式说明：

（1）当合并前后的数据满足上述条件时，利润表合并对销售毛利率有利好的效果，否则就会利空。

（2）合并前的销售毛利率 =（母子公司收入金额合计 − 母子公司成本金额合计）÷ 母子公司收入金额合计 ×100%。

1.2.3 数据验证：销售毛利率指标合并的利好与利空

【案例 1-7】仍然以前述场景二中的左口袋与右口袋销售充电宝为例，把左口袋的一台充电宝直接对外销售，销售价格为 200 元，另一台充电宝从左口袋拿到右口袋，结算价格为 150 元，然后通过右口袋实现对外销售，价格为 200 元。用数据来说明合并前后销售毛利率的利好变化。具体如表 1-14 所示。

表 1-14 合并利润表　　　　　　　　　　单位：元

项目	左口袋	右口袋	合计数	抵销借方	抵销贷方	合并数
销售收入	350	200	550	150		400
销售成本	200	150	350		150	200
销售毛利	150	50	200			200
销售毛利率			36.36%			50.00%

合并前的销售毛利率

= 200 ÷ 550 × 100% = 36.36%

未实现内部销售利润 ÷ 内部关联销售金额

= 0 ÷ 150 × 100% = 0

36.36% ＞ 0，即合并前的销售毛利率 ＞未实现内部销售利润 ÷ 内部关联销售金额，利好条件成立，公式验证有效。从表 1-14 可以看出，与合计数相比，合并后的销售毛利率利好效果还是非常明显的。

【案例 1-8】我们换一种场景，当右口袋没有实现对外销售时，用数据来说明合并前后销售毛利率的利好变化。具体如表 1-15 所示。

合并前的销售毛利率

= 150 ÷ 350 × 100% = 42.86%

未实现内部销售利润 ÷ 内部关联销售金额

= 50 ÷ 150 × 100% = 33.33%

表 1-15　合并利润表　　　　　　　　单位：元

项目	左口袋	右口袋	合计数	抵销借方	抵销贷方	合并数
销售收入	350	0	350	150		200
销售成本	200	0	200		100	100
销售毛利	150	0	150			100
销售毛利率			42.86%			50.00%

48.26% ＞ 33.33%，即合并前的销售毛利率＞未实现内部销售利润 ÷ 内部关联销售金额，利好条件成立，公式验证有效。

【案例 1-9】我们再换一种场景，如果没有产生内部关联销售，用数据来说明合并前后销售毛利率的变化。具体如表 1-16 所示。

表 1-16　合并利润表　　　　　　　　单位：元

项目	左口袋	右口袋	合计数	抵销借方	抵销贷方	合并数
销售收入	400	0	400			400
销售成本	200	0	200			200
销售毛利	200	0	200			200
销售毛利率			50.00%			50.00%

案例 1-7 至 1-9 都是在日常经营中会出现的场景，与合并前的数据相比，合并后的销售毛利率具有利好的效果。我们再举个相反的例子。

【案例 1-10】左口袋有 2 台充电宝，采购单价为 100 元 / 台，当期实现对外销售 1 台，销售单价为 80 元 / 台，另一台充电宝从左口袋拿到右口袋，结算价格为 150 元，右口袋没有实现对外销售，用数据来说明合并前后销售毛利率的变化。具体如表 1-17 所示。

表 1-17　合并利润表　　　　　　　　单位：元

项目	左口袋	右口袋	合计数	抵销借方	抵销贷方	合并数
销售收入	230	0	230	150		80
销售成本	200	0	200		100	100
销售毛利	30	0	30			−20
销售毛利率			13.04%			−25.00%

合并前的销售毛利率

= 30 ÷ 230 × 100% = 13.04%

未实现内部销售利润 ÷ 内部关联销售金额

= 50 ÷ 150 × 100% = 33.33%

13.04%＜33.33%，即合并前的销售毛利率＜未实现内部销售利润÷内部关联销售金额，利空条件成立，公式验证有效。

温馨提醒：此处我们推演出合并后销售毛利率利好与利空的条件，只是为了对合并后达到的数据效果进行预判，而不能用于不正当的目的，否则后果自负。

小结：利润表合并是解决当期总收入的问题。与合计数相比，在内部关联销售金额大于0，并且期末全部实现对外销售的情况下，合并后的销售毛利率有利好的效果。

1.3 合并现金流量表

1.3.1 合并原理：你的现金收入和支出分别是多少

【案例 1-11】我们将"1.2 合并利润表"中场景一的事项进行延伸：左口袋销售收入 400 元，是现金收入，同时在当期支付了购买充电宝的货款 200 元给供应商。左口袋与右口袋作为独立的会计主体，上述业务用现金流量表反映，如表 1-18 所示。

表 1-18 现金流量表　　　　　　　　　　单位：元

项目	左口袋	右口袋	合计数
销售商品、提供劳务收到的现金	400	0	400
购买商品、接受劳务支付的现金	200	0	200
现金净增加额	200	0	200

【案例 1-12】我们再把"1.2 合并利润表"中场景二的事项进行延伸：左口袋销售收入 200 元，是现金收入；右口袋的销售收入为 200 元，也是现金收入。右口袋支付左口袋购买充电宝货款 150 元，左口袋支付购买充电宝货款 200 元。左口袋与右口袋作为独立的会计主体，上述业务用现金流量表反映，如表 1-19 所示。

问题：你对外一共收了 400 元现金，支付了 200 元现金，本期你的现金净收入是 200 元，本节中案例 1-11 和案例 1-12 的各自合计数的净流入是相同的。为什么流入数和流出数不一样呢？

表 1-19　现金流量表　　　　　　　　　单位：元

项目	左口袋	右口袋	合计数
销售商品、提供劳务收到的现金	350	200	550
购买商品、接受劳务支付的现金	200	150	350
现金净增加额	150	50	200

那是因为左口袋与右口袋都是你的，右口袋支付左口袋购买充电宝货款150元，只是转移了现金的存放地点而已，不是真正意义上的对外采购支付货款，是虚拟的。

现金流量表合并要做的就是：把虚拟的内部资金流动抵销掉，计算出你本期实际现金流入额与流出额。本期你的现金净收入是200元，是通过用200元现金购买充电宝，然后用现金（400元）销售的方式把充电宝卖出去得到的。

1.3.2　现金流入流出比的利好

【**案例 1-13**】我们把案例 1-2 中的数据用合并数据来列示，看一下合并前后数据的变化（如表 1-20 所示）。

表 1-20　现金流量表　　　　　　　　　单位：元

项目	左口袋	右口袋	合计数	抵销金额	合并数
销售商品、提供劳务收到的现金	350	200	550	150	400
购买商品、接受劳务支付的现金	200	150	350	150	200
现金净增加额	150	50	200	0	200

合并前，为了净增加200元现金，你需要支付350元购买商品，并取得现金收入550元。

现金流入与流出比 = 550 ÷ 350 = 1.57

合并后，你只需要支付200元，并且取得400元的现金收入即可达成目标。

现金流入与流出比 = 400 ÷ 200 = 2

合并前，付出1元钱能带来1.57元收益，合并后付出1元钱能带来2元的收益，合并后的创收能力大幅度提升，这是真实的状态。

现金流量表合并前后的差异就是把可能"夸大"的资金占用量"还原"成真实水平，如果内部没有资金流动，就不存在"还原"的问题。

1.4 本章总结：一个经营主体观

合并财务报表的前提是：把合并对象作为一个经营主体。这一点要用心体会：把一个自然人想象成整个经营主体，他身上所有的口袋就是经营主体的子公司。他身上所有的口袋之间的债权债务、投资与被投资、购销和资金流动，相当于他在整理自己口袋的物品，都是"虚拟"的。对这个人来说，整体对外的资产、负债、收入、费用和利润等并没有变化，而通过简单合计，把"虚拟"的交易作为真实的交易看待，无意中会"夸大"这些报表项目的金额，只有通过合并抵销，抵销掉"虚拟"的数据，把表象（合并主体同类报表项目简单合计）还原为真实（合并抵销后的结果），才会发现这个人的真实状况。

（1）口袋里有多少现金？总收入是多少？现金收入和支出分别是多少？

（2）资产负债率并没有想象中的那么高，也没有预期的那么低；销售毛利率原来有这么高；既定的现金净增加额，原来不需要动用那么大的资金就可以达到。

第 2 章

合并财务报表的编制方法

合并财务报表的合并范围确定、编制原则等内容,注册会计师考试教材中的讲解非常详细,若想深入了解,请研读最近年度的教材。这里只原文摘录 2018 年度教材中合并财务报表的编制程序[1]。

1. 统一会计政策和会计期间。在编制合并财务报表前,母公司应当统一子公司所采用的会计政策,使子公司所采用的会计政策与母公司保持一致。子公司所采用的会计政策与母公司不一致的,可以采用两种方式进行调整:一是由母公司按照其自身的会计政策对子公司财务报表进行必要的调整;二是母公司要求子公司按照母公司的会计政策另行编报财务报表。同时,母公司应当统一子公司的会计期间,使子公司的会计期间与母公司保持一致。子公司的会计期间与母公司不一致的,应当按照母公司的会计期间对子公司财务报表进行调整;或者要求子公司按照母公司的会计期间另行编报财务报表。

2. 编制合并工作底稿。合并工作底稿的作用是为合并财务报表的编制提供基础。在合并工作底稿中,对母公司和子公司的个别财务报表各项目的金额进行汇总和抵销处理,最终计算得出合并财务报表各项目的合并金额。

将母公司、子公司个别资产负债表、利润表、现金流量表、所有者权益变动表各项目的数据过入合并工作底稿,并在合并工作底稿中对母公司和子公司个别财务报表各项目的数据进行加总,计算得出个别资产负债表、利润表、现金流量表、所有者权益变动表各项目合计金额。

3. 在合并工作底稿中编制调整分录和抵销分录,将内部交易对合并财

---

[1] 2018 年度注册会计师全国统一考试辅导教材《会计》第 548 页。

务报表有关项目的影响进行抵销处理。编制抵销分录，进行抵销处理是合并财务报表编制的关键和主要内容，其目的在于将个别财务报表各项目的加总金额中重复的因素予以抵销。但是，对属于非同一控制下企业合并中取得的子公司的个别财务报表进行合并时，还应当首先根据母公司为该子公司设置的备查簿的记录，以记录的该子公司各项可辨认资产、负债及或有负债等在购买日的公允价值为基础，通过编制调整分录，对该子公司提供的个别财务报表进行调整，以使子公司的个别财务报表反映为在购买日公允价值基础上确定的可辨认资产、负债及或有负债在本期资产负债表日的金额。对于子公司所采用的会计政策与母公司不一致的和子公司的会计期间与母公司不一致的，如果母公司自行对子公司的个别财务报表进行调整，也应当在合并工作底稿中通过编制调整分录予以调整。在编制合并财务报表时，对子公司的长期股权投资调整为权益法，也需要在合并工作底稿中通过编制调整分录予以调整，而不改变母公司"长期股权投资"账簿记录。

在合并工作底稿中编制的调整分录和抵销分录，借记或贷记的均为财务报表项目（即资产负债表项目、利润表项目、现金流量表项目和所有者权益变动表项目），而不是具体的会计科目。比如，涉及调整或抵销固定资产折旧、固定资产减值准备等的，均通过资产负债表中的"固定资产"项目，而不是"累计折旧""固定资产减值准备"等科目来进行调整和抵销。

4. 计算合并财务报表各项目的合并金额。即在母公司和子公司个别财务报表各项目加总金额的基础上，分别计算出合并财务报表中各资产项目、负债项目、所有者权益项目、收入项目和费用项目等的合并金额。其计算方法如下：

（1）资产类各项目，其合并金额根据该项目加总金额，加上该项目抵销分录有关的借方发生额，减去该项目抵销分录有关的贷方发生额计算确定。

（2）负债类各项目和所有者权益类各项目，其合并金额根据该项目加总金额，减去该项目抵销分录有关的借方发生额，加上该项目抵销分录有关的贷方发生额计算确定。

（3）有关收入类各项目和有关所有者权益变动各项目，其合并金额根据该项目加总金额，减去该项目抵销分录的借方发生额，加上该项目抵销分录的贷方发生额计算确定。

（4）有关费用类项目，其合并金额根据该项目加总金额，加上该项目抵销分录的借方发生额，减去该项目抵销分录的贷方发生额计算确定。

5. 填列合并财务报表。即根据合并工作底稿中计算出的资产、负债、所有者权益、收入、费用类以及现金流量表中各项目的合并金额，填列生成正式的合并财务报表。

2.1 资产负债表、利润表合并工作底稿

工作底稿是编制合并财务报表的主要工具。因此，工作底稿的便捷与否直接影响财务报表合并工作的效率。我们先来看看注册会计师考试教材所设计的合并工作底稿。

2.1.1 教材版合并工作底稿

2018年注册会计师考试教材《会计》第560页提供的合并工作底稿格式（原书表27-5，本书做部分引用，删掉了部分不常用的报表项目）如表2-1所示。

表 2-1 合并工作底稿（简表）

项目	母公司	子公司	合计金额	调整分录		抵销分录		少数股东权益	合并金额
				借方	贷方	借方	贷方		
流动资产：									
货币资金									
交易性金融资产									
应收票据									
应收账款									
预付账款									
应收利息									
应收股息									
其他应收款									
存货									
一年内到期的非流动资产									
其他流动资产									
流动资产合计									

(续)

项目	母公司	子公司	合计金额	调整分录 借方	调整分录 贷方	抵销分录 借方	抵销分录 贷方	少数股东权益	合并金额
非流动资产:									
可供出售金融资产									
持有至到期投资									
长期应收款									
长期股权投资									
投资性房地产									
固定资产									
在建工程									
工程物资									
固定资产清理									
生产性生物资产									
油气资产									
无形资产									
开发支出									
商誉									
长期待摊费用									
递延所得税资产									
其他非流动资产									
非流动资产合计									
资产总计									
流动负债:									
短期借款									
交易性金融负债									
应付票据									
应付账款									
预收款项									
应付职工薪酬									
应交税费									
应付利息									
应付股利									
其他应付款									
一年内到期的非流动负债									

(续)

项目	母公司	子公司	合计金额	调整分录 借方	调整分录 贷方	抵销分录 借方	抵销分录 贷方	少数股东权益	合并金额
其他流动负债									
流动负债合计									
非流动负债：									
长期借款									
应付债券									
长期应付款									
专项应付款									
预计负债									
递延所得税负债									
其他非流动负债									
非流动负债合计									
负债合计									
实收资本（或股本）									
资本公积									
减：库存股									
盈余公积									
未分配利润									
外币报表折算差额									
归属于母公司所有者权益合计									
少数股东权益									
所有者权益（或股东权益）合计									
负债和所有者权益（或股东权益）总计									
一、营业收入									
减：营业成本									
减：税金及附加									
销售费用									
管理费用									
财务费用									
资产减值损失									
加：公允价值变动收益									
投资收益									

(续)

项目	母公司	子公司	合计金额	调整分录 借方	调整分录 贷方	抵销分录 借方	抵销分录 贷方	少数股东权益	合并金额
其中：对联营企业和合营企业的投资收益									
二、营业利润									
加：营业外收入									
减：营业外支出									
其中：非流动资产处置损失									
三、利润总额									
减：所得税费用									
四、净利润									
归属于母公司所有者的净利润									
少数股东损益									
一、年初未分配利润									
二、本年增减变动金额									
其中：利润分配									
1.提取盈余公积									
2.对股东的分配									
三、年末未分配利润									

该版本的工作底稿，将资产负债表、利润表和所有者权益变动表过入到同一张表上。先把长期股权投资用权益法调整，然后再合并抵销，这样能非常直观地把报表合并的问题讲清楚。但是为了实务工作的便捷，最好进行适当的优化。

2.1.2 实务版合并资产负债表工作底稿

2.1.2.1 合并资产负债表工作底稿格式

结合实际工作的需要，本书对合并工作底稿进行了适当的整改和拆分。改动的地方有：

（1）把调整分录和抵销分录合并为一列。

（2）取消合并所有者权益变动表。该表根据合并后的资产负债表和利润表，采用倒挤数据的方式填列。

实务版合并资产负债表工作底稿格式如表 2-2 所示。

表 2-2 合并资产负债表　　　　　　金额单位：人民币元

项目	母公司	子公司 1	子公司 2	……	合计金额	调整借方	调整贷方	合并金额
资产								
流动资产：								
货币资金								
以公允价值计量且其变动计入当期损益的金融资产								
应收票据及应收账款								
预付账款								
其他应收款								
存货								
持有待售资产								
一年内到期的非流动资产								
其他流动资产								
流动资产合计								
非流动资产：								
可供出售金融资产								
持有至到期投资								
长期应收款								
长期股权投资								
投资性房地产								
固定资产								
在建工程								
生产性生物资产								
油气资产								
无形资产								
开发支出								
商誉								
长期待摊费用								
递延所得税资产								
其他非流动资产								
非流动资产合计								
资产总计								
流动负债：								
短期借款								
以公允价值计量且其变动计入当期损益的金融负债								

(续)

项目	母公司	子公司1	子公司2	……	合计金额	调整 借方	调整 贷方	合并金额
衍生金融负债								
应付票据及应付账款								
预收款项								
应付职工薪酬								
应交税费								
其他应付款								
持有待售负债								
一年内到期的非流动负债								
其他流动负债								
流动负债合计								
非流动负债：								
长期借款								
应付债券								
其中：优先股								
永续债								
长期应付款								
预计负债								
递延收益								
递延所得税负债								
其他非流动负债								
非流动负债合计								
负债合计								
实收资本（或股本）								
其他权益工具								
其中：优先股								
永续债								
资本公积								
减：库存股								
其他综合收益								
盈余公积								
未分配利润								
归属于母公司所有者权益合计								
少数股东权益								
所有者权益（或股东权益）合计								
负债和所有者权益（或股东权益）总计								

2.1.2.2 合并资产负债表工作底稿填写说明

（1）合计金额栏，根据各个合并相同的报表项目简单相加得出。

（2）调整栏，根据抵销分录的汇总数填列到对应报表项目的对应借方或者贷方单元格内。

（3）合并金额栏，根据合计栏与调整栏的借贷方金额计算得出，公式设置如下。

  资产类项目：合并金额 = 合计金额 + 调整借方金额 − 调整贷方金额

  负债类项目：合并金额 = 合计金额 − 调整借方金额 + 调整贷方金额

  所有者权益类项目：合并金额 = 合计金额 − 调整借方金额 + 调整贷方金额

2.1.3 实务版合并利润表工作底稿

2.1.3.1 合并利润表工作底稿格式

合并利润表如表2-3所示。

2.1.3.2 合并利润表工作底稿填写说明

（1）合计金额栏，根据各个合并相同的报表项目简单相加得出。

（2）调整栏，根据抵销分录的汇总数填列到对应报表项目的对应借方或者贷方单元格内。

（3）合并金额栏，根据合计栏与调整栏的借贷方金额计算得出，公式设置如下。

  收入类项目：合并金额 = 合计金额 − 调整借方金额 + 调整贷方金额

  成本、费用、支出类项目：合并金额 = 合计金额 + 调整借方金额 − 调整贷方金额

2.1.4 新增抵销分录列表

2.1.4.1 抵销分录列表格式

这是简化数据填充工作、提高工作效率而设计的表格，作为合并工作底稿不可分割的一部分，可以在很大程度上减少抵销数据的填充工作，而且能随时验证抵销分录的借贷方是否平衡。格式如表2-4所示。

表 2-3 合并利润表　　　　　　货币单位：人民币元

项目	母公司	子公司1	子公司2	……	合计金额	调整借方	调整贷方	合并金额
一、营业收入								
减：营业成本								
减：税金及附加								
销售费用								
管理费用								
研发费用								
财务费用								
其中：利息费用								
利息收入								
资产减值损失								
加：其他收益								
投资收益								
其中：对联营企业和合营企业的投资收益								
公允价值变动收益								
资产处置收益								
二、营业利润								
加：营业外收入								
减：营业外支出								
三、利润总额								
减：所得税费用								
四、净利润								
其中：被合并方在合并前实现的净利润								
（一）按经营持续性分类								
1.持续经营净利润（净亏损以"-"号填列）								
2.终止经营净利润（净亏损以"-"号填列）								
（二）按所有权归属分类								
1.少数股东损益								
2.归属于母公司所有者的净利润								
五、其他综合收益的税后净利润								

(续)

项目	母公司	子公司1	子公司2	……	合计金额	调整		合并金额
						借方	贷方	
(一)不能重分类进损益的其他综合收益								
1.重新计量设定受益计划变动额								
2.权益法下不能转损益的其他综合收益								
(二)将重分类进损益的其他综合收益								
1.权益法下可转损益的其他综合收益								
2.可供出售金融资产公允价值变动损益								
3.持有至到期投资重分类为可供出售金融资产损益								
4.现金流量套期损益的有效部分								
5.外币财务报表折算差额								
归属于少数股东的其他综合收益的税后净额								
六、综合收益总额								
归属于母公司所有者综合收益总额								
归属于少数股东的综合收益总额								
七、每股收益								
(一)基本每股收益								
(二)稀释每股收益								

2.1.4.2 抵销分录列表格式填写说明

（1）序号——按照顺序填充的流水号，一定要用数值格式，便于后续的数据分类汇总与还原。

（2）摘要——抵销项目简要说明。

（3）报表项目——要抵销的报表项目，即资产负债表和利润表项目，而不是凭证中的会计科目，这一点一定要非常清楚。

表 2-4

序号	摘要	报表项目	合计 借方	求和1 贷方	求和2 关联公司
1					
2					
3					
4					
5					
6					
7					
8					
9					
10					
11					
12					
13					
14					
15					
16					
17					
18					
19					
20					

（4）借方金额——要抵销的报表项目的借方抵销金额。

（5）贷方金额——要抵销的报表项目的贷方抵销金额。

（6）关联公司——参与抵销的两个会计主体。

（7）求和1——抵销分录的所有借方合计数。

（8）求和2——抵销分录的所有贷方合计数。

"求和1"与"求和2"的设定是为了验证抵销金额的正确性，这两个数据必须完全相等，否则要么是求和公式错误，要么是抵销金额错误。

关于抵销分录列表与合并工作底稿的具体使用方法及实战案例，请看"基础篇：常规业务""提高篇：特殊业务""实战篇：综合案例"。

2.2 现金流量表合并工作底稿

现金流量表是第三张主要报表,要按照收付实现制反映企业经济业务所引起的现金流入和流出,其有关经营活动产生的现金流量的编制方法有直接法和间接法两种。与资产负债表和利润表相比,现金流量表在编制过程中更多地应用了职业判断,由于不同的财务人员在经验、学识和公司经营状况了解方面的差异,同一笔业务现金流量项目的归属方面,可能会有所不同。

曾经有个笑话,说同一套财务数据,你给 100 个财务人员编制现金流量表,可能会得出 100 个结果。这一点,足以说明现金流量表编制的复杂性。这里的"100 个结果"指的是在某些具体的现金流量项目上,金额会有细小的差异,最后的结果即"现金及现金等价物净增加额"肯定是相同的,否则就说明数据错误。

单体现金流量表编制如此复杂,而合并现金流量表的编制却相对简单,只需要抵销内部的资金流动项目即可,所有的抵销金额都用减法。

2.2.1 新增现金流量表合并工作底稿

2.2.1.1 现金流量表合并工作底稿格式

合并现金流量表的工作底稿,近年来的注册会计师考试教材中没有提供。结合多年的工作实践,现金流量表合并工作底稿的格式如表 2-5 所示。

2.2.1.2 现金流量表合并工作底稿填写说明

(1)母公司、子公司——填写现金流量表本期抵销前发生额,若有多个子公司,在后面增加列数即可,其他格式不变。

(2)合计数——计算母子公司本期发生额的合计数,简单相加即可。

(3)调整——根据调整分录的金额填写。

(4)合并金额——根据母子公司的合计数减去调整数而得出的计算结果。计算公式分别为:

收入类现金流量项目 = 合计金额 + 调整借方金额 − 调整贷方金额

支出类现金流量项目 = 合计金额 − 调整借方金额 + 调整贷方金额

表 2-5　合并现金流量表工作底稿

编制单位：　　　　　　　　　　　　　　　　　　　　　　　金额单位：人民币元

项目	母公司	子公司1	子公司2	……	合计金额	调整 借方	调整 贷方	合并金额
一、经营活动产生的现金流量								
销售商品、提供劳务收到的现金								
收到的税费返还								
收到的其他与经营活动有关的现金								
经营活动现金流入小计								
购买商品、接受劳务支付的现金								
支付给职工以及为职工支付的现金								
支付的各种税费								
支付的其他与经营活动有关的现金								
经营活动产生现金流出小计								
经营活动产生的现金流量净额								
二、投资活动产生的现金流量								
收回投资收到的现金								
取得投资收益所收到的现金								
处理固定资产、无形资产和其他长期资产收回的现金净额								
处置子公司及其他营业单位收到的现金净额								
收到的其他与投资活动有关的现金								
投资活动现金流入小计								
购建固定资产、无形资产和其他长期资产支付的现金								
投资支付的现金								
取得子公司及其他营业单位支付的现金净额								
支付的其他与投资活动有关的现金								
投资活动现金流出小计								

(续)

项目	母公司	子公司1	子公司2	……	合计金额	调整 借方	调整 贷方	合并金额
投资活动产生的现金流量净额								
三、筹资活动产生的现金流量								
吸收投资所收到的现金								
取得借款收到的现金								
收到的其他与筹资活动有关的现金								
筹资活动现金流入小计								
偿还债务所支付的现金								
分配股利、利润和偿付利息支付的现金								
支付其他与筹资活动有关的现金								
筹资活动现金流出小计								
筹资活动产生的现金流量净额								
四、汇率变动对现金的影响								
五、现金及现金等价物净增加额								
加：期初现金及现金等价物余额								
六、期末现金及现金等价物余额								

2.2.2 新增抵销分录列表

2.2.2.1 抵销分录列表格式

与合并资产负债表和合并利润表的抵销分录列表类似，现金流量表的抵销分录列表也是为了提高工作效率、简化合并工作而设计的。但是在格式方面略有不同，具体如表2-6所示。

2.2.2.2 抵销分录列表填写说明

（1）序号——按照顺序填充的流水号，一定要用数值格式，便于后续的数据分类汇总以及还原操作。

（2）摘要——抵销项目简要说明。

（3）报表项目——要抵销的报表项目，即现金流量项目。

表 2-6

序号	摘要	报表项目	合计 借方金额 求和1	贷方金额 求和2	关联公司
1					
2					
3					
4					
5					
6					
7					
8					
9					
10					
11					
12					
13					
14					
15					
16					
17					
18					
19					
20					

（4）借方金额——要抵销的收入金额。

（5）贷方金额——要抵销的支出金额。

（6）关联公司——参与抵销的两个会计主体。

（7）求和1——待抵销的收入金额合计数。

（8）求和2——待抵销的支出金额合计数。

"求和1"与"求和2"的设定是为了验证抵销金额的正确性，这两个数据必须完全相等，否则要么是求和公式错误，要么是抵销金额错误。

2.3 编制方法

在会计实践中，财务报表合并有两种可行的编制方法：逐笔抵销法与汇总抵销法。下面将对这两种方法进行介绍。

2.3.1 方法1：逐笔抵销法

逐笔抵销法，顾名思义就是按照当期发生的内部关联交易，一笔一笔地抵销掉。这种方法最容易理解，也非常好操作。适用的条件是：

（1）合并范围的母子公司数量不多，最好不要超过10个，否则工作量非常大而且容易出错。例如20个母子公司，即使没有其他任何关联交易，合并时至少要做20次的"复制/粘贴"工作，只要遗漏一次，数据就不准确。而且大量重复动作很容易让人疲劳。

（2）母子公司之间的关联交易很少，掰着手指头就能数得过来，而且业务非常简单。如果关联业务非常多，原因同上，大量的"复制/粘贴"。

（3）备查账登记得非常准确，没有遗漏和错误。若遗漏，抵销就不完整，数据准确性就无从谈起。

上述条件之间的关系必须同时达到，缺一不可，否则就会直接影响财务报表合并工作的效率和结果的正确性。

2.3.2 方法2：汇总抵销法

汇总抵销法就是对于同类的关联交易，进行汇总抵销。无论合并范围的主体有多少，关联交易是否频繁，汇总抵销法均能轻松应对。这是在会计实务中用得最多的一种方法，因为有广泛的适用性，而且能在很大程度上减少抵销分录的数量和抵销数据的"复制/粘贴"工作，提高工作效率。

接下来的内容将采用汇总抵销法进行合并财务报表的演示。除了2.1节、2.2节的合并工作底稿和抵销分录列表外，我们还需要其他辅助资料（下文详述），由各母子公司的财务负责人提供。母子公司的财务负责人更加熟知本公司的财务数据，可以把报表合并工作进行合理的分工，不同会计主体之间的数据也可以相互印证，能减少在数据核对方面所投入的时间。

母公司必须要单独设置备查账，记录子公司的合并信息，包括纳入合并范围的时间、投资成本等信息，便于长期股权投资的抵销。子公司根据关联交易业务类型的复杂程度、是否频繁等，自行决定是否需要设置备查账。

2.3.3 新增合并资产负债表辅助资料

2.3.3.1 合并资产负债表辅助资料格式

合并资产负债表辅助资料格式如表 2-7 所示。

表 2-7 合并资产负债表辅助资料格式

项目	应收票据及应收账款		其他应收款		应付票据及应付账款		其他应付款		合计	对方余额	核对结果	差额	资产减值损失		
	借方	贷方	借方	贷方	借方	贷方	借方	贷方	应收+/应付-				本年新增	上年累计	年末余额
母公司											OK				
子公司 1											OK				
子公司 2											OK				
子公司 3											OK				
子公司 4											OK				
子公司 5											OK				
子公司 6											OK				
子公司 7											OK				
子公司 8											OK				
子公司 9											OK				
子公司 10											OK				

2.3.3.2 合并资产负债表辅助资料填写说明

（1）本表由母子公司财务负责人各自填写，根据期末对关联方的科目余额填列，若有数据差异，一定要找出差异的原因。

（2）若存在科目不匹配，另一方公司必须调整为一致，比如我方应收要匹配对方应付，我方其他应收要匹配对方其他应付，而不能出现我方其他应收匹配对方应付。

2.3.4 新增合并利润表辅助资料

2.3.4.1 合并利润表辅助资料格式

合并利润表辅助资料格式如表 2-8 所示。

表2-8　合并利润表辅助资料格式

开票月份	销售单位	收入金额	成本	购买单位	购入金额	入账月份	已累计实现对外销售	尚未实现对外销售	减值损失	上年未实现对外销售	上年计提减值损失

2.3.4.2　合并利润表辅助资料填写说明

（1）本表由母子公司财务负责人各自填写。

（2）本表填写本期发生的全部内部关联销售，以及本期销售的前期发生的内部关联销售，和本期尚未完成对外销售的前期发生的内部关联销售。

2.3.5　新增合并现金流量表补充资料

2.3.5.1　合并现金流量表补充资料格式

合并现金流量表补充资料格式如表2-9所示。

2.3.5.2　合并现金流量表补充资料填写说明

（1）本表由母子公司财务负责人各自填写。

（2）若存在项目不匹配，另一方公司必须调整为一致，比如我方销售商品、提供劳务收到的现金要匹配对方购买商品、接受劳务支付的现金，否则必须根据业务的实际内容进行调整，便于后续的抵销。

表2-2至表2-9的格式，是作者在会计实务工作的需求的基础上，结合教材版的合并工作底稿做的改进。这是作者经过多次尝试后所形成的现有结果，仍然用于作者现有的实务工作。这些表格的使用方法，在后面的章节中有案例可供参考。

表 2-9　合并现金流量表补充资料格式

项目	母公司	子公司 1	子公司 2	子公司 3	子公司 4	合计
销售商品、提供劳务收到的现金						
收到的其他与经营活动有关的现金						
购买商品、接受劳务支付的现金						
支付的其他与经营活动有关的现金						
收回投资收到的现金						
取得投资收益所收到的现金						
处理固定资产、无形资产和其他长期资产收回的现金净额						
处置子公司及其他营业单位收到的现金净额						
收到的其他与投资活动有关的现金						
购建固定资产、无形资产和其他长期资产支付的现金						
投资支付的现金						
取得子公司及其他营业单位支付的现金净额						
支付的其他与投资活动有关的现金						
吸收投资所收到的现金						
取得借款收到的现金						
收到的其他与筹资活动有关的现金						
分配股利、利润和偿付利息支付的现金						
支付其他与筹资活动有关的现金						
合计						

2.4　本章总结：利其器，才能善其事

古语有云："工欲善其事，必先利其器。"对本书而言，要善的"事"就是编制合并财务报表，需要利的"器"，指有助于高效、精确编制合并财务报表的各种工具。表 2-2 至表 2-9 所提供的各种参考格式，可以作为"器"的一部分，而且是非常重要的部分。这些表格的优点是易懂、易于操作，而且步步验证，不仅在编制过程中可以随时检查数据的逻辑关系是否正确，而且可以显著提高工作效率，这些优点将会在后面章节的案例中体现。

此外，建议读者活学活用。本章提供了 2 种版本的工作底稿，并非标准答案。读者可以在这两个版本的基础上，按照自己的习惯和公司财务报表的结构等，设计出更加优化的各种表格，这才是作者大力倡导的。

常规业务

本篇是全书的基础内容，用全景案例的方式，来演示常规业务合并财务报表的编制过程。其基于的假设前提如下。

（1）母公司直接持有纳入合并范围的子公司100%的股份，非同一控制下的合并，不存在少数股东权益和商誉，至于子公司的数量则根据案例演示的需要而变化。

（2）母子公司之间、子公司之间不存在未达账项，不存在合并范围的增加或减少，不存在交叉持股等复杂业务。

（3）母子公司经营地址均在国内，不存在会计政策、结算周期、记账本位币等差异。

接下来将首先讲解合并抵销分录的编制，然后用一个完整的案例，逐步增加合并抵销的内容，来演示合并财务报表的编制过程。在案例演示的过程中，会反复用到第2章中所列示的合并工作底稿、抵销分录列表和合并补充资料，关于这些表格的填写说明就不再赘述了。

第3章

长期股权投资业务合并实战

3.1 长期股权投资抵销分录

3.1.1 调整为权益法的抵销

背景资料：母公司于1月1日以账面价值取得子公司100%的股份，即投资成本＝子公司的实收资本＋资本公积（子公司期初数）＋盈余公积（子公司期初数）＋未分配利润（子公司期初数）。

很多的教材，在讲解长期股权投资的抵销时，都是先按照权益法调整对子公司的长期股权投资的价值，然后再根据合并工作底稿编制抵销分录。

调整分录如下。

（1）应享有子公司当期实现净利润的份额（权益法）。

借：长期股权投资——损益调整1　　　　　　　×××
　　贷：投资收益　　　　　　　　　　　　　　　×××

对于应承担子公司当期发生的亏损份额，做相反分录。

（2）当期收到子公司分派的现金股利或利润（权益法）。

借：应收股利　　　　　　　　　　　　　　　　×××
　　贷：长期股权投资
　　　　——损益调整2［等于对所有者（或股东）的分配］　×××

抵销分录如下。

（1）母公司对子公司长期股权投资与子公司所有者权益项目的抵销。

借：实收资本　　　　　　　　　　×××
　　资本公积　　　　　　　　　　×××（子公司期末数）

盈余公积　　　　　　　　×××（子公司期末数）
　　　未分配利润　　　　　　×××（子公司期末数）
　　贷：长期股权投资——成本　　　　　　　×××
　　　　长期股权投资——损益调整（1-2）　×××

（2）母公司的投资收益与子公司的利润分配的抵销处理。

借：投资收益　　　×××
　　未分配利润　　×××（子公司年初数）
　贷：提取盈余公积　×××（子公司所有者权益变动表项目）
　　　应付股利　　　×××
　　　未分配利润　　×××（子公司期末数）

3.1.2 成本法核算的抵销

　　成本法的做法就相对简单了，不需要做调整分录，直接做抵销分录。母公司对子公司长期股权投资与子公司所有者权益项目的抵销如下。

借：实收资本　　　　×××
　　资本公积　　　　×××（子公司期初数）
　　盈余公积　　　　×××（子公司期初数）
　　未分配利润　　　×××（子公司期初数）
　贷：长期股权投资——成本　　×××

3.1.3 成本法调整为权益法：多此一举有必要吗

　　有人要问了：成本法核算抵销分录如此简单，而权益法那么复杂，成本法的合并数据不对吧？

　　为了消除读者的疑问，我们来进行推演。金额相同的报表项目不做标记，金额有差异的报表项目用数字区分，比如同为"投资收益"报表项目即表明数据相同，而"长期股权投资——损益调整 1""长期股权投资——损益调整 2""长期股权投资——损益调整（1-2）"则代表数据不同，其中：

　　长期股权投资——损益调整（1-2）= 长期股权投资——损益调整 1- 长期股权投资——损益调整 2

3.1.3.1　推演方法 1：会计分录合并法

第一步，我们把权益法的调整分录与抵销分录合并，借方金额肯定与贷方金额相等。

借：长期股权投资——损益调整 1　　　　　　　　　×××
　　贷：投资收益　　　　　　　　　　　　　　　　×××
借：应收股利　　　　　　　　　　　　　　　　　　×××
　　贷：长期股权投资
　　　　——损益调整 2［等于对所有者（或股东）的分配］　×××
借：实收资本　　　　　　　　×××
　　资本公积　　　　　　　　×××（子公司期末数）
　　盈余公积　　　　　　　　×××（子公司期末数）
　　未分配利润　　　　　　　×××（子公司期末数）
　　贷：长期股权投资——成本　　　　　　　　　　×××
　　　　长期股权投资——损益调整（1-2）　　　　×××
借：投资收益　　　　　　　　　　　　　　　　　　×××
　　未分配利润（子公司年初数）　　　　　　　　　×××
　　贷：提取盈余公积（子公司所有者权益变动表项目）　×××
　　　　应付股利　　　　　　　　　　　　　　　　×××
　　　　未分配利润（子公司期末数）　　　　　　　×××

第二步，把所有的借方项目与贷方项目排列在一起。

借：长期股权投资
　　——损益调整 1　×××
　　应收股利　　　　×××
　　实收资本　　　　×××
　　资本公积　　　　×××（子公司期末数）
　　盈余公积　　　　×××（子公司期末数）
　　未分配利润　　　×××（子公司期末数）
　　投资收益　　　　×××
　　未分配利润　　　×××（子公司年初数）
　　贷：提取盈余公积　　×××（子公司所有者权益变动表项目）

应付股利　　　　　　　×××

未分配利润　　　　　　×××（子公司期末数）

投资收益　　　　　　　×××

长期股权投资

——损益调整2（等于应付股利）

　　　　　　　　　　　×××

长期股权投资

——成本　　　　　　　×××

长期股权投资

——损益调整（1-2）×××

未分配利润　　　　　　×××（子公司年初数）

第三步，抵销相同的报表项目。

借：长期股权投资

　　——损益调整1　　　　　　×××①

　　应收股利　　　　　　　　×××②

　　实收资本　　　　　　　　×××

　　资本公积　　　　　　　　×××（子公司期末数）

　　盈余公积　　　　　　　　×××（子公司期末数）

　　未分配利润（子公司期末数）×××③

　　投资收益　　　　　　　　×××④

　　未分配利润　　　　　　　×××（子公司年初数）

　贷：提取盈余公积　　　　　　　　　×××

　　　　　　　（子公司所有者权益变动表项目）

　　应付股利　　　　　　　　　　　×××⑤

　　未分配利润（子公司期末数）　　×××⑥

　　投资收益　　　　　　　　　　　×××⑦

　　长期股权投资——损益调整2　　×××⑧

　　　　　　　　　　　（等于应付股利）

　　长期股权投资——成本　　　　　×××

　　长期股权投资——损益调整（1-2）×××⑨

相同与相等的报表项目抵销如下。

借方报表项目"①长期股权投资——损益调整1"与贷方报表项目"⑧长期股权投资——损益调整2（等于应付股利）+⑨长期股权投资——损益调整（1-2）"相互抵销。

借方报表项目"②应收股利"与贷方报表项目"⑤应付股利"相互抵销。

借方报表项目"③未分配利润（子公司期末数）"与贷方报表项目"⑥未分配利润（子公司期末数）"相互抵销。

借方报表项目"④投资收益"与贷方报表项目"⑦投资收益"相互抵销。

此外，贷方报表项目"提取盈余公积（子公司所有者权益变动表项目）"="资本公积本期提取数+盈余公积本期提取数"，如果借贷方同时抵销此项目，则借方报表项目：

资本公积（子公司期末数）- 资本公积本期增加数 = 资本公积（子公司期初数）

盈余公积（子公司期末数）- 盈余公积本期提取数 = 盈余公积（子公司期初数）

第四步，抵销之后的结果如下。

借：实收资本　　　　　　　　　×××
　　资本公积　　　　　　　　　×××（子公司期初数）
　　盈余公积　　　　　　　　　×××（子公司期初数）
　　未分配利润　　　　　　　　×××（子公司期初数）
　贷：长期股权投资——成本　　　　　×××

上述过程全部是报表项目的推演，有兴趣的朋友可以用数据来进行验证，结果肯定是相同的。

3.1.3.2　推演方法2：资产负债表原理法

在前面的章节中讲过，**资产负债表合并要做的事情，就是把虚拟的东西给去掉，反映你的真实状况。**

初始投资时：

投资成本＝子公司的实收资本＋资本公积(子公司期初数)＋盈余公积（子公司期初数）＋未分配利润(子公司期初数)

由于是100%持股，后续不存在追加投资的可能性，所以这个等式是一直成立的。权益法的调整，只是增加了母子公司之间的虚拟业务，合并的过程就是把虚拟的东西给去掉。权益法调整后，在合并的过程中又被抵销掉了。

既然成本法与权益法抵销的结果是相同的，为什么很多教材要多此一举呢？那是因为这些教材的编者是为了让读者全面了解合并报表的全过程。在应试时，成本法调整为权益法是标准答案，所以还是按照教材的要求把成本法调整为权益法，但在会计实务中，却没有必要如此大费周章。

3.2 实战案例：母子公司5个与50个的合并

3.2.1 合并财务报表的编制步骤

合并财务报表的前期准备工作，包括会计政策的统一、外币报表折算、报表间的勾稽关系检查、合并范围科目余额与发生额的核对等，是前期的准备工作，本书不再重复了，直接进入编制的实施阶段。合并财务报表按照如下步骤编制：

第一步，把合并范围的母子公司数据过入合并工作底稿。合并工作底稿的格式及填写方法，详见前面章节的内容。

第二步，在"抵销分录列表"上编制抵销分录。

第三步，检查抵销分录借贷方金额合计数是否相等，通过后进行下一步。

第四步，全部选定抵销分录列表，按照"报表项目"列排序。

第五步，以"报表项目"为分类标准，资产负债表与利润表要选择"借方金额"与"贷方金额"作为求和项，而现金流量表要选择"金额"作为求和项，进行分类汇总。

第六步，把汇总的报表项目数据，分别过入合并工作底稿对应的调整单元格内，报表合并工作完成。

第七步，删除"抵销分录列表"的分类汇总项，按照"序号"列升序重新排序，把该表还原至抵销分录的最初状态，合并工作完成。

在接下来的案例中，将全部按照上述步骤编制合并财务报表。Excel 使用不太熟练的读者，请补充学习"排序"与"分类汇总"的功能。

3.2.2　巧用抵销分录列表 1：5 个母子公司长期股权投资抵销

【案例 3-1】母公司的备查账记录为：

（1）20×8 年 1 月 1 日，母公司以现金 165 万元取得子公司 1 的 100% 股权，子公司 1 的年初实收资本 100 万元，资本公积 10 万元，盈余公积 15 万元，未分配利润 40 万元。

（2）20×8 年 1 月 1 日，母公司以现金 100 万元取得子公司 2 的 100% 股权，子公司 2 的年初实收资本 50 万元，资本公积 3 万元，盈余公积 3 万元，未分配利润 44 万元。

（3）20×8 年 1 月 1 日，母公司以现金 50 万元取得子公司 3 的 100% 股权，子公司 3 的年初实收资本 40 万元，资本公积 5 万元，盈余公积 2 万元，未分配利润 3 万元。

（4）20×8 年 1 月 1 日，母公司以现金 50 万元取得子公司 4 的 100% 股权，子公司 4 的年初实收资本 45 万元，未分配利润 5 万元。

母子公司之间除长期股权投资外，无其他的内部关联交易。现将这 5 个母子公司的报表按照如下 7 个步骤合并。

第一步，将母子公司资产负债表期末数过入合并工作底稿。母子公司单体财务报表期末数不再单独列示。过入合并工作底稿后的数据如表 3-1 所示。

第二步，采用成本法，在"抵销分录列表"上编制抵销分录，编制后的结果如表 3-2 所示。

第三步，检查抵销分录借贷方金额合计数是否相等。本例中借贷方金额的合计数均为 3 650 000.00 元，验证通过，进入下一步。

第四步，全部选定抵销分录列表，按照"报表项目"列排序，至于选择"升序"还是"降序"，根据个人的工作习惯而定。在编制抵销分录时，"借方金额"与"贷方金额"每个单元格必须是数值格式，而不能采用任何公式，否则会导致排序后的合计数额有误。排序后的结果如表 3-3 所示。

表 3-1 资产负债表

货币单位：人民币元

项目	母公司	子公司 1	子公司 2	子公司 3	子公司 4	合计金额	调整 借方	调整 贷方	合并金额
资产：									
流动资产：									
货币资金	1 452 450.00	313 400.00	135 000.00	648 700.68	342 598.66	2 892 149.34			2 892 149.34
以公允价值计量且其变动计入当期损益的金融资产	—	—	—	—	—	—			—
应收票据及应收账款	3 567 893.00	237 689.00	320 000.00	650 000.00	430 000.00	5 205 582.00			5 205 582.00
预付账款	—	—	—	—	—	—			—
其他应收款	2 212 100.00	45 600.00	65 000.00	30 000.00	140 000.00	2 492 700.00			2 492 700.00
存货	3 560 000.00	757 800.00	378 000.00	659 000.00	348 000.00	5 702 800.00			5 702 800.00
持有待售资产									
一年内到期的非流动资产									
其他流动资产									
流动资产合计	11 792 443.00	1 554 489.00	898 000.00	1 987 700.68	1 260 598.66	16 293 231.34	—	—	16 293 231.34
非流动资产：									
可供出售金融资产									
持有至到期投资									
长期应收款									
长期股权投资	3 650 000.00					3 650 000.00			3 650 000.00
投资性房地产									
固定资产	8 700 000.00	1 100 000.00	950 000.00	699 299.32		11 449 299.32			11 449 299.32
在建工程									
生产性生物资产									

(续)

项目	母公司	子公司 1	子公司 2	子公司 3	子公司 4	合计金额	调整 借方	调整 贷方	合并金额
油气资产									
无形资产	1 000 000.00	200 000.00				1 200 000.00	—	—	1 200 000.00
开发支出						—			—
商誉						—			—
长期待摊费用						—			—
递延所得税资产						—			—
其他非流动资产						—			—
非流动资产合计	12 350 000.00	1 100 000.00	950 000.00	699 299.32		16 299 299.32	—	—	16 299 299.32
资产总计	24 142 443.00	2 654 489.00	1 848 000.00	2 687 000.00	1 260 598.66	32 592 530.66	—	—	32 592 530.66
流动负债:									
短期借款						—			—
以公允价值计量且其变动计人当期损益的金融负债						—			—
衍生金融负债						—			—
应付票据及应付账款	1 897 443.00		530 000.00	690 000.00	480 000.00	3 597 443.00	—	—	3 597 443.00
预收款项						—			—
应付职工薪酬	600 000.00	100 000.00	100 000.00	100 000.00	100 000.00	1 000 000.00			1 000 000.00
应交税费	356 000.00	210 000.00	118 000.00	87 000.00	78 000.00	849 000.00			849 000.00
其他应付款	1 850 000.00					1 850 000.00			1 850 000.00
持有待售负债						—			—
一年内到期的非流动负债						—			—
其他流动负债						—			—

项目	母公司	子公司1	子公司2	子公司3	子公司4	加总	抵消调整	合并数
流动负债合计	4 703 443.00	310 000.00	748 000.00	877 000.00	658 000.00	7 296 443.00	—	7 296 443.00
非流动负债：								
长期借款	7 000 000.00	—	—	1 000 000.00	—	8 000 000.00	—	8 000 000.00
应付债券	—	—	—	—	—	—	—	—
其中：优先股	—	—	—	—	—	—	—	—
永续债	—	—	—	—	—	—	—	—
长期应付款	—	—	—	—	—	—	—	—
预计负债	—	—	—	—	—	—	—	—
递延所得税负债	—	—	—	—	—	—	—	—
其他非流动负债	—	—	—	—	—	—	—	—
非流动负债合计	7 000 000.00	—	—	1 000 000.00	—	8 000 000.00	—	8 000 000.00
负债合计	11 703 443.00	310 000.00	748 000.00	1 877 000.00	658 000.00	15 296 443.00	—	15 296 443.00
实收资本	10 000 000.00	1 000 000.00	500 000.00	400 000.00	450 000.00	12 350 000.00	—	12 350 000.00
其他权益工具	—	—	—	—	—	—	—	—
其中：优先股	—	—	—	—	—	—	—	—
永续债	—	—	—	—	—	—	—	—
资本公积	750 000.00	100 000.00	30 000.00	50 000.00	—	930 000.00	—	930 000.00
减：库存股	—	—	—	—	—	—	—	—
其他综合收益	250 000.00	250 000.00	30 000.00	20 000.00	152 598.66	550 000.00	—	550 000.00
盈余公积	1 439 000.00	994 489.00	540 000.00	340 000.00	602 598.66	3 466 087.66	—	3 466 087.66
未分配利润	—	—	—	—	—	—	—	—
归属于母公司所有者权益合计	12 439 000.00	2 344 489.00	1 100 000.00	810 000.00	602 598.66	17 296 087.66	—	17 296 087.66
少数股东权益	—	—	—	—	—	—	—	—
所有者权益合计	12 439 000.00	2 344 489.00	1 100 000.00	810 000.00	602 598.66	17 296 087.66	—	17 296 087.66
负债和所有者权益总计	24 142 443.00	2 654 489.00	1 848 000.00	2 687 000.00	1 260 598.66	32 592 530.66	—	32 592 530.66

表 3-2

序号	摘要	报表项目	借方金额	贷方金额	关联公司
	合计		3 650 000.00	3 650 000.00	
1	母公司长期股权投资对子公司1所有者权益抵销	实收资本	1 000 000.00		母公司 & 子公司 1
2		资本公积	100 000.00		母公司 & 子公司 1
3		盈余公积	150 000.00		母公司 & 子公司 1
4		未分配利润	400 000.00		母公司 & 子公司 1
5		长期股权投资		1 650 000.00	母公司 & 子公司 1
6	母公司长期股权投资对子公司2所有者权益抵销	实收资本	500 000.00		母公司 & 子公司 2
7		资本公积	30 000.00		母公司 & 子公司 2
8		盈余公积	30 000.00		母公司 & 子公司 2
9		未分配利润	440 000.00		母公司 & 子公司 2
10		长期股权投资		1 000 000.00	母公司 & 子公司 2
11	母公司长期股权投资对子公司3所有者权益抵销	实收资本	400 000.00		母公司 & 子公司 3
12		资本公积	50 000.00		母公司 & 子公司 3
13		盈余公积	20 000.00		母公司 & 子公司 3
14		未分配利润	30 000.00		母公司 & 子公司 3
15		长期股权投资		500 000.00	母公司 & 子公司 3
16	母公司长期股权投资对子公司4所有者权益抵销	实收资本	450 000.00		母公司 & 子公司 4
17		未分配利润	50 000.00		母公司 & 子公司 4
18		长期股权投资		500 000.00	母公司 & 子公司 4

第五步，分类汇总。分类字段选择"报表项目"，汇总方式选择"求和"，选定汇总项为"借方金额"与"贷方金额"，进行分类汇总。选项如图 3-1 所示。

汇总后的结果如表 3-4 所示。

为了避免数据干扰，我们选择只显示汇总项，即分类汇总后点击 Excel 左上角的数字"2"，得到的结果如表 3-5 所示。

表 3-3

序号	摘要	报表项目	借方金额	贷方金额	关联公司
	合计		3 650 000.00	3 650 000.00	
1	母公司长期股权投资对子公司1所有者权益抵销	实收资本	1 000 000.00		母公司 & 子公司 1
6	母公司长期股权投资对子公司2所有者权益抵销	实收资本	500 000.00		母公司 & 子公司 2
11	母公司长期股权投资对子公司3所有者权益抵销	实收资本	400 000.00		母公司 & 子公司 3
16	母公司长期股权投资对子公司4所有者权益抵销	实收资本	450 000.00		母公司 & 子公司 4
4		未分配利润	400 000.00		母公司 & 子公司 1
9		未分配利润	440 000.00		母公司 & 子公司 2
14		未分配利润	30 000.00		母公司 & 子公司 3
17		未分配利润	50 000.00		母公司 & 子公司 4
3		盈余公积	150 000.00		母公司 & 子公司 1
8		盈余公积	30 000.00		母公司 & 子公司 2
13		盈余公积	20 000.00		母公司 & 子公司 3
5		长期股权投资		1 650 000.00	母公司 & 子公司 1
10		长期股权投资		1 000 000.00	母公司 & 子公司 2
15		长期股权投资		500 000.00	母公司 & 子公司 3
18		长期股权投资		500 000.00	母公司 & 子公司 4
2		资本公积	100 000.00		母公司 & 子公司 1
7		资本公积	30 000.00		母公司 & 子公司 2
12		资本公积	50 000.00		母公司 & 子公司 3

第六步，把汇总的报表项目数据，分别过入合并工作底稿对应的调整单元格内，即可完成报表合并工作。具体如表3-6所示。

表3-6中的最后一列"合并金额"即为合并后资产负债表的期末数，把此列的数据过入正式的合并资产负债表即可。报表合并工作完成。

第七步，把抵销分录的列表的分类汇总删除，并按照序号升序排列，还原成最初的抵销状态，便于以后的数据查询和检查。具体如表3-7所示。

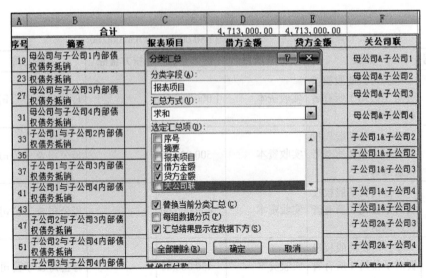

图 3-1

表 3-4

序号	摘要	报表项目	借方金额	贷方金额	关联公司
1	母公司长期股权投资对子公司1所有者权益抵销	实收资本	1 000 000.00		母公司 & 子公司 1
6	母公司长期股权投资对子公司2所有者权益抵销	实收资本	500 000.00		母公司 & 子公司 2
11	母公司长期股权投资对子公司3所有者权益抵销	实收资本	400 000.00		母公司 & 子公司 3
16	母公司长期股权投资对子公司4所有者权益抵销	实收资本	450 000.00		母公司 & 子公司 4
		实收资本汇总	2 350 000.00	0.00	
4		未分配利润	400 000.00		母公司 & 子公司 1
9		未分配利润	440 000.00		母公司 & 子公司 2
14		未分配利润	30 000.00		母公司 & 子公司 3
17		未分配利润	50 000.00		母公司 & 子公司 4
		未分配利润汇总	920 000.00	0.00	
3		盈余公积	150 000.00		母公司 & 子公司 1
8		盈余公积	30 000.00		母公司 & 子公司 2

(续)

序号	摘要	报表项目	借方金额	贷方金额	关联公司
13		盈余公积	20 000.00		母公司 & 子公司 3
		盈余公积汇总	200 000.00	0.00	
5		长期股权投资		1 650 000.00	母公司 & 子公司 1
10		长期股权投资		1 000 000.00	母公司 & 子公司 2
15		长期股权投资		500 000.00	母公司 & 子公司 3
18		长期股权投资		500 000.00	母公司 & 子公司 4
		长期股权投资汇总	0.00	3 650 000.00	
2		资本公积	100 000.00		母公司 & 子公司 1
7		资本公积	30 000.00		母公司 & 子公司 2
12		资本公积	50 000.00		母公司 & 子公司 3
		资本公积汇总	180 000.00	0.00	
		总计	3 650 000.00	3 650 000.00	

表 3-5

序号	摘要	报表项目	借方金额	贷方金额	关联公司
		实收资本汇总	2 350 000.00	0.00	
		未分配利润汇总	920 000.00	0.00	
		盈余公积汇总	200 000.00	0.00	
		长期股权投资汇总	0.00	3 650 000.00	
		资本公积汇总	180 000.00	0.00	
		总计	3 650 000.00	3 650 000.00	

在上述第二步时，读者会有疑问：子公司 1、子公司 2、子公司 3 和子公司 4 的所有者权益项目中，除了实收资本外，资本公积、盈余公积和未分配利润三个项目并没有完全抵销，比如子公司 1 盈余公积抵销后仍有余额，子公司 1 和子公司 2 的未分配利润抵销后也是有余额等。这是因为我们采用的是成本法抵销的，只是抵销所有者权益项目中，与初始投资成本有关的数据，而不是把期末的所有者权益项目数据全部抵销，然后再重新计提资本公积、盈余公积等，这是成本法与权益法的不同之处之一。

需要补充说明的是，在本案例数据演示的过程中，我们运用了如下理念：

表 3-6 资产负债表

货币单位：人民币元

项目	母公司	子公司 1	子公司 2	子公司 3	子公司 4	合计金额	调整 借方	调整 贷方	合并金额
资产：									
流动资产：									
货币资金	1 452 450.00	313 400.00	135 000.00	648 700.68	342 598.66	2 892 149.34			2 892 149.34
以公允价值计量且其变动计入当期损益的金融资产	—	—				—			0
应收票据及应收账款	3 567 893.00	237 689.00	320 000.00	650 000.00	430 000.00	5 205 582.00			5 205 582.00
预付账款						—			0
其他应收款	2 212 100.00	45 600.00	65 000.00	30 000.00	140 000.00	2 492 700.00			2 492 700.00
存货	3 560 000.00	757 800.00	378 000.00	659 000.00	348 000.00	5 702 800.00			5 702 800.00
持有待售资产						—			—
一年内到期的非流动资产						—			—
其他流动资产						—			—
流动资产合计	11 792 443.00	1 554 489.00	898 000.00	1 987 700.68	1 260 598.66	16 293 231.34	—	—	16 293 231.34
非流动资产：									
可供出售金融资产						—			
持有至到期投资						—			
长期应收款						—			
长期股权投资	3 650 000.00					3 650 000.00		3 650 000.00	
投资性房地产						—			
固定资产	8 700 000.00	1 100 000.00	950 000.00	699 299.32		11 449 299.32			11 449 299.32
在建工程						—			
生产性生物资产						—			
油气资产						—			

无形资产	1 000 000.00			1 200 000.00	
开发支出	200 000.00			—	
商誉				—	
长期待摊费用				—	
递延所得税资产				—	
其他非流动资产				—	
非流动资产合计	12 350 000.00	950 000.00	699 299.32	16 299 299.32	12 649 299.32
资产总计	24 142 443.00	2 654 489.00	1 848 000.00	2 687 000.00	1 260 598.66	32 592 530.66	28 942 530.66
流动负债：					
短期借款	1 897 443.00				3 597 443.00	3 597 443.00
以公允价值计量且其变动计入当期损益的金融负债					—	
衍生金融负债		530 000.00	480 000.00	690 000.00	1 000 000.00	1 000 000.00
应付票据及应付账款	600 000.00	100 000.00	100 000.00	100 000.00	—	
预收款项	356 000.00	210 000.00	118 000.00	87 000.00	78 000.00	849 000.00	849 000.00
应付职工薪酬	1 850 000.00				1 850 000.00	1 850 000.00
应交税费					—	
其他应付款					—	
持有待售负债					—	
一年内到期的非流动负债	4 703 443.00	310 000.00	748 000.00	877 000.00	658 000.00	7 296 443.00	7 296 443.00
其他流动负债					—	
流动负债合计						
非流动负债：					
长期借款	7 000 000.00			1 000 000.00	8 000 000.00	8 000 000.00

(续)

项目	母公司	子公司 1	子公司 2	子公司 3	子公司 4	合计金额	调整 借方	调整 贷方	合并金额
应付债券									
其中：优先股						—			—
永续债									
长期应付款						—			—
预计负债									
递延收益						—			—
递延所得税负债									
其他非流动负债	7 000 000.00	—	—	1 000 000.00		8 000 000.00			8 000 000.00
非流动负债合计	11 703 443.00	310 000.00	748 000.00	1 877 000.00	658 000.00	15 296 443.00	—	—	15 296 443.00
负债合计	10 000 000.00	1 000 000.00	500 000.00	400 000.00	450 000.00	12 350 000.00	2 350 000.00		10 000 000.00
实收资本									
其他权益工具									
其中：优先股									
永续债									
资本公积	750 000.00	100 000.00	30 000.00	50 000.00		930 000.00	180 000.00		750 000.00
减：库存股									
其他综合收益									
盈余公积	250 000.00	250 000.00	30 000.00	20 000.00		550 000.00	200 000.00		350 000.00
未分配利润	1 439 000.00	994 489.00	540 000.00	340 000.00	152 598.66	3 466 087.66	920 000.00		2 546 087.66
归属于母公司所有者权益合计	12 439 000.00	2 344 489.00	1 100 000.00	810 000.00	602 598.66	17 296 087.66	3 650 000.00		13 646 087.66
少数股东权益						—			
所有者权益合计	12 439 000.00	2 344 489.00	1 100 000.00	810 000.00	602 598.66	17 296 087.66	3 650 000.00		13 646 087.66
负债和所有者权益总计	24 142 443.00	2 654 489.00	1 848 000.00	2 687 000.00	1 260 598.66	32 592 530.66	3 650 000.00		28 942 530.66

表 3-7 合计

3 650 000.00　3 650 000.00

序号	摘要	报表项目	借方金额	贷方金额	关联公司
1	母公司长期股权投资对子公司1所有者权益抵销	实收资本	1 000 000.00		母公司 & 子公司 1
2		资本公积	100 000.00		母公司 & 子公司 1
3		盈余公积	150 000.00		母公司 & 子公司 1
4		未分配利润	400 000.00		母公司 & 子公司 1
5		长期股权投资		1 650 000.00	母公司 & 子公司 1
6	母公司长期股权投资对子公司2所有者权益抵销	实收资本	500 000.00		母公司 & 子公司 2
7		资本公积	30 000.00		母公司 & 子公司 2
8		盈余公积	30 000.00		母公司 & 子公司 2
9		未分配利润	440 000.00		母公司 & 子公司 2
10		长期股权投资		1 000 000.00	母公司 & 子公司 2
11	母公司长期股权投资对子公司3所有者权益抵销	实收资本	400 000.00		母公司 & 子公司 3
12		资本公积	50 000.00		母公司 & 子公司 3
13		盈余公积	20 000.00		母公司 & 子公司 3
14		未分配利润	30 000.00		母公司 & 子公司 3
15		长期股权投资		500 000.00	母公司 & 子公司 3
16	母公司长期股权投资对子公司4所有者权益抵销	实收资本	450 000.00		母公司 & 子公司 4
17		未分配利润	50 000.00		母公司 & 子公司 4
18		长期股权投资		500 000.00	母公司 & 子公司 4

（1）长期股权投资成本法抵销，而不是先调整为权益法，然后再抵销。

（2）数据汇总抵销，而不是逐笔抵销。

（3）巧妙运用 Excel 的分类汇总、排序功能，既能快速得出结果，又能把调整后的数据还原，便于数据的查询和检查。

此外，请注意抵销分录最后一列，即"关联公司"列，填写的内容为抵销涉及的关联主体，是按照合并工作底稿中母子公司的排列顺序抵销的。比如本例中，抵销的顺序，从母公司&子公司1到子公司4，接下来的顺序，如果存在子公司间的抵销业务，就要从子公司1&子公司2到子公司4，然后从子公司2&子公司3到子公司4，最后子公司3&子公司4，这样不仅可以避免重复抵销，还能防止遗漏掉抵销事项。

3.2.3　巧用抵销分录列表2：50个母子公司合并抵销又有何惧

前述案例，合并主体的母子公司合计只有5个，而在实务中，可能远远大于此数，比如50个或者更多，如何处理？

第一步，在抵销分录列表上编制抵销分录，一定要按照合并工作底稿中母子公司排列的顺序抵销。

第二步，按照"报表项目"排序，然后分类汇总。

第三步，把汇总数据过入工作底稿，最后还原抵销分录列表。

这项工作可以在编制合并财务报表前完成，只要会计期间内没有增加、减少合并主体，抵销的金额不变，第一次编制抵销分录时工作量确实大一些，但是可以一劳永逸，不用每次都编制抵销分录。如果在会计期间内合并主体有增加、减少，只需要调增变化的部分。

工作量比较大的是第一次编制抵销分录，抵销分录结果的正确与否可以通过第一行的借方合计数与贷方合计数验证，采用Excel的"拆分""冻结"功能，把第一行和第二行冻结，这样就能随时验证抵销分录的金额是否正确。

所以，有了"抵销分录列表"的"分类汇总"这一利器，50个或者更多的母子公司合并抵销工作根本就不是难事，而且很可能是一劳永逸的，第一次的努力，带来了以后无数次的便捷。

3.3　本章总结：分类汇总，提高工作效率和减少错误的利器

本章的案例中，抵销分录列表共有18行数据，如果按照逐笔抵销的方式，需要做18次的复制/粘贴工作。如果遗漏一次数据就会有问题，而在大量的复制/粘贴重复工作中，不可能精力高度集中每次都精准完成，而且很可能会因为被某件事情打扰而中断，不记得复制/粘贴到哪里，只能从头开

始。这样，结果的准确性就难以保证，而且工作效率不高。

有了Excel"分类汇总"的利器，就可以大大减少复制/粘贴的次数，既提高了工作效率，也能减少错误。例如本例中，18次的复制/粘贴，通过分类汇总后减少至5次。延伸一下，如果是50个子公司的长期股权投资的合并抵销，会涉及100行以上的数据，100多次的复制/粘贴工作，工作效率不可能高，数据准确性、完整性更难以保证。

第 4 章

债权债务业务合并实战

4.1 内部债权债务的抵销处理

内部债权债务抵销，是资产负债表合并的另一项重要内容。与长期股权投资不同的是，内部债权债务抵销没有那么复杂，只要前期准备充分，并且把一些简单的工作进行适当的分工，并采用汇总抵销法，这项工作就可以轻松完成，而不受母子公司的个数与关联往来是否频繁的制约。内部债权债务抵销共有两种常用的做法：自然抵销法和合并抵销法。

4.1.1 抵销方法 1：自然抵销法

这是最简单的一种操作方法，只需要制定科目规则并执行就可以了。规则就是把母子公司之间、子公司与子公司之间往来的所有业务，在核算时用统一的一个科目，通常的做法是选用"其他应收款"或者"其他应付款"科目，二选一，合并范围的所有公司都是如此操作，这样在把母子公司数据过入工作底稿并计算合计数时，就自然相互抵销了。

这样做的好处是不需要做单独的抵销处理，就能达到抵销的效果。不足之处在于，把内部购销、资产调拨等业务混在一起，不利于编制现金流量表，而且很容易隐藏业务的实质，甚至会导致单体资产负债表非常难看，比如制定的统一科目余额要么小得离谱，要么大得离谱。

为了减少自然抵销法的不足，可以采用变通的做法：月底在核对完合并主体之间的关联科目余额后，把所有内部关联债权债务的数据合计，计入单体资产负债表，只是调整原始的单体表，而不调账，对外的报表也不需要调整。由于报表版本过多，在提供数据的过程中增加了出错率。

4.1.2 抵销方法 2：合并抵销法

如果想保持财务报表的一致性，而不是针对不同目的提供不同版本的财务报表，只有通过合并抵销法来实现。

合并抵销，如果不遵从规则，会把简单的问题复杂化，反而增加很多无用的工作量。内部债权债务合并抵销需要遵从的规则是：

关联方之间的科目使用要规范。既然要反映内部债权债务最真实的业务本质，那就在日常核算时，按照外部单位（供应商、客户、其他往来单位或者个人）的科目使用规则进行。

（1）内部关联购销，销售方计入"应收账款"科目，购买方必须要计入"应付账款"科目。

（2）内部资产调拨，调出方计入"其他应收款"科目，调入方必须要计入"其他应付款"科目。

（3）涉及长期资产的，调出方计入"长期应收款"科目，调入方必须要计入"长期应付款"科目。由于这项业务不多，可以并入"其他应收款"科目与"其他应付款"科目核算。

（4）每月必须核对内部往来账，发现差异必须调整，若属于未达账项，一定要标注原因。

有人喜欢不按套路出牌：你让我入"其他应收款"科目，我偏要入"应付账款"科目。这样的结果是：要么对账工作量大，要么合并抵销不彻底。有兴趣的读者可以用数据测试一下。

4.2 实战案例：汇总抵销内部债权债务

既然要合并抵销，一些前期准备工作必须要准备充分，包括核对单体财务报表间的勾稽关系是否正确、准备合并工作底稿等。此外，内部债权债务的抵销还需要提供辅助资料。

4.2.1 母子公司需要填列的辅助资料

资产负债表的辅助资料样式及使用说明，在理论篇中已经提供，此处不再重复说明，直接用案例演示。

【案例 4-1】 沿用第 3 章的案例资料，20×8 年 3 月 31 日编制合并资产负债表时，母子公司之间除了长期股权投资外，还有内部的债权债务，母子公司同时附列如下辅助资料。

（1）母公司提供的辅助资料如表 4-1 所示。

（2）子公司 1 提供的资料如表 4-2 所示。

（3）子公司 2 提供的资料如表 4-3 所示。

（4）子公司 3 提供的资料如表 4-4 所示。

（5）子公司 4 提供的资料如表 4-5 所示。

4.2.2 合并实战：巧用抵销分录列表

母子公司的报表按照如下七个步骤合并。

第一步，将母子公司资产负债表期末数过入合并工作底稿。母子公司单体财务报表期末数不再单独列示了。过入合并工作底稿后的数据如表 4-6 所示。

第二步，在"抵销分录列表"上编制抵销分录，编制后的结果如表 4-7 所示。

第三步，检查抵销分录借贷方金额合计数是否相等。本例中借贷方金额的合计数均为 4 713 000.00 元，验证通过。

请注意抵销分录列表中抵销的顺序，业务类别按照长期股权投资到内部债权债务的顺序抵销，一项业务全部抵销后再进入下一项业务的抵销。"关联公司"列，特别是内部债权债务的抵销分录很有代表性，完全按照合并工作底稿中母子公司的排列顺序抵销。

注意：合并抵销的顺序是按照业务类型抵销，一项业务全部抵销后再进入下一项业务的抵销。关联公司的抵销顺序是按照合并工作底稿中母子公司的排列顺序抵销。

这个顺序是经过实践检验的，可以便捷、完整地编制抵销分录。

表 4-1

项目	应收票据及应收账款		其他应收款		应付票据及应付账款		其他应付款		余额合计 应收+/应付-	对方余额	核对结果	差额
	借方	贷方	借方	贷方	借方	贷方	借方	贷方				
母公司												
子公司1	56 700.00							12 000.00	44 700.00	-44 700.00	OK	
子公司2	38 900.00		21 000.00						59 900.00	-59 900.00	OK	
子公司3			46 000.00		3 000.00				49 000.00	-49 000.00	OK	
子公司4								90 000.00	-90 000.00	90 000.00	OK	

表 4-2

项目	应收票据及应收账款		其他应收款		应付票据及应付账款		其他应付款		余额合计 应收+/应付-	对方余额	核对结果	差额
	借方	贷方	借方	贷方	借方	贷方	借方	贷方				
母公司												
子公司1			12 000.00			56 700.00			-44 700.00	44 700.00	OK	
子公司2			45 000.00					78 000.00	-33 000.00	33 000.00	OK	
子公司3	38 000.00		79 000.00						117 000.00	-117 000.00	OK	
子公司4			61 000.00			98 000.00		33 000.00	-70 000.00	70 000.00	OK	

表 4-3

项目	应收票据及应收账款		其他应收款		应付票据及应付账款		其他应付款		余额合计 应收+/应付-	对方余额	核对结果	差额
	借方	贷方	借方	贷方	借方	贷方	借方	贷方				
母公司												
子公司1		38 900.00						21 000.00	-59 900.00	59 900.00	OK	
子公司2			78 000.00					45 000.00	33 000.00	-33 000.00	OK	
子公司3	87 000.00		90 000.00						177 000.00	-177 000.00	OK	
子公司4			93 000.00			3 400.00			89 600.00	-89 600.00	OK	

表 4-4

项目	应收票据及应收账款 借方	应收票据及应收账款 贷方	应付票据及应付账款 借方	应付票据及应付账款 贷方	其他应收款 借方	其他应收款 贷方	其他应付款 借方	其他应付款 贷方	余额合计 应收+/应付−	对方余额	核对结果	差额
母公司		3 000.00						46 000.00	−49 000.00	49 000.00	OK	
子公司1				38 000.00				79 000.00	−117 000.00	117 000.00	OK	
子公司2				87 000.00				90 000.00	−177 000.00	177 000.00	OK	
子公司3												
子公司4	25 000.00							65 000.00	−40 000.00	40 000.00	OK	

表 4-5

项目	应收票据及应收账款 借方	应收票据及应收账款 贷方	应付票据及应付账款 借方	应付票据及应付账款 贷方	其他应收款 借方	其他应收款 贷方	其他应付款 借方	其他应付款 贷方	余额合计 应收+/应付−	对方余额	核对结果	差额
母公司					90 000.00				90 000.00	−90 000.00	OK	
子公司1	98 000.00				33 000.00			61 000.00	70 000.00	−70 000.00	OK	
子公司2	3 400.00			25 000.00				93 000.00	−89 600.00	89 600.00	OK	
子公司3					65 000.00				40 000.00	−40 000.00	OK	
子公司4												

表 4-6 合并资产负债表工作底稿

货币单位：人民币元

项目	母公司	子公司 1	子公司 2	子公司 3	子公司 4	合计金额	调整 借方	调整 贷方	合并金额
资产									
流动资产：									
货币资金	1 452 450.00	313 400.00	135 000.00	648 700.68	342 598.66	2 892 149.34	—	—	2 892 149.34
以公允价值计量且其变动计入当期损益的金融资产	—	—	—	—	—	—			—
应收票据及应收账款	3 567 893.00	237 689.00	320 000.00	650 000.00	430 000.00	5 205 582.00			5 205 582.00
预付账款	—	—	—	—	—	—			—
其他应收款	2 212 100.00	45 600.00	65 000.00	30 000.00	140 000.00	2 492 700.00			2 492 700.00
存货	3 560 000.00	757 800.00	378 000.00	659 000.00	348 000.00	5 702 800.00			5 702 800.00
持有待售资产									
一年内到期的非流动资产									
其他流动资产						—			—
流动资产合计	11 792 443.00	1 554 489.00	898 000.00	1 987 700.68	1 260 598.66	16 293 231.34			16 293 231.34
非流动资产：									
可供出售金融资产									
持有至到期投资									
长期应收款									
长期股权投资	3 650 000.00					3 650 000.00			3 650 000.00
投资性房地产									
固定资产	8 700 000.00	1 100 000.00	950 000.00	699 299.32		11 449 299.32			11 449 299.32
在建工程						—			—
生产性生物资产									
油气资产									

(续)

项目	母公司	子公司1	子公司2	子公司3	子公司4	合计金额	调整 借方	调整 贷方	合并金额
无形资产	1 000 000.00	200 000.00				1 200 000.00	—	—	1 200 000.00
开发支出						—	—	—	—
商誉						—	—	—	—
长期待摊费用						—	—	—	—
递延所得税资产						—	—	—	—
其他非流动资产						—	—	—	—
非流动资产合计	12 350 000.00	1 100 000.00	950 000.00	699 299.32		16 299 299.32	—	—	16 299 299.32
资产总计	24 142 443.00	2 654 489.00	1 848 000.00	2 687 000.00	1 260 598.66	32 592 530.66	—	—	32 592 530.66
流动负债:									
短期借款						—			—
以公允价值计量其变动计入当期损益的金融负债						—			—
衍生金融负债						—			—
应付票据及应付账款	1 897 443.00		530 000.00	690 000.00	480 000.00	3 597 443.00			3 597 443.00
预收款项	600 000.00	100 000.00	100 000.00	100 000.00	100 000.00	1 000 000.00			1 000 000.00
应付职工薪酬	356 000.00	210 000.00	118 000.00	87 000.00	78 000.00	849 000.00			849 000.00
应交税费	1 850 000.00					1 850 000.00			1 850 000.00
其他应付款						—			—
持有待售负债						—			—
一年内到期的非流动负债						—			—
其他流动负债						—			—
流动负债合计	4 703 443.00	310 000.00	748 000.00	877 000.00	658 000.00	7 296 443.00			7 296 443.00
非流动负债:									

项目			
长期借款	7 000 000.00		8 000 000.00
应付债券		1 000 000.00	
其中：优先股			—
永续债			—
长期应付款			
预计负债			
递延收益			
递延所得税负债			
其他非流动负债			
非流动负债合计	11 703 443.00	310 000.00	748 000.00	1 000 000.00	658 000.00	8 000 000.00
负债合计	10 000 000.00	1 000 000.00	500 000.00	1 877 000.00	450 000.00	15 296 443.00
实收资本				400 000.00		12 350 000.00
其他权益工具						
其中：优先股						
永续债						
资本公积	750 000.00	100 000.00	30 000.00	50 000.00		930 000.00
减：库存股						—
其他综合收益						
盈余公积	250 000.00	250 000.00	30 000.00	20 000.00		550 000.00
未分配利润	1 439 000.00	994 489.00	540 000.00	340 000.00	152 598.66	3 466 087.66
归属于母公司所有者权益合计	12 439 000.00	2 344 489.00	1 100 000.00	810 000.00	602 598.66	17 296 087.66
少数股东权益						—
所有者权益合计	12 439 000.00	2 344 489.00	1 100 000.00	810 000.00	602 598.66	17 296 087.66
负债和所有者权益总计	24 142 443.00	2 654 489.00	1 848 000.00	2 687 000.00	1 260 598.66	32 592 530.66

表 4-7

合计　借方金额 4 713 000.00　贷方金额 4 713 000.00

序号	摘要	报表项目	借方金额	贷方金额	关联公司
1	母公司长期股权投资对子公司1所有者权益抵销	实收资本	1 000 000.00		母公司 & 子公司1
2		资本公积	100 000.00		母公司 & 子公司1
3		盈余公积	150 000.00		母公司 & 子公司1
4		未分配利润	400 000.00		母公司 & 子公司1
5		长期股权投资		1 650 000.00	母公司 & 子公司1
6	母公司长期股权投资对子公司2所有者权益抵销	实收资本	500 000.00		母公司 & 子公司2
7		资本公积	30 000.00		母公司 & 子公司2
8		盈余公积	30 000.00		母公司 & 子公司2
9		未分配利润	440 000.00		母公司 & 子公司2
10		长期股权投资		1 000 000.00	母公司 & 子公司2
11	母公司长期股权投资对子公司3所有者权益抵销	实收资本	400 000.00		母公司 & 子公司3
12		资本公积	50 000.00		母公司 & 子公司3
13		盈余公积	20 000.00		母公司 & 子公司3
14		未分配利润	30 000.00		母公司 & 子公司3
15		长期股权投资		500 000.00	母公司 & 子公司3
16	母公司长期股权投资对子公司4所有者权益抵销	实收资本	450 000.00		母公司 & 子公司4
17		未分配利润	50 000.00		母公司 & 子公司4
18		长期股权投资		500 000.00	母公司 & 子公司4

第 4 章 债权债务业务合并实战

	抵销项目	科目	金额	公司对
19	母公司与子公司1内部债权债务抵销	其他应付款	12 000.00	母公司 & 子公司 1
20		其他应收款	12 000.00	母公司 & 子公司 1
21		应付票据及应付账款	56 700.00	母公司 & 子公司 1
22		应收票据及应收账款	56 700.00	母公司 & 子公司 1
23	母公司与子公司2内部债权债务抵销	其他应付款	21 000.00	母公司 & 子公司 2
24		其他应收款	21 000.00	母公司 & 子公司 2
25		应付票据及应付账款	38 900.00	母公司 & 子公司 2
26		应收票据及应收账款	38 900.00	母公司 & 子公司 2
27	母公司与子公司3内部债权债务抵销	其他应付款	46 000.00	母公司 & 子公司 3
28		其他应收款	46 000.00	母公司 & 子公司 3
29		应付票据及应付账款	3 000.00	母公司 & 子公司 3
30		应收票据及应收账款	3 000.00	母公司 & 子公司 3
31	母公司与子公司4内部债权债务抵销	其他应付款	90 000.00	母公司 & 子公司 4
32		其他应收款	90 000.00	母公司 & 子公司 4
33	子公司1与子公司2内部债权债务抵销	其他应付款	45 000.00	子公司 1 & 子公司 2
34		其他应收款	45 000.00	子公司 1 & 子公司 2
35		其他应收款	78 000.00	子公司 1 & 子公司 2
36	子公司1与子公司3内部债权债务抵销	其他应付款	78 000.00	子公司 1 & 子公司 3
37		其他应付款	79 000.00	子公司 1 & 子公司 3
38		其他应收款	79 000.00	子公司 1 & 子公司 3

（续）

序号	摘要	报表项目	借方金额	贷方金额	关联公司
合计			4 713 000.00	4 713 000.00	
39	子公司1与子公司4内部债权债务抵销	应付票据及应付账款		38 000.00	子公司1&子公司3
40		应收票据及应收账款			子公司1&子公司3
41		其他应付款	61 000.00		子公司1&子公司4
42		其他应收款		61 000.00	子公司1&子公司4
43		其他应付款	33 000.00		子公司1&子公司4
44		其他应收款		33 000.00	子公司1&子公司4
45		应付票据及应付账款	98 000.00		子公司1&子公司4
46		应收票据及应收账款		98 000.00	子公司1&子公司4
47	子公司2与子公司3内部债权债务抵销	其他应付款	90 000.00		子公司2&子公司3
48		其他应收款		90 000.00	子公司2&子公司3
49		应付票据及应付账款	87 000.00		子公司2&子公司3
50		应收票据及应收账款		87 000.00	子公司2&子公司3
51	子公司2与子公司4内部债权债务抵销	其他应付款	93 000.00		子公司2&子公司4
52		其他应收款		93 000.00	子公司2&子公司4
53		应付票据及应付账款	3 400.00		子公司2&子公司4
54		应收票据及应收账款		3 400.00	子公司2&子公司4
55	子公司3与子公司4内部债权债务抵销	其他应付款	65 000.00		子公司3&子公司4
56		其他应收款		65 000.00	子公司3&子公司4
57		应付票据及应付账款	25 000.00		子公司3&子公司4
58		应收票据及应收账款		25 000.00	子公司3&子公司4

第四步，全部选定抵销分录列表，按照"报表项目"列排序，至于选择"升序"还是"降序"，根据个人的工作习惯而定。在编制抵销分录时，"借方金额"与"贷方金额"每个单元格必须是数值格式，而不能采用任何公式，否则会导致排序后的合计数额有误。排序的选项如图 4-1 所示。

图 4-1

排序后的结果如表 4-8 所示。

第五步，分类汇总。分类字段选择"报表项目"，汇总方式选择"求和"，选定汇总项为"借方金额"与"贷方金额"，进行分类汇总。选项如图 4-2 所示。

汇总后的结果如表 4-9 所示。

为了避免数据干扰，我们选择只显示汇总项，即分类汇总后点击 Excel 左上角的数字"2"，得到的结果如表 4-10 所示。

第六步，把汇总的报表项目数据，分别过入合并工作底稿对应的调整单元格内，即可完成报表合并工作。具体如表 4-11 所示。

表 4-8

序号	摘要	报表项目	借方金额	贷方金额	关联公司
	合计		4 713 000.00	4 713 000.00	
19	母公司与子公司1内部债权债务抵销	其他应付款	12 000.00		母公司 & 子公司1
23	母公司与子公司2内部债权债务抵销	其他应付款	21 000.00		母公司 & 子公司2
27	母公司与子公司3内部债权债务抵销	其他应付款	46 000.00		母公司 & 子公司3
31	母公司与子公司4内部债权债务抵销	其他应付款	90 000.00		母公司 & 子公司4
33	子公司1与子公司2内部债权债务抵销	其他应付款	45 000.00		子公司1 & 子公司2
35		其他应付款	78 000.00		子公司1 & 子公司2
37	子公司1与子公司3内部债权债务抵销	其他应付款	79 000.00		子公司1 & 子公司3
41	子公司1与子公司4内部债权债务抵销	其他应付款	61 000.00		子公司1 & 子公司4
43		其他应付款	33 000.00		子公司1 & 子公司4
47	子公司2与子公司3内部债权债务抵销	其他应付款	90 000.00		子公司2 & 子公司3
51	子公司2与子公司4内部债权债务抵销	其他应付款	93 000.00		子公司2 & 子公司4
55	子公司3与子公司4内部债权债务抵销	其他应付款	65 000.00		子公司3 & 子公司4
20		其他应收款		12 000.00	母公司 & 子公司1
24		其他应收款		21 000.00	母公司 & 子公司2
28		其他应收款		46 000.00	母公司 & 子公司3
32		其他应收款		90 000.00	母公司 & 子公司4
34		其他应收款		45 000.00	子公司1 & 子公司2
36		其他应收款		78 000.00	子公司1 & 子公司2
38		其他应收款		79 000.00	子公司1 & 子公司3
42		其他应收款		61 000.00	子公司1 & 子公司4
44		其他应收款		33 000.00	子公司1 & 子公司4
48		其他应收款		90 000.00	子公司2 & 子公司3

（续）

合计			4 713 000.00	4 713 000.00	
序号	摘要	报表项目	借方金额	贷方金额	关联公司
52		其他应收款		93 000.00	子公司2 & 子公司4
56		其他应收款		65 000.00	子公司3 & 子公司4
1	母公司长期股权投资对子公司1所有者权益抵销	实收资本	1 000 000.00		母公司 & 子公司1
6	母公司长期股权投资对子公司2所有者权益抵销	实收资本	500 000.00		母公司 & 子公司2
11	母公司长期股权投资对子公司3所有者权益抵销	实收资本	400 000.00		母公司 & 子公司3
16	母公司长期股权投资对子公司4所有者权益抵销	实收资本	450 000.00		母公司 & 子公司4
4		未分配利润	400 000.00		母公司 & 子公司1
9		未分配利润	440 000.00		母公司 & 子公司2
14		未分配利润	30 000.00		母公司 & 子公司3
17		未分配利润	50 000.00		母公司 & 子公司4
3		盈余公积	150 000.00		母公司 & 子公司1
8		盈余公积	30 000.00		母公司 & 子公司2
13		盈余公积	20 000.00		母公司 & 子公司3
21		应付票据及应付账款	56 700.00		母公司 & 子公司1
25		应付票据及应付账款	38 900.00		母公司 & 子公司2
29		应付票据及应付账款	3 000.00		母公司 & 子公司3
39		应付票据及应付账款	38 000.00		子公司1 & 子公司3
45		应付票据及应付账款	98 000.00		子公司1 & 子公司4
49		应付票据及应付账款	87 000.00		子公司2 & 子公司3
53		应付票据及应付账款	3 400.00		子公司2 & 子公司4
57		应付票据及应付账款	25 000.00		子公司3 & 子公司4

（续）

序号	摘要	报表项目	借方金额	贷方金额	关联公司
		合计	4 713 000.00	4 713 000.00	
22		应收票据及应收账款		56 700.00	母公司 & 子公司 1
26		应收票据及应收账款		38 900.00	母公司 & 子公司 2
30		应收票据及应收账款		3 000.00	母公司 & 子公司 3
40		应收票据及应收账款		38 000.00	子公司 1 & 子公司 3
46		应收票据及应收账款		98 000.00	子公司 1 & 子公司 4
50		应收票据及应收账款		87 000.00	子公司 2 & 子公司 3
54		应收票据及应收账款		3 400.00	子公司 2 & 子公司 4
58		应收票据及应收账款		25 000.00	子公司 3 & 子公司 4
5		长期股权投资		1 650 000.00	母公司 & 子公司 1
10		长期股权投资		1 000 000.00	母公司 & 子公司 2
15		长期股权投资		500 000.00	母公司 & 子公司 3
18		长期股权投资		500 000.00	母公司 & 子公司 4
2		资本公积	100 000.00		母公司 & 子公司 1
7		资本公积	30 000.00		母公司 & 子公司 2
12		资本公积	50 000.00		母公司 & 子公司 3

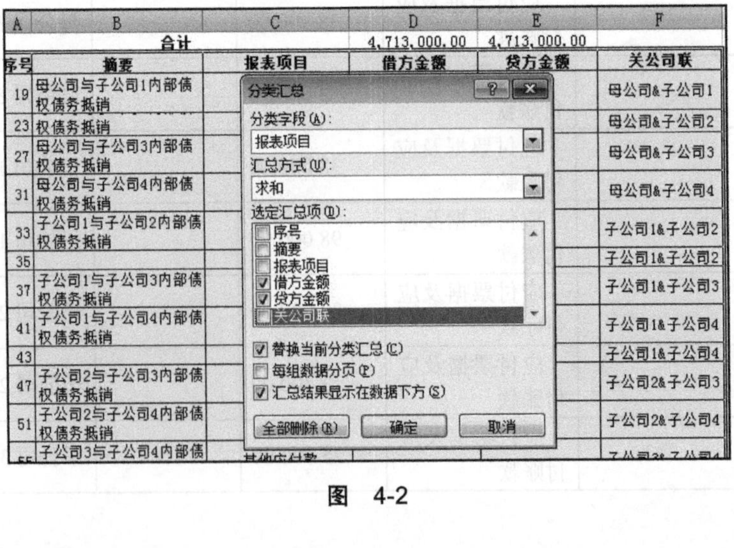

图 4-2

表 4-9

序号	摘要	报表项目	借方金额	贷方金额	关联公司
19	母公司与子公司1内部债权债务抵销	其他应付款	12 000.00		母公司 & 子公司1
23	母公司与子公司2内部债权债务抵销	其他应付款	21 000.00		母公司 & 子公司2
27	母公司与子公司3内部债权债务抵销	其他应付款	46 000.00		母公司 & 子公司3
31	母公司与子公司4内部债权债务抵销	其他应付款	90 000.00		母公司 & 子公司4
33	子公司1与子公司2内部债权债务抵销	其他应付款	45 000.00		子公司1 & 子公司2
35		其他应付款	78 000.00		子公司1 & 子公司2
37	子公司1与子公司3内部债权债务抵销	其他应付款	79 000.00		子公司1 & 子公司3
41	子公司1与子公司4内部债权债务抵销	其他应付款	61 000.00		子公司1 & 子公司4
43		其他应付款	33 000.00		子公司1 & 子公司4
47	子公司2与子公司3内部债权债务抵销	其他应付款	90 000.00		子公司2 & 子公司3
51	子公司2与子公司4内部债权债务抵销	其他应付款	93 000.00		子公司2 & 子公司4
55	子公司3与子公司4内部债权债务抵销	其他应付款	65 000.00		子公司3 & 子公司4
		其他应付款 汇总	713 000.00	0	
20		其他应收款		12 000.00	母公司 & 子公司1
24		其他应收款		21 000.00	母公司 & 子公司2
28		其他应收款		46 000.00	母公司 & 子公司3
32		其他应收款		90 000.00	母公司 & 子公司4
34		其他应收款		45 000.00	子公司1 & 子公司2

(续)

序号	摘要	报表项目	借方金额	贷方金额	关联公司
36		其他应收款		78 000.00	子公司1& 子公司2
38		其他应收款		79 000.00	子公司1& 子公司3
42		其他应收款		61 000.00	子公司1& 子公司4
44		其他应收款		33 000.00	子公司1& 子公司4
48		其他应收款		90 000.00	子公司2& 子公司3
52		其他应收款		93 000.00	子公司2& 子公司4
56		其他应收款		65 000.00	子公司3& 子公司4
		其他应收款 汇总	0	713 000.00	
1	母公司长期股权投资对子公司1所有者权益抵销	实收资本	1 000 000.00		母公司 & 子公司1
6	母公司长期股权投资对子公司2所有者权益抵销	实收资本	500 000.00		母公司 & 子公司2
11	母公司长期股权投资对子公司3所有者权益抵销	实收资本	400 000.00		母公司 & 子公司3
16	母公司长期股权投资对子公司4所有者权益抵销	实收资本	450 000.00		母公司 & 子公司4
		实收资本 汇总	2 350 000.00	0	
4		未分配利润	400 000.00		母公司 & 子公司1
9		未分配利润	440 000.00		母公司 & 子公司2
14		未分配利润	30 000.00		母公司 & 子公司3
17		未分配利润	50 000.00		母公司 & 子公司4
		未分配利润 汇总	920 000.00	0	
3		盈余公积	150 000.00		母公司 & 子公司1
8		盈余公积	30 000.00		母公司 & 子公司2
13		盈余公积	20 000.00		母公司 & 子公司3
		盈余公积 汇总	200 000.00	0	
21		应付票据及应付账款	56 700.00		母公司 & 子公司1
25		应付票据及应付账款	38 900.00		母公司 & 子公司2
29		应付票据及应付账款	3 000.00		母公司 & 子公司3
39		应付票据及应付账款	38 000.00		子公司1& 子公司3
45		应付票据及应付账款	98 000.00		子公司1& 子公司4

(续)

序号	摘要	报表项目	借方金额	贷方金额	关联公司
49		应付票据及应付账款	87 000.00		子公司2& 子公司3
53		应付票据及应付账款	3 400.00		子公司2& 子公司4
57		应付票据及应付账款	25 000.00		子公司3& 子公司4
		应付票据及应付账款 汇总	350 000.00	0	
22		应收票据及应收账款		56 700.00	母公司 & 子公司1
26		应收票据及应收账款		38 900.00	母公司 & 子公司2
30		应收票据及应收账款		3 000.00	母公司 & 子公司3
40		应收票据及应收账款		38 000.00	子公司1& 子公司3
46		应收票据及应收账款		98 000.00	子公司1& 子公司4
50		应收票据及应收账款		87 000.00	子公司2& 子公司3
54		应收票据及应收账款		3 400.00	子公司2& 子公司4
58		应收票据及应收账款		25 000.00	子公司3& 子公司4
		应收票据及应收账款 汇总	0	350 000.00	
5		长期股权投资		1 650 000.00	母公司 & 子公司1
10		长期股权投资		1 000 000.00	母公司 & 子公司2
15		长期股权投资		500 000.00	母公司 & 子公司3
18		长期股权投资		500 000.00	母公司 & 子公司4
		长期股权投资 汇总	0	3 650 000.00	
2		资本公积	100 000.00		母公司 & 子公司1
7		资本公积	30 000.00		母公司 & 子公司2
12		资本公积	50 000.00		母公司 & 子公司3
		资本公积 汇总	180 000.00	0	
		总计	4 713 000.00	4 713 000	

表 4-10

序号	摘要	报表项目	借方金额	贷方金额	关联公司
		其他应付款 汇总	713 000.00	0	
		其他应收款 汇总	0	713 000.00	
		实收资本 汇总	2 350 000.00	0	
		未分配利润 汇总	920 000.00	0	
		盈余公积 汇总	200 000.00	0	
		应付票据及应付账款 汇总	350 000.00	0	
		应收票据及应收账款 汇总	0	350 000.00	
		长期股权投资 汇总	0	3 650 000.00	
		资本公积 汇总	180 000.00	0	
		总计	4 713 000.00	4 713 000.00	

表 4-11 合并资产负债表工作底稿

货币单位：人民币元

项目	母公司	子公司 1	子公司 2	子公司 3	子公司 4	合计金额	调整借方	调整贷方	合并金额
资产									
流动资产：									
货币资金	1 452 450.00	313 400.00	135 000.00	648 700.68	342 598.66	2 892 149.34			2 892 149.34
以公允价值计量且其变动计入当期损益的金融资产	—	—				—			—
应收票据及应收账款	3 567 893.00	237 689.00	320 000.00	650 000.00	430 000.00	5 205 582.00		350 000.00	4 855 582.00
预付账款	—	—				—			
其他应收款	2 212 100.00	45 600.00	65 000.00	30 000.00	140 000.00	2 492 700.00		713 000.00	1 779 700.00
存货	3 560 000.00	757 800.00	378 000.00	659 000.00	348 000.00	5 702 800.00			5 702 800.00
持有待售资产						—			
一年内到期的非流动资产						—			
其他流动资产						—			
流动资产合计	11 792 443.00	1 554 489.00	898 000.00	1 987 700.68	1 260 598.66	16 293 231.34	—	1 063 000.00	15 230 231.34
非流动资产：									
可供出售金融资产									
持有至到期投资									
长期应收款									
长期股权投资	3 650 000.00					3 650 000.00		3 650 000.00	—
投资性房地产						—			—
固定资产	8 700 000.00	1 100 000.00	950 000.00	699 299.32		11 449 299.32			11 449 299.32
在建工程						—			—
生产性生物资产									
油气资产									

项目							
无形资产	1 000 000.00	—	—	—	1 200 000.00	—	1 200 000.00
开发支出	200 000.00	—	—	—	—	—	—
商誉	—	—	—	—	—	—	—
长期待摊费用	—	—	—	—	—	—	—
递延所得税资产	—	—	—	—	—	—	—
其他非流动资产	—	—	—	—	—	—	—
非流动资产合计	1 100 000.00	950 000.00	699 299.32	—	3 650 000.00	—	12 649 299.32
资产总计	2 654 489.00	1 848 000.00	2 687 000.00	1 260 598.66	4 713 000.00	—	27 879 530.66
流动负债：							
短期借款							
以公允价值计量且其变动计入当期损益的金融负债							
衍生金融负债							
应付票据及应付账款	1 897 443.00	530 000.00	690 000.00	480 000.00	350 000.00	3 597 443.00	3 247 443.00
预收款项	600 000.00	100 000.00	100 000.00	100 000.00	—	1 000 000.00	1 000 000.00
应付职工薪酬	356 000.00	118 000.00	87 000.00	78 000.00	—	849 000.00	849 000.00
应交税费	210 000.00				713 000.00		1 137 000.00
其他应付款	1 850 000.00					1 850 000.00	
持有待售负债							
一年内到期的非流动负债							
其他流动负债							
流动负债合计	4 703 443.00	748 000.00	877 000.00	658 000.00	1 063 000.00	7 296 443.00	6 233 443.00
非流动负债：							
长期借款	7 000 000.00	1 000 000.00	—	—	—	8 000 000.00	8 000 000.00
应付债券							

(续)

项目	母公司	子公司1	子公司2	子公司3	子公司4	合计金额	调整 借方	调整 贷方	合并金额
其中：优先股									
永续债									
长期应付款			—			—			—
预计负债									
递延收益									
递延所得税负债									—
其他非流动负债	7 000 000.00	—	—	1 000 000.00	—	8 000 000.00	—	—	8 000 000.00
非流动负债合计	11 703 443.00	310 000.00	748 000.00	1 877 000.00	658 000.00	15 296 443.00	1 063 000.00	—	14 233 443.00
负债合计	10 000 000.00	1 000 000.00	500 000.00	400 000.00	450 000.00	12 350 000.00	2 350 000.00	—	10 000 000.00
实收资本									
其他权益工具									
其中：优先股									
永续债									
资本公积	750 000.00	100 000.00	30 000.00	50 000.00	—	930 000.00	180 000.00	—	750 000.00
减：库存股									
其他综合收益									
盈余公积	250 000.00	250 000.00	30 000.00	20 000.00	—	550 000.00	200 000.00	—	350 000.00
未分配利润	1 439 000.00	994 489.00	540 000.00	340 000.00	152 598.66	3 466 087.66	920 000.00	—	2 546 087.66
归属于母公司所有者权益合计	12 439 000.00	2 344 489.00	1 100 000.00	810 000.00	602 598.66	17 296 087.66	3 650 000.00	—	13 646 087.66
少数股东权益						—			—
所有者权益合计	12 439 000.00	2 344 489.00	1 100 000.00	810 000.00	602 598.66	17 296 087.66	3 650 000.00	—	13 646 087.66
负债和所有者权益总计	24 142 443.00	2 654 489.00	1 848 000.00	2 687 000.00	1 260 598.66	32 592 530.66	4 713 000.00	—	27 879 530.66

上表中的最后一列"合并金额"即为合并后资产负债表的期末数,把此列的数据过入正式的合并资产负债表即可。报表合并工作完成。

第七步,把抵销分录的列表的分类汇总删除,并按照序号升序排列,还原成最初的抵销状态,便于以后数据查询和检查。还原的选项如图4-3所示。

图 4-3

还原后的结果如表4-12所示。

表 4-12

	合计		4 713 000.00	4 713 000.00	
序号	摘要	报表项目	借方金额	贷方金额	关联公司
1	母公司长期股权投资对子公司1所有者权益抵销	实收资本	1 000 000.00		母公司 & 子公司1
2		资本公积	100 000.00		母公司 & 子公司1
3		盈余公积	150 000.00		母公司 & 子公司1
4		未分配利润	400 000.00		母公司 & 子公司1
5		长期股权投资		1 650 000.00	母公司 & 子公司1

(续)

序号	摘要	报表项目	借方金额	贷方金额	关联公司
	合计		4 713 000.00	4 713 000.00	
6	母公司长期股权投资对子公司2所有者权益抵销	实收资本	500 000.00		母公司&子公司2
7		资本公积	30 000.00		母公司&子公司2
8		盈余公积	30 000.00		母公司&子公司2
9		未分配利润	440 000.00		母公司&子公司2
10		长期股权投资		1 000 000.00	母公司&子公司2
11	母公司长期股权投资对子公司3所有者权益抵销	实收资本	400 000.00		母公司&子公司3
12		资本公积	50 000.00		母公司&子公司3
13		盈余公积	20 000.00		母公司&子公司3
14		未分配利润	30 000.00		母公司&子公司3
15		长期股权投资		500 000.00	母公司&子公司3
16	母公司长期股权投资对子公司4所有者权益抵销	实收资本	450 000.00		母公司&子公司4
17		未分配利润	50 000.00		母公司&子公司4
18		长期股权投资		500 000.00	母公司&子公司4
19	母公司与子公司1内部债权债务抵销	其他应付款	12 000.00		母公司&子公司1
20		其他应收款		12 000.00	母公司&子公司1
21		应付票据及应付账款	56 700.00		母公司&子公司1
22		应收票据及应收账款		56 700.00	母公司&子公司1
23	母公司与子公司2内部债权债务抵销	其他应付款	21 000.00		母公司&子公司2
24		其他应收款		21 000.00	母公司&子公司2
25		应付票据及应付账款	38 900.00		母公司&子公司2
26		应收票据及应收账款		38 900.00	母公司&子公司2
27	母公司与子公司3内部债权债务抵销	其他应付款	46 000.00		母公司&子公司3

（续）

序号	摘要	报表项目	借方金额	贷方金额	关联公司
	合计		4 713 000.00	4 713 000.00	
28		其他应收款		46 000.00	母公司 & 子公司 3
29		应付票据及应付账款	3 000.00		母公司 & 子公司 3
30		应收票据及应收账款		3 000.00	母公司 & 子公司 3
31	母公司与子公司 4 内部债权债务抵销	其他应付款	90 000.00		母公司 & 子公司 4
32		其他应收款		90 000.00	母公司 & 子公司 4
33	子公司 1 与子公司 2 内部债权债务抵销	其他应付款	45 000.00		子公司 1& 子公司 2
34		其他应收款		45 000.00	子公司 1& 子公司 2
35		其他应付款	78 000.00		子公司 1& 子公司 2
36		其他应收款		78 000.00	子公司 1& 子公司 2
37	子公司 1 与子公司 3 内部债权债务抵销	其他应付款	79 000.00		子公司 1& 子公司 3
38		其他应收款		79 000.00	子公司 1& 子公司 3
39		应付票据及应付账款	38 000.00		子公司 1& 子公司 3
40		应收票据及应收账款		38 000.00	子公司 1& 子公司 3
41	子公司 1 与子公司 4 内部债权债务抵销	其他应付款	61 000.00		子公司 1& 子公司 4
42		其他应收款		61 000.00	子公司 1& 子公司 4
43		其他应付款	33 000.00		子公司 1& 子公司 4
44		其他应收款		33 000.00	子公司 1& 子公司 4
45		应付票据及应付账款	98 000.00		子公司 1& 子公司 4
46		应收票据及应收账款		98 000.00	子公司 1& 子公司 4
47	子公司 2 与子公司 3 内部债权债务抵销	其他应付款	90 000.00		子公司 2& 子公司 3
48		其他应收款		90 000.00	子公司 2& 子公司 3
49		应付票据及应付账款	87 000.00		子公司 2& 子公司 3
50		应收票据及应收账款		87 000.00	子公司 2& 子公司 3
51	子公司 2 与子公司 4 内部债权债务抵销	其他应付款	93 000.00		子公司 2& 子公司 4

(续)

序号	摘要	报表项目	借方金额	贷方金额	关联公司
	合计		4 713 000.00	4 713 000.00	
52		其他应收款		93 000.00	子公司2&子公司4
53		应付票据及应付账款	3 400.00		子公司2&子公司4
54		应收票据及应收账款		3 400.00	子公司2&子公司4
55	子公司3与子公司4内部债权债务抵销	其他应付款	65 000.00		子公司3&子公司4
56		其他应收款		65 000.00	子公司3&子公司4
57		应付票据及应付账款	25 000.00		子公司3&子公司4
58		应收票据及应收账款		25 000.00	子公司3&子公司4

4.3 案例解析：抵销顺序、汇总抵销与资产负债率指标抵销前后变化

在前面的章节及本章中，反复提到抵销顺序与汇总抵销的问题。前面的章节中没有合适的案例来验证，所以读者的体会并不深刻。现在结合本章的案例，来分别说明这两个问题。

4.3.1 抵销顺序

在本章合并的案例中，涉及两种类型业务——长期股权投资和内部债权债务，以及合并范围内 5 个会计主体。案例演示的是第一顺序是待抵销的业务类型，第二顺序是母子公司在合并工作底稿中的排列次序。这样能保证抵销范围内的所有业务、所有母子公司的关联交易都能抵销，而且便于事后的检查和验证。

在实务中还有一种抵销顺序，第一顺序是母子公司在合并工作底稿中排列次序，第二顺序是业务类型。

在编制抵销分录时，一定要选定一种抵销顺序并在本次合并工作中一贯执行下去，而不能把两种抵销顺序混用，否则就是自寻烦恼。在业务类型不多、合并范围内的会计主体很少时，这种"烦恼"还不大，一旦待合并的业务类型很多或者合并范围内会计主体很多时，这种"烦恼"会让人头大，很可能会遗漏部分抵销数据，而且对事后的检查增加了很大的难度和工作量。

有兴趣的读者可以尝试一下采用不同的抵销顺序编制抵销分录，进而选择适合自己的抵销顺序。

4.3.2 逐笔抵销与汇总抵销

在用案例演示的过程中，一直采用的是汇总抵销，而不是将内部的关联交易还原，逐笔抵销。逐笔抵销有助于理解合并财务报表的原理，但是对提高工作效率帮助不大。

本例中，长期股权投资与内部债权债务的抵销分录只有 58 行，这些数据很可能是由 580 笔或者更多的业务汇总得出的。在当前汇总抵销的情况下，需要 58 次的复制与粘贴，才能把数据过入合并工作底稿，即使在非常安静的环境中不被打扰，也不敢保证没有遗漏，因为重复的简单工作最容易让人感到疲劳。如果是 580 次或者更多的复制与粘贴，结果就可想而知了。

4.3.3 资产负债率指标的利好与利空验证

在第 1 章中，我们通过公式推演得出如下结论：

$$\frac{净资产}{抵销限额} = \frac{债权债务}{抵销额合计数} \times \frac{所有者权益}{合计数} \div \frac{负债}{合计数}$$

公式说明：

（1）净资产抵销限额，利空的反转点，当长期股权投资＋未实现内部销售利润大于此限额时，利好效果就会反转。

（2）债权债务抵销额合计数、所有者权益合计数、负债合计数取自于合并抵销前的原始数据合计。

最初采用的参考数据是上市公司贵州茅台和索菲亚的母公司与各自合并后的数据进行对比，由于比较的基础不合适，不能验证我们的结论是否正确，后来用"左口袋"与"右口袋"数据来验证。现在我们再用本章案例的数据，来对比一下合并前后"资产负债率"指标的变化，是利好还是利空？

抵销前：

长期股权投资＋未实现内部销售利润
＝ 3 650 000.00＋0 ＝ 3 650 000.00

净资产抵销限额 = 债权债务抵销额合计数 × 所有者权益合计数 ÷ 负债合计数
= 1 063 000.00 × 17 296 087.66 ÷ 15 296 443.00
= 1 201 961.87

结论：

长期股权投资 + 未实现内部销售利润（3 650 000.00） > 净资产抵销限额（1 201 961.87）

合并后的"资产负债率"指标，有利空的效果。

验证：

合并前的资产负债率 = 15 296 443.00 ÷ 32 592 530.66 × 100%
= 46.93%

合并后的资产负债率 = 14 233 443.00 ÷ 27 879 530.66 × 100%
= 51.05%

合并前的资产负债率（46.93%） < 合并后的资产负债率（51.05%）

合并后的"资产负债率"指标，有利空的效果。

温馨提醒： 此处用数据来实证合并前后"资产负债率"指标的变化，只是为了说明合并后能达到的效果，以及利好与利空的临界值，让读者有个大致的指标概念，合并后的结果是实际存在的，这才是最真实的状态。为了某种特殊目的，在预估到"资产负债率"指标有利空时，通过一系列所谓的"包装"而达到利好的效果，终究会露出马脚的，因为谎言的开始，意味着将会产生更多的谎言来掩饰。

4.4 资产减值损失的抵销处理

在前面的讲述中，如果合并主体之间的内部债权计提了资产减值损失，也要对应地进行抵销处理，抵销时要分别就上一会计年度和当期的数据处理。抵销分录如下。

（1）抵销上年末内部债权计提的资产减值损失对本期的影响。

借：应收账款　　　　　　　　　　　　　　×××
　　其他应收款　　　　　　　　　　　　　×××

```
应收票据                          ×××
    贷：未分配利润                ×××（年初数）
```

上述借方项目中有计提的资产减值损失的就抵销，没有计提就无须抵销。

贷方"未分配利润（年初数）"项目，并不是合并资产负债表的"年初数"列所填列的"未分配利润"项目数据，而是指"期末数"列所填列的"未分配利润"项目数据。合并资产负债表的"年初数"列的数据，等于上个会计年度的"期末数"列，已经进行了合并抵销，本年度直接引用即可，无须再做任何抵销处理。

任何一个独立的会计主体（非合并主体），资产负债表"未分配利润"项目的期末数据满足以下等式：

未分配利润（期末）＝未分配利润（年初）＋未分配利润（本年累计发生）

在财务报表合并的过程中，只是对报表数据进行调整，并没有调整产生内部交易各主体的账面记录，而合并主体单体资产负债表的"未分配利润（年初）"项目是独立会计主体的账面记录数据，并没有做任何调整，仍然包含上个会计年度未实现的内部销售利润，进而造成"未分配利润（期末）"包含未实现的内部销售利润，所以在编制合并财务报表时，首先要抵销年初数据对年末数据的影响。

这里提到两个"年初数"，千万不能混淆：

一是合并资产负债表的"年初数"列，数据等于上一个会计年度合并资产负债表的年末数，不需要做任何调整，切记！

二是"未分配利润"项目的年初数，是指合并主体单体资产负债表的"期末数"那一列，由于包含未实现的内部销售利润，进而造成"未分配利润（期末）"也包含未实现的内部销售利润，在合并的过程中必须先做抵销处理。

抵销金额为上一会计年度末，各个内部债权项目所计提的"资产减值损失"的全额，相当于内部债权从来没有存在过，也就没有必要计提"资产减值损失"。

（2）抵销本会计期末内部债权计提的资产减值损失。

```
借：应收账款                      ×××
    其他应收款                    ×××
```

　　　　应收票据　　　　　　　　　　　×××
　　贷：资产减值损失　　　　　　　　　×××

　　抵销金额为本会计期末，各个内部债权项目所计提的"资产减值损失"的全额，相当于内部债权从来没有存在过，也就没有必要计提"资产减值损失"。

　　如果内部债权计提了资产减值损失，只需要在进行"第二步，在抵销分录列表上编制抵销分录"时，增加上述抵销分录即可，其他过程不变。

4.5　本章总结：汇总的两层含义，业务汇总与报表项目汇总

　　本书中的汇总有两层含义：一是相同主体间相同的业务汇总编制抵销分录，例如本章中内部债权债务采用期末余额抵销的方法，而余额本身就是若干笔相同的业务所形成的最终结果，具有"汇总"性质。在后面章节的内容中，还有存货业务汇总抵销的案例。如果按照业务发生时交易双方的会计分录抵销，就合并的结果而言并没有差别，却显著增加了合并的工作量。

　　二是抵销数据过入工作底稿时，相同的报表项目数据汇总过入，就像本章和以后章节中会反复用到Excel的"分类汇总"功能。

第 5 章

内部购销业务合并实战

内部购销业务，是利润表合并抵销的主要内容，在特定情况下，会影响资产负债表合并的正确性。如果采用汇总抵销的方法，只要基础资料准备齐全，合并抵销的业务并不复杂。这些基础资料主要包括：内部购销业务的执行情况，包括交易主体、交易金额、成本金额以及期末实现对外销售的情况等信息，交易主体之间要定期核对，做到账账相符。我们先易后难，用案例来演示合并利润表的产生过程。

5.1 内部购销业务抵销分录

5.1.1 抵销分录讲解

内部购销业务的抵销处理，有以下三种情况。

（1）购买方全部实现对外销售时的抵销分录。

借：营业收入　　　　　　　　　　　　×××
　　贷：营业成本　　　　　　　　　　　×××

在该分录中：

"营业收入"项目借方金额=销售方销售给内部关联方的金额

"营业成本"项目贷方金额=购买方将内部购买的商品实现对外销售时，结转的成本金额

内部购买的商品全部实现对外销售时，这两个金额一定是相等的。

（2）购买方全部没有实现对外销售时的抵销分录。

```
借：营业收入                              ×××
    贷：营业成本                          ×××
        存货                              ×××
```

在该分录中：

"营业收入"项目借方金额＝销售方销售给内部关联方的金额

"营业成本"项目贷方金额＝销售方结转的内部销售商品成本

"存货"项目贷方金额＝"主营业务收入"项目－"营业成本"项目（这是销售方未实现的内部销售利润）

"营业成本"项目贷方金额与第一个分录的含义是不同的，取数方式也肯定是不一样的，这一点一定要特别注意。

（3）购买方部分实现对外销售时的抵销分录。

```
借：营业收入                              ×××
    贷：营业成本                          ×××
        存货                              ×××
```

在该分录中：

"营业收入"项目借方金额＝销售方销售给内部关联方的金额

"营业成本"项目贷方金额＝购买方将内部购买的商品实现对外销售时结转的成本金额＋期末未实现的对外销售的商品销售方结转的成本金额

5.1.2 抵销分录数据实证

为了使上面的讲述更加清晰，我们用案例来演示。

【案例5-1】合并范围内的子公司2销售给子公司1充电宝5台，销售单价为500元，子公司2的购进成本为250元。

（1）期末子公司1全部实现对外销售的情况下，抵销分录为：

```
借：营业收入        500（子公司2内部销售金额）
    贷：营业成本    500（子公司1销售时结转的成本金额）
```

（2）期末子公司1全部没有实现对外销售的情况下，抵销分录为：

```
借：营业收入        500（子公司2内部销售金额）
    贷：营业成本    250（子公司2内部销售时结转的成本金额）
        存货        250（营业收入与营业成本的差额）
```

（3）期末子公司1对外销售了3台，还有2台没有销售。此时要做的抵销分录为：

借：营业收入　　500（子公司2内部销售金额）
　贷：营业成本　　300（子公司1对外销售3台时结转的成本金额）
　　　营业成本　　100（子公司2对内销售2台时结转的成本金额）
　　　存货　　　　100（营业收入与营业成本的差额）

注意，子公司1对外销售的金额无论是高于内部采购金额，还是低于内部采购金额，都与抵销分录无关，请读者千万不要被子公司1对外销售的金额误导。

5.2　实战案例：合并利润表

5.2.1　七步法编制合并利润表

【案例5-2】对"4.2实战案例：汇总抵销内部债权债务"案例资料进行延伸。

母公司合并主体内有4个子公司，20×8年1月1日至3月31日各自的单体利润表不再单独列示，直接显示过入合并工作底稿后的结果，如表5-1所示。

合并主体内的母子公司，除了发生内部长期股权投资业务和内部债权债务外，本期还有内部的关联销售，母子公司各自提交的辅助资料如下。

子公司1提供的辅助资料如表5-2所示。
子公司2提供的辅助资料如表5-3所示。
子公司3提供的辅助资料如表5-4所示。
子公司4提供的辅助资料如表5-5所示。
利润表合并的数据编制如下。

第一步，将合并主体的利润表过入工作底稿（见前述工作底稿）。

第二步，先汇总各合并主体提交的辅助资料，如表5-6所示。然后在"抵销分录列表"中编制抵销分录，如表5-7所示。

第三步，检查抵销分录借贷方金额合计数是否相等。本例中借贷方金额的合计数均为900 000.00元，验证通过。

表 5-1 利润表

货币单位：人民币元

项目	母公司	子公司1	子公司2	子公司3	子公司4	合计金额	调整 借方	调整 贷方	合并金额
一、营业收入	850 000.00	600 000.00	500 000.00	400 000.00	370 000.00	2 720 000.00			2 720 000.00
减：营业成本	700 000.00	500 000.00	300 000.00	280 000.00	350 000.00	2 130 000.00			2 130 000.00
税金及附加	26 000.00	5 000.00	5 000.00	3 000.00	2 000.00	41 000.00			41 000.00
销售费用	50 000.00	25 000.00	12 000.00	10 000.00	10 000.00	107 000.00			107 000.00
管理费用	100 000.00	60 000.00	38 000.00	31 000.00	34 000.00	263 000.00			263 000.00
研发费用									
财务费用	20 000.00	5 000.00	3 000.00	800	890	29 690.00			29 690.00
其中：利息费用									
利息收入									
资产减值损失						—			—
加：其他收益									
投资收益						—			—
其中：对联营企业和合营企业的投资收益									
公允价值变动收益						—			—
资产处置收益									
二、营业利润	-46 000.00	5 000.00	142 000.00	75 200.00	-26 890.00	149 310.00	0	0	149 310.00
加：营业外收入	150 000.00					150 000.00			150 000.00
减：营业外支出									
三、利润总额	104 000.00	5 000.00	142 000.00	75 200.00	-26 890.00	299 310.00	0	0	299 310.00
减：所得税费用									
四、净利润	104 000.00	5 000.00	142 000.00	75 200.00	-26 890.00	299 310.00	0	0	299 310.00

其中：被合并方在合并前实现的净利润

项目								
(一) 按经营持续性分类								
1. 持续经营净利润（净亏损以"—"号填列）	104 000.00	5 000.00	142 000.00	75 200.00	-26 890.00	299 310.00	0	0
2. 终止经营净利润（净亏损以"—"号填列）								
(二) 按所有权归属分类								
1. 少数股东损益								
2. 归属于母公司所有者的净利润								
五、其他综合收益的税后净额	104 000.00	5 000.00	142 000.00	75 200.00	-26 890.00	299 310.00	0	0
归属于母公司所有者的其他综合收益								
(一) 不能重分类进损益的其他综合收益								
1. 重新计量设定受益计划变动额								
2. 权益法下不能转损益的其他综合收益								
(二) 将重分类进损益的其他综合收益								
1. 权益法下可转损益的其他综合收益								
2. 可供出售金融资产公允价值变动损益								
3. 持有至到期投资重分类为可供出售金融资产损益								
4. 现金流量套期损益的有效部分								
5. 外币财务报表折算差额								
归属于少数股东的其他综合收益的税后净额								
六、综合收益总额	104 000.00	5 000.00	142 000.00	75 200.00	-26 890.00	299 310.00	0	0
归属于母公司所有者综合收益总额								
归属于少数股东的综合收益总额								
七、每股收益								
(一) 基本每股收益								
(二) 稀释每股收益								

表 5-2

开票月份	销售单位	收入金额（不含税）	成本	购买单位	购入金额（不含税）	购买方入账月份	核对结果	已累计实现对外销售购入金额（不含税）	尚未实现对外销售
20×8年3月	子公司2	500 000.00		子公司1	500 000.00	20×8年3月	OK	500 000.00	—

表 5-3

开票月份	销售单位	收入金额（不含税）	成本	购买单位	购入金额（不含税）	购买方入账月份	核对结果	已累计实现对外销售购入金额（不含税）	尚未实现对外销售
20×8年3月	子公司2	500 000.00	300 000.00	子公司1	500 000.00	20×8年3月	OK	500 000.00	—

表 5-4

开票月份	销售单位	收入金额（不含税）	成本	购买单位	购入金额（不含税）	购买方入账月份	核对结果	已累计实现对外销售购入金额（不含税）	尚未实现对外销售
20×8年3月	子公司3	400 000.00		子公司4	400 000.00	20×8年3月	OK	350 000.00	50 000.00

表 5-5

开票月份	销售单位	收入金额（不含税）	成本	购买单位	购入金额（不含税）	购买方入账月份	核对结果	已累计实现对外销售购入金额（不含税）	尚未实现对外销售
20×8年3月	子公司3	400 000.00	280 000.00	子公司4	400 000.00	20×8年3月	OK	350 000.00	50 000.00

表 5-6

开票月份	销售单位	收入金额（不含税）	成本	购买单位	购入金额（不含税）	购买方入账月份	核对结果	已累计实现对外销售购入金额（不含税）	尚未实现对外销售
20×8年3月	子公司2	500 000.00	300 000.00	子公司1	500 000.00	20×8年3月	OK	500 000.00	—
20×8年3月	子公司3	400 000.00	280 000.00	子公司4	400 000.00	20×8年3月	OK	350 000.00	50 000.00

表 5-7

			合计	900 000.00	900 000.00	
序号	摘要		报表项目	借方	贷方	关联公司
1	子公司1与子公司2内部购销业务抵销		营业收入	500 000.00		子公司1& 子公司2
2			营业成本		500 000.00	子公司1& 子公司2
3	子公司3与子公司4内部购销业务抵销		营业收入	400 000.00		子公司3& 子公司4
4			营业成本		350 000.00	子公司3& 子公司4
6			营业成本		35 000.00	子公司3& 子公司4
7			存货		15 000.00	子公司3& 子公司4

第四步，全部选定抵销分录列表，按照"报表项目"列排序，至于选择"升序"还是"降序"，根据个人的工作习惯而定。在编制抵销分录时，"借方金额"与"贷方金额"每个单元格必须是数值格式，而不能采用任何公式，否则会导致排序后的合计数额有误。排序的选项如图 5-1 所示。

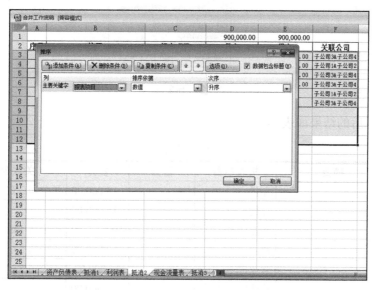

图 5-1

排序后的结果如表 5-8 所示。

第五步，分类汇总。分类字段选择"报表项目"，汇总方式选择"求和"，选定汇总项为"借方金额"与"贷方金额"，进行分类汇总。选项如图 5-2 所示。

表 5-8

序号	摘要	报表项目	借方	贷方	关联公司
7		存货		15 000.00	子公司3& 子公司4
2		营业成本		500 000.00	子公司1& 子公司2
4		营业成本		350 000.00	子公司3& 子公司4
6		营业成本		35 000.00	子公司3& 子公司4
1	子公司1与子公司2内部购销业务抵销	营业收入	500 000.00		子公司1& 子公司2
3	子公司3与子公司4内部购销业务抵销	营业收入	400 000.00		子公司3& 子公司4

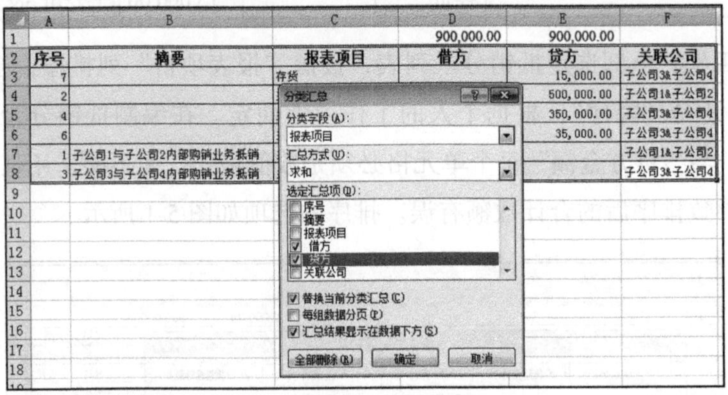

图 5-2

汇总后的结果如表 5-9 所示。

表 5-9

序号	摘要	报表项目	借方	贷方	关联公司
7		存货		15 000.00	子公司3& 子公司4
		存货汇总	—	15 000.00	
2		营业成本		500 000.00	子公司1& 子公司2
4		营业成本		350 000.00	子公司3& 子公司4
6		营业成本		35 000.00	子公司3& 子公司4
		营业成本汇总	—	885 000.00	
1	子公司1与子公司2内部购销业务抵销	营业收入	500 000.00		子公司1& 子公司2
3	子公司3与子公司4内部购销业务抵销	营业收入	400 000.00		子公司3& 子公司4
		营业收入汇总	900 000.00	—	
		总计	900 000.00	900 000.00	

为了避免数据干扰，我们选择只显示汇总项，即分类汇总后点击 Excel 左上角的数字"2"，得到的结果如表 5-10 所示。

表 5-10

序号	摘要	报表项目	借方	贷方	关联公司
		存货汇总	—	15 000.00	
		营业成本汇总	—	885 000.00	
		营业收入汇总	900 000.00	—	
		总计	900 000.00	900 000.00	

第六步，把汇总的报表项目数据，分别过入合并工作底稿对应的调整单元格内，即可完成利润表合并工作，如表 5-11 所示。

表 5-11 中的最后一列"合并金额"即为合并后资产负债表的期末数，把此列的数据过入正式的合并资产负债表即可。报表合并工作完成。

第七步，把抵销分录的列表的分类汇总删除，并按照序号升序排列，还原成最初的抵销状态，便于以后的数据查询和检查。还原的选项如图 5-3 所示。

还原后的结果如表 5-12 所示。

5.2.2 合并资产负债表不平衡为哪般

编制合并利润表时，抵销分录列表中"存货"项目为资产负债表项目，要在调整数据中体现。我们把"存货"项目贷方调整金额 15 000.00 过入合并资产负债表的工作底稿，如表 5-13 所示。

表 5-13 中一个让人非常头大的问题出现了：资产负债表合并后的数据不平衡！

"调整"栏抵销金额，资产的抵销金额合计为 4 728 000.00 元，负债和所有者权益的抵销金额合计为 4 713 000.00 元，两者相差金额为 15 000.00 元。

合并后的资产总计为 27 864 530.66 元，负债和所有者权益总计为 27 879 530.66 元，两者相差的金额为 15 000.00 元。

我们梳理一下抵销数据过入合并工作底稿的过程中是否有疏漏：

（1）利润表的合并工作底稿中，营业收入抵减 900 000.00 元，营业成本抵减 885 000.00 元。

表 5-11 合并利润表工作底稿

货币单位：人民币元

项目	母公司	子公司 1	子公司 2	子公司 3	子公司 4	合计金额	调整 借方	调整 贷方	合并金额
一、营业收入	850 000.00	600 000.00	500 000.00	400 000.00	370 000.00	2 720 000.00	900 000.00		1 820 000.00
减：营业成本	700 000.00	500 000.00	300 000.00	280 000.00	350 000.00	2 130 000.00		885 000.00	1 245 000.00
减：税金及附加	26 000.00	5 000.00	5 000.00	3 000.00	2 000.00	41 000.00			41 000.00
销售费用	50 000.00	25 000.00	12 000.00	10 000.00	10 000.00	107 000.00			107 000.00
管理费用	100 000.00	60 000.00	38 000.00	31 000.00	34 000.00	263 000.00			263 000.00
研发费用	20 000.00	5 000.00	3 000.00	800.00	890.00	29 690.00			29 690.00
财务费用									
其中：利息费用									
利息收入									
加：其他收益						—			—
投资收益									
其中：对联营企业和合营企业的投资收益						—			—
公允价值变动收益									
资产处置收益						—			—
减：资产减值损失	-46 000.00	5 000.00	142 000.00	75 200.00	-26 890.00	149 310.00	900 000.00	-885 000.00	134 310.00
二、营业利润	150 000.00					150 000.00			150 000.00
加：营业外收入						—			—
减：营业外支出	104 000.00	5 000.00	142 000.00	75 200.00	-26 890.00	299 310.00	900 000.00	-885 000.00	284 310.00
三、利润总额						—			—
减：所得税费用	104 000.00	5 000.00	142 000.00	75 200.00	-26 890.00	299 310.00	900 000.00	-885 000.00	284 310.00
四、净利润									
其中：被合并方在合并前实现的净利润	104 000.00	5 000.00	142 000.00	75 200.00	-26 890.00	299 310.00	900 000.00	-885 000.00	284 310.00
（一）按经营持续性分类									
1. 持续经营净利润（净亏损以"—"号填列）									

项目									
2. 终止经营净利润（净亏损以"—"号填列）									—
（二）按所有权归属分类									—
1. 少数股东损益									
2. 归属于母公司所有者的净利润								−885 000.00	284 310.00
五、其他综合收益的税后净利润	104 000.00	5 000.00	142 000.00	75 200.00	−26 890.00	299 310.00	900 000.00	−885 000.00	284 310.00
（一）不能重分类进损益的其他综合收益									
1. 重新计量设定受益计划变动额									
2. 权益法下不能转损益的其他综合收益									
（二）将重分类进损益的其他综合收益									
1. 权益法下可转损益的其他综合收益									
2. 可供出售金融资产公允价值变动损益									
3. 持有至到期投资重分类为可供出售金融资产损益									
4. 现金流量套期损益的有效部分									
5. 外币财务报表折算差额									
归属于少数股东的其他综合收益的税后净额									
六、综合收益总额	104 000.00	5 000.00	142 000.00	75 200.00	−26 890.00	299 310.00	900 000.00	−885 000.00	284 310.00
归属于母公司所有者综合收益总额									
归属于少数股东的综合收益总额									
七、每股收益									
（一）基本每股收益									
（二）稀释每股收益									

图 5-3

表 5-12

序号	摘要	报表项目	借方	贷方	关联公司
		合计	900 000.00	900 000.00	
1	子公司1与子公司2内部购销业务抵销	营业收入	500 000.00		子公司1&子公司2
2		营业成本		500 000.00	子公司1&子公司2
3	子公司3与子公司4内部购销业务抵销	营业收入	400 000.00		子公司3&子公司4
4		营业成本		350 000.00	子公司3&子公司4
6		营业成本		35 000.00	子公司3&子公司4
7		存货		15 000.00	子公司3&子公司4

（2）资产负债表的合并工作底稿中，存货抵减15 000.00元。

（3）资产负债表的合并工作底稿在存货抵减前，是平衡的。

可以看出，抵销数据过入合并工作底稿的过程中是没有疏漏的，那为什么合并后的资产负债表数据不平衡呢？

表 5-13 合并资产负债表工作底稿

货币单位：人民币元

项目	母公司	子公司 1	子公司 2	子公司 3	子公司 4	合计	调整 借方	调整 贷方	合并金额
资产									
流动资产：									
货币资金	1 452 450.00	313 400.00	135 000.00	648 700.68	342 598.66	2 892 149.34			2 892 149.34
以公允价值计量且其变动计入当期损益的金融资产	—	—	—	—	—	—			—
应收票据及应收账款	3 567 893.00	237 689.00	320 000.00	650 000.00	430 000.00	5 205 582.00		350 000.00	4 855 582.00
预付账款									
其他应收款	2 212 100.00	45 600.00	65 000.00	30 000.00	140 000.00	2 492 700.00		713 000.00	1 779 700.00
存货	3 560 000.00	757 800.00	378 000.00	659 000.00	348 000.00	5 702 800.00		15 000.00	5 687 800.00
持有待售资产									
一年内到期的非流动资产									
其他流动资产									
流动资产合计	11 792 443.00	1 554 489.00	898 000.00	1 987 700.68	1 260 598.66	16 293 231.34	—	1 078 000.00	15 215 231.34
非流动资产：									
可供出售金融资产									
持有至到期投资									
长期应收款									
长期股权投资	3 650 000.00					3 650 000.00		3 650 000.00	—
投资性房地产									
固定资产	8 700 000.00	1 100 000.00	950 000.00	699 299.32		11 449 299.32			11 449 299.32
在建工程									
生产性生物资产						—			—

(续)

项目	母公司	子公司 1	子公司 2	子公司 3	子公司 4	合计	调整 借方	调整 贷方	合并金额
油气资产						—			—
无形资产	1 000 000.00	200 000.00				1 200 000.00			1 200 000.00
开发支出						—			—
商誉						—			—
长期待摊费用						—			—
递延所得税资产						—			—
其他非流动资产	12 350 000.00	1 100 000.00	950 000.00	699 299.32	—	16 299 299.32	—	3 650 000.00	12 649 299.32
资产总计	24 142 443.00	2 654 489.00	1 848 000.00	2 687 000.00	1 260 598.66	32 592 530.66	—	4 728 000.00	27 864 530.66
流动负债:									
短期借款						—			—
以公允价值计量且其变动计入当期损益的金融负债						—			—
衍生金融负债									
应付票据及应付账款	1 897 443.00		530 000.00	690 000.00	480 000.00	3 597 443.00	350 000.00		3 247 443.00
预收款项						—			—
应付职工薪酬	600 000.00	100 000.00	100 000.00	100 000.00	100 000.00	1 000 000.00			1 000 000.00
应交税费	356 000.00	210 000.00	118 000.00	87 000.00	78 000.00	849 000.00			849 000.00
其他应付款	1 850 000.00					1 850 000.00	713 000.00		1 137 000.00
持有待售负债						—			—
一年内到期的非流动负债						—			—
其他流动负债									
流动负债合计	4 703 443.00	310 000.00	748 000.00	877 000.00	658 000.00	7 296 443.00	1 063 000.00	—	6 233 443.00

项目									
非流动负债:									
长期借款	7 000 000.00						8 000 000.00		8 000 000.00
应付债券	10 000 000.00			1 000 000.00					
其中：优先股									
永续债									
长期应付款									
预计负债									
递延收益									
递延所得税负债									
其他非流动负债									
非流动负债合计	7 000 000.00			1 000 000.00	—		8 000 000.00	—	8 000 000.00
负债合计	11 703 443.00	310 000.00	748 000.00	1 877 000.00	658 000.00	15 296 443.00	1 063 000.00	—	14 233 443.00
实收资本	10 000 000.00	1 000 000.00	500 000.00	400 000.00	450 000.00	12 350 000.00	2 350 000.00	—	10 000 000.00
其他权益工具									
其中：优先股									
永续债									
资本公积	750 000.00	100 000.00	30 000.00	50 000.00		930 000.00	180 000.00		750 000.00
减：库存股									
盈余公积	250 000.00	250 000.00	30 000.00	20 000.00		550 000.00	200 000.00		350 000.00
其他综合收益									
未分配利润	1 439 000.00	994 489.00	540 000.00	340 000.00	152 598.66	3 466 087.66	920 000.00		2 546 087.66
归属于母公司所有者权益合计	12 439 000.00	2 344 489.00	1 100 000.00	810 000.00	602 598.66	17 296 087.66	3 650 000.00		13 646 087.66
少数股东权益									
所有者权益合计	12 439 000.00	2 344 489.00	1 100 000.00	810 000.00	602 598.66	17 296 087.66	3 650 000.00	—	13 646 087.66
负债和所有者权益总计	24 142 443.00	2 654 489.00	1 848 000.00	2 687 000.00	1 260 598.66	32 592 530.66	4 713 000.00	—	27 879 530.66

我们先来回顾一下资产负债表与利润表之间的勾稽关系：利润表的"净利润"本年累计数，会反馈到资产负债表的"未分配利润"项目上，在当年的"未分配利润"没有发生其他变化，诸如未分配利润转增资本、向股东分配股利、本期确认以前年度损益等时，会有如下等式：

$$\underset{\text{净利润本年累计数}}{(\text{利润表中})} = \underset{\text{未分配利润期末数}}{(\text{资产负债表中})} - \underset{\text{未分配利润年初数}}{(\text{资产负债表中})}$$

我们把公式变形一下，可以得到变形后的等式：

$$\underset{\text{未分配利润期末数}}{(\text{资产负债表中})} = \underset{\text{净利润本年累计数}}{(\text{利润表中})} + \underset{\text{未分配利润年初数}}{(\text{资产负债表中})}$$

如果当年的"未分配利润"发生了前述列举的变化，则要把变化的金额还原为最初的"未分配利润年初数"。

合并前的利润表与资产负债表，勾稽关系肯定是符合上述等式的。也就是说，合并前的利润表"净利润"项目合计数 299 310.00 元，与资产负债表"未分配利润"项目金额，在勾稽关系上是正确的。

因为有未实现的内部销售利润的存在，造成合并后的净利润比合并前的少 15 000 元，也就是说合并后"（利润表中）净利润本年累计数"少了 15 000 元，变形后的等式右边已经减少了 15 000 元，为了保持等式的平衡，变形后等式左边"（资产负债表中）未分配利润期末数"也要减少 15 000 元。

有人会说把"（资产负债表中）未分配利润年初数"增加 15 000 元，左边数据保持不变，变形后的等式不还是正确的吗？站在数学的角度讲，这个做法是没错的，但是财务报表的等式有自己的规则，"（资产负债表中）未分配利润年初数"等同于上一年度的"（资产负债表中）未分配利润期末数"，与上一年度的"（利润表中）净利润本年累计数"有着同样的勾稽关系，这绝对不能乱的。

综上所述，由于利润表在合并过程中打破了与资产负债表之间的勾稽关系，为了保持勾稽关系正确，需要对（资产负债表中）未分配利润期末数进行对应的调整。调整之后的结果如表 5-14 所示。

表 5-14 合并资产负债表工作底稿

货币单位：人民币元

项目	母公司	子公司 1	子公司 2	子公司 3	子公司 4	合计金额	调整 借方	调整 贷方	合并金额
资产									
流动资产：									
货币资金	1 452 450.00	313 400.00	135 000.00	648 700.68	342 598.66	2 892 149.34			2 892 149.34
以公允价值计量且其变动计入当期损益的金融资产	—	—	—	—	—	—			—
应收票据及应收账款	3 567 893.00	237 689.00	320 000.00	650 000.00	430 000.00	5 205 582.00		350 000.00	4 855 582.00
预付账款	—	—	—	—	—	—			—
其他应收款	2 212 100.00	45 600.00	65 000.00	30 000.00	140 000.00	2 492 700.00		713 000.00	1 779 700.00
存货	3 560 000.00	757 800.00	378 000.00	659 000.00	348 000.00	5 702 800.00		15 000.00	5 687 800.00
持有待售资产						—			—
一年内到期的非流动资产						—			—
其他流动资产						—			—
流动资产合计	11 792 443.00	1 554 489.00	898 000.00	1 987 700.68	1 260 598.66	16 293 231.34	—	1 078 000.00	15 215 231.34
非流动资产：									
可供出售金融资产						—			—
持有至到期投资						—			—
长期应收款						—			—
长期股权投资	3 650 000.00					3 650 000.00		3 650 000.00	—
投资性房地产						—			—
固定资产	8 700 000.00	1 100 000.00	950 000.00	699 299.32		11 449 299.32			11 449 299.32
在建工程						—			—
生产性生物资产						—			—
油气资产						—			—

（续）

项目	母公司	子公司 1	子公司 2	子公司 3	子公司 4	合计金额	调整 借方	调整 贷方	合并金额
无形资产	1 000 000.00	200 000.00				1 200 000.00			1 200 000.00
开发支出						—			—
商誉						—			—
长期待摊费用						—			—
递延所得税资产						—			—
其他非流动资产						—			—
非流动资产合计	12 350 000.00	1 100 000.00	950 000.00	699 299.32	—	16 299 299.32	—	3 650 000.00	12 649 299.32
资产总计	24 142 443.00	2 654 489.00	1 848 000.00	2 687 000.00	1 260 598.66	32 592 530.66	—	4 728 000.00	27 864 530.66
流动负债：									
短期借款						—			—
以公允价值计量且其变动计入当期损益的金融负债						—			—
衍生金融负债						—			—
应付票据及应付账款	1 897 443.00		530 000.00	690 000.00	480 000.00	3 597 443.00	350 000.00		3 247 443.00
预收款项						—			—
应付职工薪酬	600 000.00	100 000.00	100 000.00	100 000.00	100 000.00	1 000 000.00			1 000 000.00
应交税费	356 000.00	210 000.00	118 000.00	87 000.00	78 000.00	849 000.00			849 000.00
其他应付款	1 850 000.00					1 850 000.00	713 000.00		1 137 000.00
持有待售负债						—			—
一年内到期的非流动负债						—			—
其他流动负债						—			—
流动负债合计	4 703 443.00	310 000.00	748 000.00	877 000.00	658 000.00	7 296 443.00	1 063 000.00	—	6 233 443.00
非流动负债：									

项目						
长期借款	7 000 000.00				1 000 000.00	8 000 000.00
应付债券						—
其中：优先股						
永续债						
长期应付款						
预计负债						—
递延收益						—
递延所得税负债						—
其他非流动负债						—
非流动负债合计	7 000 000.00	—	748 000.00	1 000 000.00	1 000 000.00	8 000 000.00
负债合计	11 703 443.00	310 000.00	658 000.00	1 877 000.00	1 063 000.00	14 233 443.00
实收资本	10 000 000.00	1 000 000.00	450 000.00	400 000.00	2 350 000.00	10 000 000.00
其他权益工具						—
其中：优先股						
永续债						
资本公积	750 000.00	100 000.00	30 000.00	50 000.00	180 000.00	750 000.00
减：库存股						—
盈余公积	250 000.00	250 000.00	30 000.00	20 000.00	200 000.00	350 000.00
其他综合收益						
未分配利润	1 439 000.00	994 489.00	540 000.00	340 000.00	935 000.00	2 531 087.66
归属于母公司所有者权益合计	12 439 000.00	2 344 489.00	1 100 000.00	810 000.00	3 665 000.00	13 631 087.66
少数股东权益						—
所有者权益合计	12 439 000.00	2 344 489.00	1 100 000.00	810 000.00	3 665 000.00	13 631 087.66
负债和所有者权益总计	24 142 443.00	2 654 489.00	1 848 000.00	2 687 000.00	4 713 000.00	27 864 530.66

Note: partial row values visible include 152 598.66, 602 598.66, 602 598.66, 1 260 598.66, 3 466 087.66, 17 296 087.66, 17 296 087.66, 32 592 530.66.

5.3 财务指标的利好与利空

5.3.1 资产负债率的利好与利空

在 4.3.3 节，我们已经测算出：

$$净资产抵销限额 = 1\ 201\ 961.87$$

而当时未实现内部销售利润的取值为 0，现在增加了 15 000 元，则：

$$长期股权投资 + 未实现内部销售利润 = 3\ 650\ 000.00 + 15\ 000$$
$$= 3\ 665\ 000.00$$

当长期股权投资+未实现内部销售利润＞净资产抵销限额，合并后的"资产负债率"指标，有利空的效果。我们用数据来验证一下：

$$合并前的资产负债率 = 15\ 296\ 443.00 \div 32\ 592\ 530.66 \times 100\%$$
$$= 46.93\%$$
$$合并后的资产负债率 = 14\ 233\ 443.00 \div 27\ 864\ 530.66 \times 100\%$$
$$= 51.08\%$$

合并前的资产负债率（46.93%）＜合并后的资产负债率（51.08%）

合并后的"资产负债率"指标，有利空的效果，而且利空的效果强化了，与存货抵销前的合并资产负债率 51.05% 相比，增加了 0.03 个百分点。

5.3.2 销售毛利率的利好与利空

$$合并前的销售毛利率 = (2\ 720\ 000.00 - 2\ 130\ 000.00)$$
$$\div 2\ 720\ 000.00 \times 100\% = 21.69\%$$

$$未实现内部销售利润 \div 内部关联销售金额$$
$$= 15\ 000.00 \div 900\ 000.00 \times 100\% = 1.67\%$$

25.78%＞1.67%，即合并前的销售毛利率＞未实现内部销售利润÷内部关联销售金额，利好条件成立。

数据验证：

$$合并后的销售毛利率$$
$$= (1\ 820\ 000.00 - 1\ 245\ 000.00) \div 1\ 820\ 000.00 \times 100\% = 31.59\%$$

合并前的销售毛利率（21.69%）＜合并后的销售毛利率（31.59%），利好效果非常明显。

温馨提醒：我们推演出合并后销售毛利率利好与利空的条件，只是为了对合并后达到的数据效果进行预判，而不能用于不正当的目的，否则后果自负。

5.4 资产减值损失的当期抵销处理

存货计提的资产减值损失的抵销与内部债权不同，内部债权计提的资产减值损失要全额抵销，视同内部债权不存在而多计提了。存货计提的资产减值损失的抵销，要区分不同的情况处理。

（1）购买方内部购进存货的期末可变现净值，低于取得成本但是高于销售方的取得成本，从合并整体来看，不需要计提资产减值损失，需要全额抵销处理。抵销分录为：

借：存货　　　　　　　　　　　　　　　　　　×××
　　贷：资产减值损失　　　　　　　　　　　　×××

为了保持合并资产负债表数据的平衡，贷方项目"资产减值损失"在过入合并资产负债表的工作底稿时，计入"未分配利润"项目。

（2）购买方内部购进存货的期末可变现净值，低于取得成本并且低于销售方的取得成本，从合并整体来看，计提资产减值损失是必需的，计提的金额为：

资产减值损失＝未实现内部销售利润＋资产减值损失（真正意义上的减值损失，即销售方采购成本－期末可变现净值）

真正意义上的资产减值损失，无论存货的归属都要计提的，合并时不需要做抵销处理，而因存在"未实现内部销售利润"计提的减值损失，则需要进行全额抵销处理。抵销分录为：

借：存货　　　　　　　　　　　　　　　　　　×××
　　贷：资产减值损失　　　　　　　　　　　　×××

为了保持合并资产负债表数据的平衡，贷方项目"资产减值损失"在过入合并资产负债表的工作底稿时，计入"未分配利润"项目。这两种情况的抵销项目及方向是相同的，只是抵销金额的取数方式有差异。无论是哪种情况的计提资产减值损失，在进行"第二步，在抵销分录列表上编制抵销分录"

时,增加上述抵销分录即可,其他过程不变。

5.5 跨越会计年度连续编制合并报表时内部购销业务的抵销处理

跨越会计年度时,首先要抵销上年度的内部购销数据对本年度期末数据的影响,然后再开始本期数据的合并抵销。

(1)抵销年初存货价值中包含的未实现内部销售利润对本期期末数据的影响。

借:未分配利润　　　　　　　　　×××(年初数1)
　　贷:存货　　　　　　　　　　　　×××

(2)抵销上年末计提的资产减值损失对本期期末数据的影响。

借:存货　　　　　　　　　　　　××××
　　贷:未分配利润　　　　　　　　　×××(年初数2)

上述抵销分录中的项目"未分配利润(年初数1)"与"未分配利润(年初数2)",并不是合并资产负债表的"年初数"列所填列的"未分配利润"项目数据,而是指"期末数"列所填列的"未分配利润"项目数据。合并资产负债表的"年初数"列的数据,等于上个会计年度的"期末数"列,已经进行了合并抵销,本年度直接引用即可,无须再做任何抵销处理。

任何一个独立的会计主体(非合并主体),资产负债表"未分配利润"项目的期末数据满足以下等式:

未分配利润(期末)=未分配利润(年初)+未分配利润(本年累计发生)

在财务报表合并的过程中,只是对报表数据进行调整,并没有调整产生内部交易各主体的账面记录,而合并主体单体资产负债表的"未分配利润(年初)"项目是独立会计主体的账面记录数据,并没有做任何调整,仍然包含上个会计年度未实现的内部销售利润,进而造成"未分配利润(期末)"包含未实现的内部销售利润,所以在编制合并财务报表时,首先要抵销年初数据对年末数据的影响。

这里提到两个"年初数",千万不能混淆:

一是合并资产负债表的"年初数"列,数据等于上一个会计年度合并资产负债表的年末数，不需要做任何调整，切记！

二是"未分配利润"项目的年初数，是指合并主体单体资产负债表的"期末数"那一列，由于包含未实现的内部销售利润，进而造成"未分配利润（期末）"也包含未实现的内部销售利润，在合并的过程中必须先做抵销处理。

"营业成本"项目，而不是"存货"项目，可以理解成上年度存货价值中包含的未实现的内部销售利润，在本期已经全部实现了。

（3）抵销本期实现的对外购销。

借：营业收入　　　　　　　　　　　　　　　×××
　　贷：营业成本　　　　　　　　　　　　　×××

（4）抵销期末存货价值中包含的未实现内部销售利润。

借：营业收入　　　　　　　　　　　　　　　×××
　　贷：存货　　　　　　　　　　　　　　　×××

（5）抵销内部购销的存货计提的减值损失。

借：存货　　　　　　　　　　　　　　　　　×××
　　贷：资产减值损失　　　　　　　　　　　×××

在实际编制合并财务报表时，在进行"第二步，在抵销分录列表上编制抵销分录"时，编制上述抵销分录即可，其他过程不变。

关于"资产减值损失的当期抵销处理"和"跨越会计年度连续编制合并报表时内部购销业务的抵销处理"，这里只做抵销分录的讲解，不再单独举例了。在本书第 10 章中有完整的案例。

5.6　本章总结：混合抵销项目过数须知

混合抵销项目，是指既与合并资产负债表数据相关，又与合并利润表数据相关的报表项目。混合抵销项目根据其特性，又可分为固定混合抵销项目与可转换混合抵销项目。

固定混合抵销项目是指始终既与合并资产负债表数据相关，又与合并利润表数据相关的报表项目。只要抵销分录中有这类项目的身影，必须同时调整合并资产负债表与合并利润表的数据。这类项目有存货、固定资产、无形资产等。

可转换混合抵销项目有时具有混合抵销的特质，有时却没有，是否具有混合抵销的特质，与抵销分录的对方项目有关。例如应收账款和其他应收款，如果抵销的对方项目分别是应付账款、其他应付款，就不具有混合抵销的特质；如果抵销的对方项目为损益类项目，如"资产减值损失"等，它们就由常规抵销项目转换成混合状态。

把固定混合抵销项目与处于混合状态的可转换混合抵销项目数据，过入合并资产负债表的工作底稿时，对方项目要在"未分配利润"项目的相反方向过入相同的金额，这样才能保持合并资产负债表的数据平衡。

这里的"混合抵销项目""固定混合抵销项目"和"可转换混合抵销项目"是作者为了方便说明问题，根据抵销项目的特质而命名的，并不是合并财务报表的新概念或者理论，读者千万不要误解。

第 6 章

现金流量表合并实务与案例

合并现金流量表是综合反映母公司及其所有子公司组成的企业集团在一定会计期间现金和现金等价物流入和流出的报表。现金流量表作为一张主要报表已经为世界上一些主要国家的会计实务所采用，合并现金流量表的编制也成为各国会计实务的重要内容。

6.1 合并现金流量表的编制方法

合并现金流量表的编制，老版本（例如 2002 年前后）的注册会计师全国统一考试辅导教材《会计》中提供了两种通行的方法。

6.1.1 以合并资产负债表、合并利润表为基础，通常有直接法和间接法

直接法以合并利润表中营业收入为起算点，调节与经营活动有关的项目的增减变动，然后计算经营活动产生的现金流量。间接法以净利润为起算点，将按照权责发生制原则确定的净利润调整为现金净流入，并剔除投资活动和筹资活动对现金流量的影响。

无论是直接法还是间接法，由于采用的是会计科目倒挤的方式，在编制的过程中很可能会遗漏掉一些项目，导致数据失真。

6.1.1.1 直接法

现在从经营活动的两个主要项目来说明直接法编制现金流量表可能存在

的问题。

1. 现金流量项目一：销售商品、提供劳务收到的现金

销售商品、提供劳务收到的现金＝本期营业收入净额＋本期应收账款减少额（即期初应收账款－期末应收账款）＋本期应收票据减少额（即期初应收票据－期末应收票据）＋本期预收账款增加额（即期末预收账款－期初预收账款）

如果在上述计算过程中产生坏账损失，要把坏账损失加入计算结果中。

问题 1：增值税的影响

本期收到前期销售的退回，并没有产生货款的退回，在其他条件不变的情况下：

"销售商品、提供劳务收到的现金"项目的变动额＝销售退回的收入额（即原开票时的收入额）＋该笔退回业务对应的应收账款减少额

因为当期没有实际产生货款的退回，所以从现金流的角度讲，"销售商品、提供劳务收到的现金"项目的变动额等于 0。而本计算公式得出的结果很可能并不等于 0，一般纳税人的"应收账款"金额包含营业收入和增值税销项税额。

问题 2：应收票据贴现或者到期兑付

到期时间较短的应收票据，等同于现金等价物。无论是贴现还是到期兑付，都表现为银行存款的增加和应收票据的减少，只是现金等价物与现金之间的转换，而按照计算公式，则表现为"销售商品、提供劳务收到的现金"，这就等同于"虚增"了这一项目的现金流入，虽然这种虚构是无意的，但是却影响现金流量表的准确性。

2. 现金流量项目二：购买商品、接受劳务支付的现金

购买商品、接受劳务支付的现金＝本期营业成本＋本期存货增加额（即期末存货－期初存货）＋本期应付账款减少额（即期初应付账款－期末应付账款）＋本期应付票据减少额（即期初应付票据－期末应付票据）＋本期预付账款增加额（即期末预付账款－期初预付账款）

同样存在存货金额与应付账款金额增值税差和应付票据到期兑付重复计算本项目金额的问题。此外，还会有其他影响现金流量项目准确性的问题，

例如一个单位既是供应商又是客户的，期末对账完成后把应收账款和应付账款对冲，按照上述公式会同时增加这两个项目的金额，这与我们编制合并现金流量表的目的是相悖的。

直接法只能大概计算出各现金流量主要项目的金额，与最终"现金及现金等价物净增加额"的差额部分，计入各类现金流量的其他项目，例如收到的其他与经营活动有关的现金、支付的其他与经营活动有关的现金等，很可能会导致这些其他项目的金额大得离谱。

6.1.1.2 间接法

现金流量表采用直接法反映经营活动产生的现金流量，同时，企业还应采用间接法反映经营活动产生的现金流量。间接法，是指以本期净利润为起点，通过调整不涉及现金的收入、费用、营业外收支以及经营性应收应付等项目的增减变动，调整不属于经营活动的现金收支项目，据此计算并列报经营活动产生的现金流量的方法。在我国，现金流量表补充资料应采用间接法反映经营活动产生的现金流量情况，以对现金流量表中采用直接法反映的经营活动现金流量进行核对和补充说明。

采用间接法列报经营活动产生的现金流量时，需要对四大类项目进行调整：①实际没有支付现金的费用；②实际没有收到现金的收益；③不属于经营活动的损益；④经营性应收应付项目的增减变动。

间接法编制现金流量表可能导致结果失真的问题。

问题1：存货的减少一定能增加经营活动的现金流量吗？不是用于生产用途而领用的物料，比如管理部门的领用、研发部门为研究开发新产品而领用的物料，在财务账上会显示存货的减少，而这些减少并不能带来经营活动的现金流入。

问题2：经营性应收项目减少。既是供应商又是客户的单位往来账对冲就是例外的事项，当然还有其他很多例外的事项。

问题3：经营性应付项目增加。既是供应商又是客户的单位往来账对冲，赊账购买固定资产，有时候也会在应付账款项目反映，但是购买固定资产要归属于投资活动，等等。

问题4：财务费用。前期产生融资费用的分摊也会计入财务费用，这些会直接影响到结果的准确性。例如，中国人民银行发布了银行贷款的基准利率，各商业银行在实际操作时，会在基准利率的基础上上浮一定的比例发放贷款，有上浮40%或者更多的，这上浮的利息支出，要在放贷后一次性支付，银行出具的票据是理财费用等，实际上就是利息。在账务处理时会作为待摊费用，在贷款期限内平均分摊，计入财务费用。这部分费用的存在会直接影响最后的结果。为了保持最后结果的一致性，差额的部分在"其他"项目下反映，结果是"其他"项目数据相当离谱。

6.1.2 以单体现金流量表为基础，抵销内部现金及现金等价物往来编制

财务软件无论是国产的，如用友、金蝶、浪潮、新中大、管家婆、速达等，还是国外的，如SAP、甲骨文等，都有现金流量功能，在日常账务处理中，录入现金流量科目比如现金、银行存款科目时，可以同时录入现金流量项目。可以根据经营的实际情况设置现金流量科目，并且把录入现金流量项目作为必选项，在期末时就可以出具相对准确的现金流量表，肯定比直接法或者间接法的准确性高。在财务软件大量普及的今天，编制相对准确的现金流量表并不是一件复杂的事情，间接法可以作为补充资料，来印证最终结果的一致性。

以相对准确的单体现金流量表为基础，抵销内部现金及现金等价物往来，这样的合并结果准确性会有很大提高。这是本书赞同的方法，接下来将会用案例演示现金流量表的编制过程。

6.2 编制合并现金流量表时应进行抵销的项目

2018年度注册会计师全国统一考试辅导教材《会计》第548页关于抵销项目的讲解，本书原文摘录如下。

以母公司和子公司个别现金流量表为基础编制合并现金流量表时，需要进行抵销的内容有：

（1）合并主体内部当期以现金投资或收购股权增加的投资所产生的现金流量的抵销处理。母公司直接以现金对子公司进行的长期股权投资或以现金从子公司的其他所有者（即企业集团内的其他子公司）处收购股权，表现为母

公司现金流出，在母公司个别现金流量表中作为投资活动现金流出列示。子公司接受这一投资（或处置投资）时，表现为现金流入，在其个别现金流量表中反映为筹资活动的现金流入（或投资活动的现金流入）。从企业集团整体来看，母公司以现金对子公司进行的长期股权投资实际上相当于母公司将资本拨付下属核算单位，并不引起整个企业集团现金流量的增减变动。因此，编制合并现金流量表时，应当在母公司与子公司现金流量表数据简单相加的基础上，将母公司当期以现金对子公司长期股权投资所产生的现金流量予以抵销。

（2）企业集团内部当期取得投资收益收到的现金与分配股利、利润或偿付利息支付的现金的抵销处理。母公司对子公司进行的长期股权投资和债权投资，在持有期间收到子公司分派的现金股利（利润）或债券利息，表现为现金流入，在母公司个别现金流量表中作为取得投资收益收到的现金列示。子公司向母公司分派现金股利（利润）或支付债券利息，表现为现金流出，在其个别现金流量表中反映为分配股利、利润或偿付利息支付的现金。从整个企业集团来看，这种投资收益的现金收支，并不引起整个企业集团现金流量的增减变动。因此，编制合并现金流量表时，应当在母公司与子公司现金流量表数据简单相加的基础上，将母公司当期取得投资收益收到的现金与子公司分配股利、利润或偿付利息支付的现金予以抵销。

（3）企业集团内部以现金结算债权与债务所产生的现金流量的抵销处理。母公司与子公司、子公司相互之间当期以现金结算应收账款或应付账款等债权与债务，表现为现金流入或现金流出，在母公司个别现金流量表中作为收到其他与经营活动有关的现金或支付其他与经营活动有关的现金列示，在子公司个别现金流量表中作为支付其他与经营活动有关的现金或收到其他与经营活动有关的现金列示。从整个企业集团来看，这种现金结算债权与债务的方式，并不引起整个企业集团现金流量的增减变动。因此，编制合并现金流量表时，应当在母公司与子公司现金流量表数据简单相加的基础上，将母公司与子公司、子公司相互之间当期以现金结算债权与债务所产生的现金流量予以抵销。

（4）企业集团内部当期销售商品所产生的现金流量的抵销处理。母公司向子公司当期销售商品（或子公司向母公司销售商品或子公司相互之间销售商品，下同）所收到的现金，表现为现金流入，在母公司个别现金流量表中作为销售商品、提供劳务收到的现金列示。子公司向母公司支付购货款，表现为现金流出，在其个别现金流量表中反映为购买商品、接受劳务支付的现金。从整个企业集团来看，这种内部商品购销现金收支，并不会引起整个企业集团现金流量的增减变动。因此，编制合并现金流量表时，应当在母公司与子公司现金流量表数据简单相加的基础上，将母公司与子公司、子公司相互之间当期销售商品所产生的现金流量予以抵销。

（5）企业集团内部处置固定资产等收回的现金净额与购建固定资产等支付的现金的抵销处理。母公司向子公司处置固定资产等非流动资产，表现为现金流入，在母公司个别现金流量表中作为处置固定资产、无形资产和其他长期资产收回的现金净额列示。子公司表现为现金流出，在其个别现金流量表中反映为购建固定资产、无形资产和其他长期资产支付的现金。从整个企业集团来看，这种固定资产处置与购置的现金收支，并不会引起整个企业集团现金流量的增减变动。因此，在编制合并现金流量表时，应当在母公司与子公司现金流量表数据简单相加的基础上，将母公司与子公司、子公司相互之间处置固定资产、无形资产和其他长期资产收回的现金净额与购建固定资产、无形资产和其他长期资产支付的现金相互抵销。

6.3 实战案例：七步法编制合并现金流量表

【案例6-1】母公司合并主体内有4个子公司，本期采用财务软件编制的单体现金流量表不再单独列示，直接显示过入合并工作底稿后的结果，如表6-1所示。

母公司提供的辅助资料如表6-2所示。

子公司1提供的辅助资料如表6-3所示。

子公司2提供的辅助资料如表6-4所示。

子公司3提供的辅助资料如表6-5所示。

子公司4提供的辅助资料如表6-6所示。

现金流量表合并的数据编制如下。

第一步，将合并主体的现金流量表过入工作底稿，如表6-1所示。

第二步，在"抵销分录列表"中编制抵销分录，如表6-7所示。

表 6-1 现金流量表

项目	母公司	子公司 1	子公司 2	子公司 3	子公司 4	合计金额	调整 借方	调整 贷方	合并金额
一、经营活动产生的现金流量									
销售商品、提供劳务收到的现金	1 600 000.00	750 000.00	800 000.00	630 000.00	350 000.00	4 130 000.00			4 130 000.00
收到的税费返还	20 000.00					20 000.00			20 000.00
收到的其他与经营活动有关的现金	280 000.00	63 000.00		16 000.00	8 000.00	367 000.00			367 000.00
经营活动现金流入小计	1 900 000.00	813 000.00	800 000.00	646 000.00	358 000.00	4 517 000.00	—	—	4 517 000.00
购买商品、接受劳务支付的现金	1 200 000.00	550 000.00	460 000.00	650 000.00	300 000.00	3 160 000.00			3 160 000.00
支付给职工以及为职工支付的现金	150 000.00	60 000.00	50 000.00	50 000.00	30 000.00	340 000.00			340 000.00
支付的各种税费	68 000.00	31 000.00	35 000.00	30 000.00	15 000.00	179 000.00			179 000.00
支付的其他与经营活动有关的现金	170 000.00	70 000.00	36 000.00	20 000.00	40 000.00	336 000.00			336 000.00
经营活动产生的现金流出小计	1 588 000.00	711 000.00	581 000.00	750 000.00	385 000.00	4 015 000.00	—	—	4 015 000.00
经营活动产生的现金流量净额	312 000.00	102 000.00	219 000.00	−104 000.00	−27 000.00	502 000.00	—	—	502 000.00
二、投资活动产生的现金流量									
收回投资收到的现金	20 000.00			6 500.00		26 500.00			26 500.00
取得投资收益所收到的现金									
处理固定资产、无形资产和其他长期资产收回的现金净额		15 000.00			3 300.00	18 300.00			18 300.00
处置子公司及其他营业单位收到的现金净额						—			—
收到的其他与投资活动有关的现金			50 000.00			50 000.00			50 000.00
投资活动现金流入小计	20 000.00	15 000.00	50 000.00	6 500.00	3 300.00	94 800.00	—	—	94 800.00

(续)

项目	母公司	子公司1	子公司2	子公司3	子公司4	合计金额	调整借方	调整贷方	合并金额
购建固定资产、无形资产和其他长期资产支付的现金	2 500.00	—	26 000.00	—	5 000.00	33 500.00	—	—	33 500.00
投资支付的现金	3 650 000.00	—	—	—	—	3 650 000.00	—	—	3 650 000.00
取得子公司及其他营业单位支付的现金净额	—	—	—	—	—	—	—	—	—
支付的其他与投资活动有关的现金	—	—	—	—	—	—	—	—	—
投资活动现金流出小计	3 652 500.00	—	26 000.00	—	5 000.00	3 683 500.00	—	—	3 683 500.00
投资活动产生的现金流量净额	−3 632 500.00	15 000.00	24 000.00	6 500.00	−1 700.00	−3 588 700.00	—	—	−3 588 700.00
三、筹资活动产生的现金流量									
吸收投资所收到的现金	—	1 650 000.00	1 000 000.00	500 000.00	500 000.00	3 650 000.00	—	—	3 650 000.00
取得借款收到的现金	7 000 000.00	—	—	1 000 000.00	—	8 000 000.00	—	—	8 000 000.00
收到的其他与筹资活动有关的现金	—	—	—	—	—	—	—	—	—
筹资活动现金流入小计	7 000 000.00	1 650 000.00	1 000 000.00	1 500 000.00	500 000.00	11 650 000.00	—	—	11 650 000.00
偿还债务所支付的现金	100 000.00	—	—	—	—	100 000.00	—	—	100 000.00
分配股利、利润和偿付利息支付的现金	—	—	—	—	—	—	—	—	—
支付其他与筹资活动有关的现金	20 000.00	5 000.00	3 000.00	800.00	890.00	29 690.00	—	—	29 690.00
筹资活动现金流出小计	120 000.00	5 000.00	3 000.00	800.00	890.00	129 690.00	—	—	129 690.00
筹资活动产生的现金流量净额	6 880 000.00	1 645 000.00	997 000.00	1 499 200.00	499 110.00	11 520 310.00	—	—	11 520 310.00
四、汇率变动对现金的影响	—	—	—	—	—	—	—	—	—
五、现金及现金等价物净增加额	3 559 500.00	1 762 000.00	1 240 000.00	1 401 700.00	470 410.00	8 433 610.00	—	—	8 433 610.00
加：期初现金及现金等价物余额	—	—	—	—	—	—	—	—	—
六、期末现金及现金等价物余额	3 559 500.00	1 762 000.00	1 240 000.00	1 401 700.00	470 410.00	8 433 610.00	—	—	8 433 610.00

表 6-2

项目	母公司	子公司 1	子公司 2	子公司 3	子公司 4	合计
销售商品、提供劳务收到的现金		100 000.00	150 000.00	30 000.00	10 000.00	290 000.00
收到的其他与经营活动有关的现金		3 000.00	2 000.00	3 005.00		8 005.00
购买商品、接受劳务支付的现金						—
支付的其他与经营活动有关的现金		1 500.00	890.00		4 100.00	6 490.00
收回投资收益所收到的现金						—
取得投资收益所收到的现金						—
处置固定资产、无形资产和其他长期资产收回的现金净额						—
处置子公司及其他营业单位支付的现金净额						—
收回的其他与投资活动有关的现金		1 650 000.00	1 000 000.00	500 000.00	500 000.00	3 650 000.00
购建固定资产、无形资产和其他长期资产支付的现金						—
投资支付的现金						—
取得子公司及其他营业单位支付的现金净额						—
支付的其他与投资活动有关的现金						—
吸收投资所收到的现金						—
取得借款所收到的现金						—
收到的其他与筹资活动有关的现金						—
分配股利、利润和偿付利息支付的现金						—
支付其他与筹资活动有关的现金						—

表 6-3

项目	母公司	子公司 1	子公司 2	子公司 3	子公司 4	合计
销售商品、提供劳务收到的现金			130 000.00			130 000.00
收到的其他与经营活动有关的现金	1 500.00				10 000.00	11 500.00
购买商品、接受劳务支付的现金	100 000.00					100 000.00
支付的其他与经营活动有关的现金	3 000.00			20 000.00		23 000.00
收回投资收到的现金						—
取得投资收益所收到的现金						—
处置固定资产、无形资产和其他长期资产收回的现金净额						—
处置子公司及其他营业单位收到的现金净额						—
购建固定资产、无形资产和其他长期资产支付的现金						—
投资支付的现金						—
取得子公司及其他营业单位支付的现金净额						—
吸收投资所收到的现金	1 650 000.00					1 650 000.00
取得借款收到的现金						—
收到的其他与筹资活动有关的现金						—
分配股利、利润和偿付利息支付的现金						—
支付的其他与筹资活动有关的现金						—

表 6-4

项目	母公司	子公司1	子公司2	子公司3	子公司4	合计
销售商品、提供劳务收到的现金						—
收到的其他与经营活动有关的现金	890.00			31 000.00		31 890.00
购买商品、接受劳务支付的现金	150 000.00	130 000.00				280 000.00
支付的其他与经营活动有关的现金	2 000.00				3 500.00	5 500.00
收回投资收益所收到的现金						—
取得投资收益所收到的现金						—
处理固定资产、无形资产和其他长期资产收回的现金净额						—
处置子公司及其他营业单位收到的现金净额						—
购建固定资产、无形资产和其他长期资产支付的现金						—
投资支付的现金						—
取得子公司及其他营业单位支付的现金净额						—
支付的其他与投资活动有关的现金						—
吸收投资所收到的现金	1 000 000.00					1 000 000.00
取得借款所收到的现金						—
收到的其他与筹资活动有关的现金						—
分配股利、利润和偿付利息支付的现金						—
支付的其他与筹资活动有关的现金						—

表 6-5

项目	母公司	子公司1	子公司2	子公司3	子公司4	合计
销售商品、提供劳务收到的现金		20 000.00			32 000.00	32 000.00
收到的其他与经营活动有关的现金	30 000.00					20 000.00
购买商品、接受劳务支付的现金						30 000.00
支付的其他与经营活动有关的现金	3 005.00		31 000.00			34 005.00
收回投资收到的现金						—
取得投资收益所收到的现金						—
处理固定资产、无形资产和其他长期资产收回的现金净额						—
处置子公司及其他营业单位收到的现金						—
收到的其他与投资活动有关的现金						—
购建固定资产、无形资产和其他长期资产支付的现金						—
投资支付的现金						—
取得子公司及其他营业单位支付的现金净额						—
支付的其他与投资活动有关的现金						—
吸收投资所收到的现金	500 000.00					500 000.00
取得借款收到的现金						—
收到的其他与筹资活动有关的现金						—
分配股利、利润和偿付利息支付的现金						—
支付其他与筹资活动有关的现金						—

表 6-6

项目	母公司	子公司1	子公司2	子公司3	子公司4	合计
销售商品、提供劳务收到的现金						
收到的其他与经营活动有关的现金			3 500.00			3 500.00
购买商品、接受劳务支付的现金	10 000.00			32 000.00		42 000.00
支付的其他与经营活动有关的现金		10 000.00				10 000.00
收回投资所收到的现金						—
取得投资收益所收到的现金						—
处理固定资产、无形资产和其他长期资产收回的现金净额						—
处置子公司及其他营业单位收到的现金						—
收到的其他与投资活动有关的现金						—
购建固定资产、无形资产和其他长期资产支付的现金						—
投资支付的现金						—
取得子公司及其他营业单位支付的现金净额						—
支付的其他与投资活动有关的现金	500 000.00					500 000.00
吸收投资所收到的现金						—
取得借款所收到的现金						—
收到的其他与筹资活动有关的现金						—
分配股利、利润和偿付利息支付的现金						—
支付的其他与筹资活动有关的现金						—

表 6-7

序号	摘要	报表项目	借方金额	贷方金额	关联公司
		合计	4 180 995.00	4 180 995.00	
1	母公司对子公司 1 抵销	投资支付的现金	1 650 000.00		母公司 & 子公司 1
2		吸收投资所收到的现金		1 650 000.00	母公司 & 子公司 1
3		购买商品、接受劳务支付的现金	100 000.00		母公司 & 子公司 1
4		销售商品、提供劳务收到的现金		100 000.00	母公司 & 子公司 1
5		支付的其他与经营活动有关的现金	3 000.00		母公司 & 子公司 1
6		收到的其他与经营活动有关的现金		3 000.00	母公司 & 子公司 1
7		支付的其他与经营活动有关的现金	1 500.00		母公司 & 子公司 1
8		收到的其他与经营活动有关的现金		1 500.00	母公司 & 子公司 1
9	母公司对子公司 2 抵销	投资支付的现金	1 000 000.00		母公司 & 子公司 2
10		吸收投资所收到的现金		1 000 000.00	母公司 & 子公司 2
11		购买商品、接受劳务支付的现金	150 000.00		母公司 & 子公司 2
12		销售商品、提供劳务收到的现金		150 000.00	母公司 & 子公司 2
13		支付的其他与经营活动有关的现金	2 000.00		母公司 & 子公司 2
14		收到的其他与经营活动有关的现金		2 000.00	母公司 & 子公司 2
15		支付的其他与经营活动有关的现金	890.00		母公司 & 子公司 2
16		收到的其他与经营活动有关的现金		890.00	母公司 & 子公司 2
17	母公司对子公司 3 抵销	投资支付的现金	500 000.00		母公司 & 子公司 3
18		吸收投资所收到的现金		500 000.00	母公司 & 子公司 3

序号	项目	金额	抵销对象
19	购买商品、接受劳务支付的现金	30 000.00	母公司对子公司4抵销
20	销售商品、提供劳务收到的现金	30 000.00	母公司 & 子公司3
21	支付的其他与经营活动有关的现金	3 005.00	母公司 & 子公司3
22	收到的其他与经营活动有关的现金	3 005.00	母公司 & 子公司3
23	投资支付的现金	500 000.00	母公司 & 子公司4
24	吸收投资所收到的现金	500 000.00	母公司 & 子公司4
25	购买商品、接受劳务支付的现金	10 000.00	母公司 & 子公司4
26	销售商品、提供劳务收到的现金	10 000.00	母公司 & 子公司4
27	支付的其他与经营活动有关的现金	4 100.00	母公司 & 子公司4
28	收到的其他与经营活动有关的现金	4 100.00	母公司 & 子公司4
29	购买商品、接受劳务支付的现金	130 000.00	子公司1 & 子公司2
30	销售商品、提供劳务收到的现金	130 000.00	子公司1 & 子公司2
31	支付的其他与经营活动有关的现金	20 000.00	子公司1 & 子公司3
32	收到的其他与经营活动有关的现金	20 000.00	子公司1 & 子公司3
33	支付的其他与经营活动有关的现金	10 000.00	子公司1 & 子公司4
34	收到的其他与经营活动有关的现金	10 000.00	子公司1 & 子公司4
35	支付的其他与经营活动有关的现金	31 000.00	子公司2 & 子公司3
36	收到的其他与经营活动有关的现金	31 000.00	子公司2 & 子公司3
37	支付的其他与经营活动有关的现金	3 500.00	子公司2 & 子公司4
38	收到的其他与经营活动有关的现金	3 500.00	子公司2 & 子公司4
39	购买商品、接受劳务支付的现金	32 000.00	子公司3 & 子公司4
40	销售商品、提供劳务收到的现金	32 000.00	子公司3 & 子公司4

第三步，检查抵销分录借贷方金额合计数是否相等。本例中借贷方金额的合计数均为 4 180 995.00 元，验证通过。

第四步，全部选定抵销分录列表，按照"报表项目"列排序，至于选择"升序"还是"降序"，根据个人的工作习惯而定。在编制抵销分录时，"借方金额"与"贷方金额"每个单元格必须是数值格式，而不能采用任何公式，否则会导致排序后的合计数额有误。排序的选项如图 6-1 所示。

图 6-1

排序后的结果如表 6-8 所示。

第五步，分类汇总。分类字段选择"报表项目"，汇总方式选择"求和"，选定汇总项为"借方金额"与"贷方金额"，进行分类汇总。选项如图 6-2 所示。

汇总后的结果如表 6-9 所示。

为了避免数据干扰，我们选择只显示汇总项，即分类汇总后点击 Excel 左上角的数字"2"，得到的结果如表 6-10 所示。

第六步，把汇总的报表项目数据，分别过入合并工作底稿对应的调整单元格内，即可完成利润表合并工作，如表 6-11 所示。

表 6-8

序号	摘要	报表项目	借方金额	贷方金额	关联公司
3		购买商品、接受劳务支付的现金	100 000.00		母公司 & 子公司 1
11		购买商品、接受劳务支付的现金	150 000.00		母公司 & 子公司 2
19		购买商品、接受劳务支付的现金	30 000.00		母公司 & 子公司 3
25		购买商品、接受劳务支付的现金	10 000.00		母公司 & 子公司 4
29	子公司 1 对子公司 2 抵销	购买商品、接受劳务支付的现金	130 000.00		子公司 1& 子公司 2
39	子公司 3 对子公司 4 抵销	购买商品、接受劳务支付的现金	32 000.00		子公司 3& 子公司 4
6		收到的其他与经营活动有关的现金		3 000.00	母公司 & 子公司 1
8		收到的其他与经营活动有关的现金		1 500.00	母公司 & 子公司 2
14		收到的其他与经营活动有关的现金		2 000.00	母公司 & 子公司 2
16		收到的其他与经营活动有关的现金		890.00	母公司 & 子公司 2
22		收到的其他与经营活动有关的现金		3 005.00	母公司 & 子公司 3
28		收到的其他与经营活动有关的现金		4 100.00	母公司 & 子公司 4
32		收到的其他与经营活动有关的现金		20 000.00	子公司 1& 子公司 2
34		收到的其他与经营活动有关的现金		10 000.00	子公司 1& 子公司 3
36		收到的其他与经营活动有关的现金		31 000.00	子公司 2& 子公司 3
38		收到的其他与经营活动有关的现金		3 500.00	子公司 2& 子公司 4
1	母公司对子公司 1 抵销	投资支付的现金	1 650 000.00		母公司 & 子公司 1
9	母公司对子公司 2 抵销	投资支付的现金	1 000 000.00		母公司 & 子公司 2
17	母公司对子公司 3 抵销	投资支付的现金	500 000.00		母公司 & 子公司 3
23	母公司对子公司 4 抵销	投资支付的现金	500 000.00		母公司 & 子公司 4

(续)

序号	摘要	报表项目	借方金额	贷方金额	关联公司
2		吸收投资所收到的现金		1 650 000.00	母公司 & 子公司 1
10		吸收投资所收到的现金		1 000 000.00	母公司 & 子公司 2
18		吸收投资所收到的现金		500 000.00	母公司 & 子公司 3
24		吸收投资所收到的现金		500 000.00	母公司 & 子公司 4
4		销售商品、提供劳务收到的现金		100 000.00	母公司 & 子公司 1
12		销售商品、提供劳务收到的现金		150 000.00	母公司 & 子公司 2
20		销售商品、提供劳务收到的现金		30 000.00	母公司 & 子公司 3
26		销售商品、提供劳务收到的现金		10 000.00	母公司 & 子公司 4
30		销售商品、提供劳务收到的现金		130 000.00	子公司 1& 子公司 2
40		销售商品、提供劳务收到的现金		32 000.00	子公司 3& 子公司 4
5		支付的其他与经营活动有关的现金	3 000.00		母公司 & 子公司 1
7		支付的其他与经营活动有关的现金	1 500.00		母公司 & 子公司 1
13		支付的其他与经营活动有关的现金	2 000.00		母公司 & 子公司 2
15		支付的其他与经营活动有关的现金	890.00		母公司 & 子公司 2
21		支付的其他与经营活动有关的现金	3 005.00		母公司 & 子公司 3
27		支付的其他与经营活动有关的现金	4 100.00		母公司 & 子公司 4
31	子公司 1 对子公司 3 抵销	支付的其他与经营活动有关的现金	20 000.00		子公司 1& 子公司 3
33	子公司 1 对子公司 4 抵销	支付的其他与经营活动有关的现金	10 000.00		子公司 1& 子公司 4
35	子公司 2 对子公司 3 抵销	支付的其他与经营活动有关的现金	31 000.00		子公司 2& 子公司 3
37	子公司 2 对子公司 4 抵销	支付的其他与经营活动有关的现金	3 500.00		子公司 2& 子公司 4

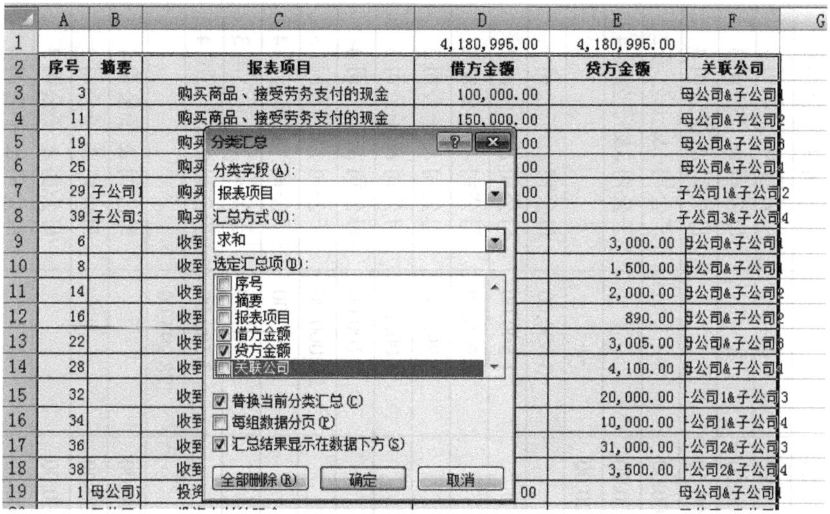

图 6-2

第七步，把抵销分录的列表的分类汇总删除，并按照序号升序排列，还原成最初的抵销状态，便于以后数据查询和检查。还原的选项如图 6-3 所示。

还原后的结果如表 6-12 所示。

6.4 合并抵销顺序

在前面的章节中，抵销分录的编制顺序是：第一顺序是待抵销的业务类型，第二顺序是母子公司在合并工作底稿中的排列次序。这样能保证抵销范围内的所有业务、所有母子公司的关联交易都能抵销，而且便于事后检查和验证。

本章中案例采用的抵销顺序是：第一顺序是母子公司在合并工作底稿中的排列次序，第二顺序是待抵销的业务类型。从第一笔抵销分录开始到最后一笔抵销分录结束，抵销的顺序一直保持不变。如果抵销过程中存在错误或者遗漏，由于顺序是一致的，所以很容易发现问题所在。

在编制抵销分录时，一定要选定一种抵销顺序并在本次合并工作中一贯执行下去，而不能把两种抵销顺序混用，否则就是自寻烦恼。这里所说的"选定一种抵销顺序并在本次合并工作中一贯执行下去"，并不是要求编制所有的抵销分录只能选定一种抵销顺序，而是在填写"抵销分录列表"时，

表 6-9

序号	摘要	报表项目	借方金额	贷方金额	关联公司
3		购买商品、接受劳务支付的现金	100 000.00		母公司 & 子公司 1
11		购买商品、接受劳务支付的现金	150 000.00		母公司 & 子公司 2
19		购买商品、接受劳务支付的现金	30 000.00		母公司 & 子公司 3
25		购买商品、接受劳务支付的现金	10 000.00		母公司 & 子公司 4
29	子公司 1 对子公司 2 抵销	购买商品、接受劳务支付的现金	130 000.00		子公司 1 & 子公司 2
39	子公司 3 对子公司 4 抵销	购买商品、接受劳务支付的现金	32 000.00		子公司 3 & 子公司 4
		购买商品、接受劳务支付的现金汇总	452 000.00	—	
6		收到的其他与经营活动有关的现金		3 000.00	母公司 & 子公司 1
8		收到的其他与经营活动有关的现金		1 500.00	母公司 & 子公司 2
14		收到的其他与经营活动有关的现金		2 000.00	母公司 & 子公司 3
16		收到的其他与经营活动有关的现金		890.00	子公司 1 & 子公司 2
22		收到的其他与经营活动有关的现金		3 005.00	子公司 1 & 子公司 3
28		收到的其他与经营活动有关的现金		4 100.00	子公司 1 & 子公司 4
32		收到的其他与经营活动有关的现金		20 000.00	子公司 1 & 子公司 2
34		收到的其他与经营活动有关的现金		10 000.00	子公司 1 & 子公司 2
36		收到的其他与经营活动有关的现金		31 000.00	子公司 2 & 子公司 3
38		收到的其他与经营活动有关的现金		3 500.00	子公司 2 & 子公司 4
		收到的其他与经营活动有关的现金汇总	—	78 995.00	
1	母公司对子公司 1 抵销	投资支付的现金	1 650 000.00		母公司 & 子公司 1
9	母公司对子公司 2 抵销	投资支付的现金	1 000 000.00		母公司 & 子公司 2
17	母公司对子公司 3 抵销	投资支付的现金	500 000.00		母公司 & 子公司 3
23	母公司对子公司 4 抵销	投资支付的现金	500 000.00		母公司 & 子公司 4
		投资支付的现金汇总	3 650 000.00	—	

第6章 现金流量表合并实务与案例

序号	项目	对应关系	金额	汇总
2	吸收投资所收到的现金	母公司&子公司1	1 650 000.00	
10	吸收投资所收到的现金	母公司&子公司2	1 000 000.00	
18	吸收投资所收到的现金	母公司&子公司3	500 000.00	
24	吸收投资所收到的现金	母公司&子公司4	500 000.00	
	收投资所收到的现金汇总			3 650 000.00
4	销售商品、提供劳务收到的现金	母公司&子公司1	100 000.00	—
12	销售商品、提供劳务收到的现金	母公司&子公司2	150 000.00	
20	销售商品、提供劳务收到的现金	母公司&子公司3	30 000.00	
26	销售商品、提供劳务收到的现金	母公司&子公司4	10 000.00	
30	销售商品、提供劳务收到的现金	子公司1&子公司2	130 000.00	
40	销售商品、提供劳务收到的现金	子公司3&子公司4	32 000.00	
	销售商品、提供劳务收到的现金汇总		—	452 000.00
5	支付的其他与经营活动有关的现金	母公司&子公司1	3 000.00	
7	支付的其他与经营活动有关的现金	母公司&子公司1	1 500.00	
13	支付的其他与经营活动有关的现金	母公司&子公司2	2 000.00	
15	支付的其他与经营活动有关的现金	母公司&子公司2	890.00	
21	支付的其他与经营活动有关的现金	母公司&子公司3	3 005.00	
27	支付的其他与经营活动有关的现金	母公司&子公司4	4 100.00	
31	支付的其他与经营活动有关的现金	子公司1对子公司3抵销	20 000.00	
33	支付的其他与经营活动有关的现金	子公司1对子公司4抵销	10 000.00	
35	支付的其他与经营活动有关的现金	子公司2对子公司3抵销	31 000.00	
37	支付的其他与经营活动有关的现金	子公司2对子公司4抵销	3 500.00	
	支付的其他与经营活动有关的现金汇总			78 995.00
	总计		4 180 995.00	4 180 995.00

表 6-10

序号	摘要	报表项目	借方金额	贷方金额	关联公司
		购买商品、接受劳务支付的现金汇总	452 000.00	—	
		收到的其他与经营活动有关的现金汇总	—	78 995.00	
		投资支付的现金汇总	3 650 000.00	—	
		吸收投资所收到的现金汇总	—	3 650 000.00	
		销售商品、提供劳务收到的现金汇总	—	452 000.00	
		支付的其他与经营活动有关的现金汇总	78 995.00	—	
		总计	4 180 995.00	4 180 995.00	

表 6-11 现金流量表

项目	母公司	子公司1	子公司2	子公司3	子公司4	合计	调整 借方	调整 贷方	合并金额
一、经营活动产生的现金流量									
销售商品、提供劳务收到的现金	1 600 000.00	750 000.00	800 000.00	630 000.00	350 000.00	4 130 000.00		452 000.00	3 678 000.00
收到的税费返还	20 000.00					20 000.00			20 000.00
收到的其他与经营活动有关的现金	280 000.00	63 000.00		16 000.00	8 000.00	367 000.00		78 995.00	288 005.00
经营活动现金流入小计	1 900 000.00	813 000.00	800 000.00	646 000.00	358 000.00	4 517 000.00	—	530 995.00	3 986 005.00
购买商品、接受劳务支付的现金	1 200 000.00	550 000.00	460 000.00	650 000.00	300 000.00	3 160 000.00	452 000.00		2 708 000.00
支付给职工以及为职工支付的现金	150 000.00	60 000.00	50 000.00	50 000.00	30 000.00	340 000.00			340 000.00
支付的各种税费	68 000.00	31 000.00	35 000.00	30 000.00	15 000.00	179 000.00			179 000.00
支付的其他与经营活动有关的现金	170 000.00	70 000.00	36 000.00	20 000.00	40 000.00	336 000.00	78 995.00		257 005.00
经营活动产生的现金流出小计	1 588 000.00	711 000.00	581 000.00	750 000.00	385 000.00	4 015 000.00	530 995.00		3 484 005.00
经营活动产生的现金流量净额	312 000.00	102 000.00	219 000.00	−104 000.00	−27 000.00	502 000.00	−530 995.00		502 000.00
二、投资活动产生的现金流量									
收回投资收到的现金						—			—

项目						
取得投资收益所收到的现金	20 000.00	—	—	—	26 500.00	26 500.00
处理固定资产、无形资产和其他长期资产收回的现金净额	15 000.00	—	3 300.00	—	18 300.00	18 300.00
处置子公司及其他营业单位收到的现金净额	—	—	—	—	—	—
收到的其他与投资活动有关的现金	—	50 000.00	—	—	50 000.00	50 000.00
投资活动现金流入小计	20 000.00	50 000.00	3 300.00	—	94 800.00	94 800.00
购建固定资产、无形资产和其他长期资产支付的现金	2 500.00	26 000.00	5 000.00	—	33 500.00	33 500.00
投资支付的现金	3 650 000.00	—	—	—	3 650 000.00	3 650 000.00
取得子公司及其他营业单位支付的现金净额	—	—	—	—	—	—
支付的其他与投资活动有关的现金	—	—	—	—	—	—
投资活动现金流出小计	3 652 500.00	26 000.00	5 000.00	—	3 683 500.00	3 683 500.00
投资活动产生的现金流量净额	-3 632 500.00	24 000.00	-1 700.00	—	-3 588 700.00	-3 588 700.00
三、筹资活动产生的现金流量						
吸收投资所收到的现金	—	15 000.00	6 500.00	—	—	3 650 000.00
取得借款收到的现金	7 000 000.00	1 650 000.00	1 000 000.00	500 000.00	500 000.00	3 650 000.00
收到的其他与筹资活动有关的现金	—	—	—	—	8 000 000.00	8 000 000.00
筹资活动现金流入小计	7 000 000.00	1 650 000.00	1 000 000.00	1 500 000.00	11 650 000.00	11 650 000.00
偿还债务支付的现金	100 000.00	—	—	—	100 000.00	100 000.00
分配股利、利润和偿付利息支付的现金	—	5 000.00	3 000.00	800.00	29 690.00	29 690.00
支付的其他与筹资活动有关的现金	20 000.00	—	—	890.00	890.00	129 690.00
筹资活动现金流出小计	120 000.00	5 000.00	3 000.00	890.00	129 690.00	129 690.00
筹资活动产生的现金流量净额	6 880 000.00	1 645 000.00	997 000.00	499 110.00	11 520 310.00	7 870 310.00
四、汇率变动对现金及现金等价物的影响						
五、现金及现金等价物净增加额	3 559 500.00	1 762 000.00	1 401 700.00	470 410.00	8 433 610.00	4 180 995.00
加：期初现金及现金等价物余额						-4 180 995.00
六、期末现金及现金等价物余额	3 559 500.00	1 762 000.00	1 401 700.00	470 410.00	8 433 610.00	8 433 610.00

图 6-3

单个列表只能采用一种抵销顺序。从本书开始到现在,一共演示了三种类型的抵销分录列表:资产负债表抵销分录列表、利润表抵销分录列表和现金流量表抵销分录列表,我们在填写单个列表时,必须只选定一种抵销顺序,在编制另一张列表时,可以选用另一种抵销顺序,而不能同一列表中,出现两种抵销顺序。

6.5 数据验证:合并后现金流入流出比的利好与利空

在1.3节我们说过,与合并前的现金流量项目相比,合并后的现金流入流出比有利好的效果。我们用本章的案例进行验证。

销售商品、提供劳务收到的现金 ÷ 购买商品、接受劳务支付的现金:

合并前 =4 130 000 ÷ 3 160 000 =1.306 9

合并后 =3 678 000 ÷ 2 708 000 =1.358 2

合并后流入流出比＞合并前流入流出比,利好效果还是很明显的。如果不存在内部的资金流动,合并前后的流入流出比是相同的,也就不存在利好的效果了。

表 6-12

		合计	4 180 995.00	4 180 995.00	
序号	摘要	报表项目	借方金额	贷方金额	关联公司
1	母公司对子公司 1 抵销	投资支付的现金	1 650 000.00		母公司 & 子公司 1
2		吸收投资所收到的现金		1 650 000.00	母公司 & 子公司 1
3		购买商品、接受劳务支付的现金	100 000.00		母公司 & 子公司 1
4		销售商品、提供劳务收到的现金		100 000.00	母公司 & 子公司 1
5		支付的其他与经营活动有关的现金	3 000.00		母公司 & 子公司 1
6		收到的其他与经营活动有关的现金		3 000.00	母公司 & 子公司 1
7		支付的其他与经营活动有关的现金	1 500.00		母公司 & 子公司 1
8		收到的其他与经营活动有关的现金		1 500.00	母公司 & 子公司 1
9	母公司对子公司 2 抵销	投资支付的现金	1 000 000.00		母公司 & 子公司 2
10		吸收投资所收到的现金		1 000 000.00	母公司 & 子公司 2
11		购买商品、接受劳务支付的现金	150 000.00		母公司 & 子公司 2
12		销售商品、提供劳务收到的现金		150 000.00	母公司 & 子公司 2
13		支付的其他与经营活动有关的现金	2 000.00		母公司 & 子公司 2
14		收到的其他与经营活动有关的现金		2 000.00	母公司 & 子公司 2
15		支付的其他与经营活动有关的现金	890.00		母公司 & 子公司 2
16		收到的其他与经营活动有关的现金		890.00	母公司 & 子公司 2
17	母公司对子公司 3 抵销	投资支付的现金	500 000.00		母公司 & 子公司 3
18		吸收投资所收到的现金		500 000.00	母公司 & 子公司 3
19		购买商品、接受劳务支付的现金	30 000.00		母公司 & 子公司 3

(续)

序号	摘要	报表项目	借方金额	贷方金额	关联公司
	合计		4 180 995.00	4 180 995.00	
20		销售商品、提供劳务收到的现金		30 000.00	母公司&子公司3
21		支付的其他与经营活动有关的现金	3 005.00		母公司&子公司3
22		收到的其他与经营活动有关的现金		3 005.00	母公司&子公司3
23	母公司对子公司4抵销	投资支付的现金	500 000.00		母公司&子公司4
24		吸收投资所收到的现金		500 000.00	母公司&子公司4
25		购买商品、接受劳务支付的现金	10 000.00		母公司&子公司4
26		销售商品、提供劳务收到的现金		10 000.00	母公司&子公司4
27		支付的其他与经营活动有关的现金	4 100.00		母公司&子公司4
28		收到的其他与经营活动有关的现金		4 100.00	母公司&子公司4
29	子公司1对子公司2抵销	购买商品、接受劳务支付的现金	130 000.00		子公司1&子公司2
30		销售商品、提供劳务收到的现金		130 000.00	子公司1&子公司2
31	子公司1对子公司3抵销	购买商品、接受劳务支付的现金	20 000.00		子公司1&子公司3
32		销售商品、提供劳务收到的现金		20 000.00	子公司1&子公司3
33	子公司1对子公司4抵销	支付的其他与经营活动有关的现金	10 000.00		子公司1&子公司4
34		收到的其他与经营活动有关的现金		10 000.00	子公司1&子公司4
35	子公司2对子公司3抵销	支付的其他与经营活动有关的现金	31 000.00		子公司2&子公司3
36		收到的其他与经营活动有关的现金		31 000.00	子公司2&子公司3
37	子公司2对子公司4抵销	支付的其他与经营活动有关的现金	3 500.00		子公司2&子公司4
38		收到的其他与经营活动有关的现金		3 500.00	子公司2&子公司4
39	子公司3对子公司4抵销	购买商品、接受劳务支付的现金	32 000.00		子公司3&子公司4
40		销售商品、提供劳务收到的现金		32 000.00	子公司3&子公司4

6.6 本章总结：合并现金流量表，听上去很难

　　编制现金流量表，难度很大，这是很多人读书时对现金流量表的印象。因为上课的时候，老师说很难。考试的时候，感觉现金流量表有关的题目确实很难。甚至连面试的时候，现金流量表也会被拿来说事，一来考量应征者的专业水平，二来通过提出一些难的问题可以显示面试官的水平，也许连面试官本人都回答不了自己提出的问题。你还别笑，作者应聘时确实不止一次经历过。单体现金流量表就那么难，合并现金流量表难度就更大了，这无形中给合并现金流量表披上了一层神秘的面纱。

　　财务软件的普及，解决了单体现金流量表编制难的问题。本章的内容，是为了编制合并现金流量表而存在的。从本章的案例演示来看，编制合并现金流量表并没有想象中的那么难。这就如同小孩子害怕医生，是因为被大人吓唬多了，加上自己的认知与心理作用而产生的恐惧感，而自己吓唬自己是主要原因。

第 7 章

合并年初数、本年累计数与合并所有者权益变动表

7.1 合并资产负债表年初数如何生成

前面的内容讲述和案例演示的过程中，合并资产负债表的结果只有期末数，并没有涉及年初数，资产负债表数据不完整。合并利润表与合并现金流量表的数据只有一个月的，缺少本年累计数。本章就合并资产负债表合并年初数和合并利润表与合并现金流量表本年累计数进行专题讲述，并用案例演示如何编制合并所有者权益变动表。

合并资产负债表年初数，作为一项重要数据单独列示在合并资产负债表上。数据的取得，要区分连续编制合并财务报表、合并范围增加以及合并范围减少三种不同情况。

7.1.1 连续编制合并财务报表

连续编制合并财务报表时，如果合并范围没有变化，上一年度的最后一个月期末数，就是本年度的年初数，这在逻辑上永远是正确的。我们来看一下中国 A 股的标杆公司：贵州茅台（600519）的合并财务报表数据（如表 7-1 所示）。

从表 7-1 中可以看出，贵州茅台（600519）近年来的合并财务报表数据，除了 2013 年年末与 2014 年年初的数据中有个别做报表项目调整外（表 7-1 中斜线单元格部分），其他数据完全一致，有调整的年份只是调整了报表项目，总资产净额与负债和所有者权益金额并没有变化。读者可以找其他合并范围没有变化的上市公司合并财务报表数据进行验证。

表 7-1 资产负债表

货币单位：人民币千元

项目	2012年年末	2013年年初	2013年年末	2014年年初	2014年年末	2015年年初	2015年年末	2016年年初
资产								
流动资产：								
货币资金	22 062 000	22 062 000	25 185 009	25 185 009	27 710 718	27 710 718	36 800 750	36 800 750
交易性金融资产								
应收票据	204 079	204 079	296 084	296 084	1 847 839	1 847 839	8 578 935	8 578 935
应收账款	17 818	17 818	927	927	4 306	4 306	230	230
预付账款	3 872 870	3 872 870	4 304 579	4 304 579	2 864 210	2 864 210	1 477 735	1 477 735
应收利息	264 613	264 613	188 599	188 599	80 603	80 603	85 347	85 347
应收股息								
其他应收款	137 969	137 969	119 574	119 574	80 889	80 889	48 219	48 219
存货	9 665 728	9 665 728	11 836 810	11 836 810	14 982 364	14 982 364	18 013 297	18 013 297
一年内到期的非流动资产								
其他流动资产								
流动资产合计	36 225 077	36 225 077	41 931 582	41 931 582	47 570 929	47 570 929	65 004 513	65 004 513
非流动资产：								
发放贷款及垫款			90 528	90 528	30 810	30 810	19 500	19 500
可供出售金融资产				4 000	4 000	4 000		
持有至到期投资	50 000	50 000	50 000	50 000	60 000	60 000	29 000	29 000
长期应收款								
长期股权投资	4 000	4 000	4 000					
投资性房地产								
固定资产	6 807 333	6 807 333	8 523 257	8 523 257	10 375 758	10 375 758	11 415 953	11 415 953
在建工程	392 672	392 672	456 328	456 328	3 421 774	3 421 774	4 895 151	4 895 151

(续)

项目	2012年年末	2013年年初	2013年年末	2014年年初	2014年年末	2015年年初	2015年年末	2016年年初
工程物资	2 677	2 677	1 725	1 725	261	261	261	261
固定资产清理							683	683
生产性生物资产								
油气资产								
无形资产	862 616	862 616	3 563 308	3 563 308	3 582 624	3 582 624	3 582 462	3 582 462
开发支出								
商誉								
长期待摊费用	10 177	10 177	8 049	8 049	5 408	5 408	198 604	198 604
递延所得税资产	643 656	643 656	825 373	825 373	821 601	821 601	1 155 336	1 155 336
其他非流动资产								
非流动资产合计	8 773 131	8 773 131	13 522 568	13 522 568	18 302 236	18 302 236	21 296 950	21 296 950
资产总计	44 998 208	44 998 208	55 454 150	55 454 150	65 873 165	65 873 165	86 301 463	86 301 463
流动负债：								
短期借款					62 553	62 553		
吸收存款及同业存放			2 773 189	2 773 189	3 956 451	3 956 451	5 967 622	5 967 622
交易性金融负债								
应付票据								
应付账款	345 281	345 281	284 748	284 748	707 535	707 535	880 976	880 976
预收款项	5 091 386	5 091 386	3 045 114	3 045 114	1 476 233	1 476 233	8 261 582	8 261 582
应付职工薪酬	269 658	269 658	260 284	260 284	988 644	988 644	975 478	975 478
应交税费	2 430 093	2 430 093	3 311 881	3 311 881	2 105 178	2 105 178	2 515 516	2 515 516
应付利息			27 384	27 384	15 365	15 365	27 409	27 409
应付股利								
其他应付款	1 389 984	1 389 984	1 604 688	1 604 688	1 231 886	1 231 886	1 423 139	1 423 139

项目	(1)	(2)	(3)	(4)	(5)	(6)
一年内到期的非流动负债						
其他流动负债	9 526 402	9 526 402	11 307 288	10 543 845	20 051 722	20 051 722
流动负债合计	9 526 402	9 526 402	11 307 288	10 543 845	20 051 722	20 051 722
非流动负债：						
长期借款						
应付债券						
长期应付款						
专项应付款	17 770	17 770	17 770	17 770	15 570	15 570
预计负债						
递延所得税负债						
其他非流动负债						
非流动负债合计	17 770	17 770	17 770	17 770	15 570	15 570
负债合计	9 544 172	9 544 172	11 325 058	10 561 615	20 067 292	20 067 292
实收资本	1 038 180	1 038 180	1 038 180	1 141 998	1 256 198	1 256 198
资本公积	1 374 964	1 374 964	1 374 964	1 374 964	1 374 964	1 374 964
减：库存股						
其他综合收益				−619	−13 034	−13 034
盈余公积	3 036 435	3 036 435	4 220 804	5 249 407	6 210 525	6 210 525
一般风险准备			13 296	98 595	218 361	218 361
未分配利润	28 700 075	28 700 075	35 974 972	45 566 057	54 878 965	54 878 965
外币报表折算差额						
归属于母公司所有者权益合计	34 149 654	34 149 654	42 622 216	53 430 402	63 925 979	63 925 979
少数股东权益	1 304 382	1 304 382	1 506 876	1 881 148	2 308 192	2 308 192
所有者权益合计	35 454 036	35 454 036	44 129 092	55 311 550	66 234 171	66 234 171
负债和所有者权益总计	44 998 208	44 998 208	55 454 150	65 873 165	86 301 463	86 301 463

然而在会计实务中，可能要根据前面讲述的合并财务报表期末数取得的方式，通过合并调整的方法获取年初数。例如，合并主体已经存在一年以上，但是以前年度由于财务人员的知识水平所限或者公司管理层没有明确要求等原因，一直没有编制合并财务报表。从本年度开始要编制合并财务报表，年初数如何取得？

我们可以参照合并资产期末数的取得方式，编制上一会计年度的期末数。以上一个会计年度的单个主体资产负债表期末数为基础，通过合并调整，即可得到本年度合并资产负债表的年初数。

7.1.2 合并范围增加与减少

合并范围增加与减少，我们要重点关注的是合并资产负债表的年初数如何处理。关于这个问题，《企业会计准则第 33 号：合并财务报表》有明确规定，注册会计师考试辅导教材也有详细讲解。

原文引用《企业会计准则第 33 号：合并财务报表》，具体如下。

第三十二条　母公司在报告期内因同一控制下企业合并增加的子公司以及业务，编制合并资产负债表时，应当调整合并资产负债表的期初数，同时应当对比较报表的相关项目进行调整，视同合并后的报告主体自最终控制方开始控制时点起一直存在。

因非同一控制下企业合并或其他方式增加的子公司以及业务，编制合并资产负债表时，不应当调整合并资产负债表的期初数。

第三十三条　母公司在报告期内处置子公司以及业务，编制合并资产负债表时，不应当调整合并资产负债表的期初数。

关于如何理解这两条，注册会计师考试辅导教材的讲解比较详细，以 2018 年的教材《会计》为例，第 626 页有专门讲述，以下为整段引用。

一、追加投资的会计处理

……

（四）本期增加子公司时如何编制合并财务报表

编制合并资产负债表时，以本期取得的子公司在合并资产负债表日的资产负债表为基础编制。对于本期投资或者追加投资取得的子公司，不需要调整合并资产负债表的期初数。但为了提高会计信息的可比性，应当在财务报表附注中披露本期取得的子公司对合并财务报表的财务状况的影响，即披露本期取得的子公司在购买日的资产和负债金额，包括流动资产、长期股权投资、固定资产、无形资产及其他资产、流动负债、长期负债等的金额。

编制合并利润表时，应当以本期取得的子公司自取得控制权日起至本期期末为会计期间的财务报表为基础编制，将本期取得的子公司自取得控制权日起至本期期末的收入、费用和利润通过合并，纳入合并财务报表之中。同时，为了提高会计信息的可比性，应在财务报表附注中披露本期取得的子公司对合并财务报表经营成果的影响，以及对前期相关金额的影响，即披露本期取得的子公司自取得控制权日至本期期末止的经营成果，包括营业收入、营业利润、利润总额、所得税费用和净利润等。

编制合并现金流量表时，应当将本期取得子公司自取得控制权日起至本期期末止的现金流量信息纳入合并现金流量表，并将取得子公司所支付的现金扣除子公司于购买日持有的现金及现金等价物后的净额，在有关投资活动类的"取得子公司及其他营业单位所支付的现金"项目反映。

………

二、处置对子公司投资的会计处理

………

（三）本期减少子公司时如何编制合并财务报表

在本期出售转让子公司部分或全部股份，丧失对子公司的控制权而使其成为非子公司的情况下，应当将其排除在合并财务报表的合并范围之外。

在编制合并资产负债表时，不需要对该出售转让股份而成为非子公司的资产负债表进行合并。但为了提高会计信息的可比性，应当在财务报表附注中披露该子公司成为非子公司对合并财务报表财务状况以及对前期相关金额的影响，即披露该子公司在丧失控制权日以及该子公司在上年年末资产和负债金额，具体包括流动资产、长期股权投资、固定资产、无形资产及其他资产、流动负债、长期负债等的金额。

编制合并利润表时，应当以该子公司自期初至丧失控制权成为非子公司之日止的利润表为基础，将该子公司自期初至丧失控制权之日止的收入、费用、利润纳入合并利润表。同时为提高会计信息的可比性，在财务报表附注中披露该子公司成为非子公司对合并财务报表的经营成果以及对前期相关金额的影响，即披露该子公司自期初至丧失控制权日的经营成果以及上年度的经营成果，具体包括营业收入、营业利润、利润总额、所得税费用和净利润等。

在编制现金流量表时，应将该子公司自期初至丧失控制权之日止的现金流量信息纳入合并现金流量表，并将出售该子公司所收到的现金扣除子公司持有的现金和现金等价物以及相关处置费用后的净额，在有关投资活动类的"处置子公司及其他营业单位所收到的现金"项目反映。

....

综合《企业会计准则第33号：合并财务报表》的规定，和注册会计师考试辅导教材的讲解，我们可以按照如下方式操作：

增加合并范围的，区分是否是同一控制下的合并，如果是，则需要调整合并资产负债表的年初数，否则就不需要调整。

减少合并范围的，不调整合并资产负债表的年初数。

我们先来看一个合并主体增加的案例：胜利股份（000407）2013～2016年财报数据，该公司近年来合并主体多次增加。合并财务数据对比如表7-2所示。

从表7-2可以看出，除2013年年末与2014年年初数据有差异外（即表7-2中斜线单元格部分），胜利股份（000407）新增非同一控制下的合并主体时，并没有调整合并资产负债表的年初数据。因为《企业会计准则第33号：合并财务报表》（财会[2014]10号）是2014年7月1日起执行的，所以2013年年末与2014年年初数据出现差异。

我们再来看一个合并主体减少的案例：新联电子（002546）2013～2016年财报数据。该公司近年来合并主体逐步减少。合并财务数据对比如表7-3所示。

从表7-3可以看出，新联电子（002546）合并主体屡次减少，但是合并资产负债表的年初数并没有做任何调整。

合并范围增加或者减少时，合并利润表与合并现金流量表的编制，按照《企业会计准则第33号：合并财务报表》的规定执行即可，同时可以参照注册会计师考试辅导教材的讲解。

表 7-2 资产负债表

货币单位：人民币千元

项目	2013年年末	2014年年初	2014年年末	2015年年初	2015年年末	2016年年初
资产：						
流动资产：						
货币资金	568 206	574 369	686 405	686 405	712 547	712 547
交易性金融资产						
应收票据	31 748	31 748	20 637	20 637	33 416	33 416
应收账款	313 788	317 577	317 237	317 237	297 157	297 157
预付账款	190 076	193 426	180 847	180 847	86 879	86 879
应收利息						
应收股息						
其他应收款	10 744	14 658	129 142	129 142	95 672	95 672
存货	492 043	492 103	494 907	494 907	355 469	355 469
一年内到期的非流动资产						
其他流动资产			45 289	45 289	45 108	45 108
流动资产合计	1 606 605	1 623 881	1 874 464	1 874 464	1 626 248	1 626 248
非流动资产：						
发放贷款及垫款		50 656	47 806	47 806	35 656	35 656
可供出售金融资产						
持有至到期投资						
长期应收款						
长期股权投资	499 453	448 797	831 133	831 133	767 871	767 871
投资性房地产	89 137	89 137	88 468	88 468	88 407	88 407
固定资产	803 631	843 491	427 856	427 856	665 452	665 452
在建工程	146 852	147 683	198 124	198 124	125 010	125 010

(续)

项目	2013年年末	2014年年初	2014年年末	2015年年初	2015年年末	2016年年初
工程物资						
固定资产清理			1 481	1 481	166	166
生产性生物资产						
油气资产						
无形资产	187 834	187 834	187 106	187 106	193 102	193 102
开发支出	27 645	27 645				
商誉			250 184	250 184	315 048	315 048
长期待摊费用	688	6 160	15 864	15 864	25 059	25 059
递延所得税资产	107 375	107 477	123 025	123 025	160 123	160 123
其他非流动资产	21 840	21 840	57 293	57 293	149 505	149 505
非流动资产合计	1 884 455	1 930 720	2 228 340	2 228 340	2 525 399	2 525 399
资产总计	3 491 060	3 554 601	4 102 804	4 102 804	4 151 647	4 151 647
流动负债：						
短期借款	593 632	601 532	700 567	700 567	1 031 330	1 031 330
吸收存款及同业存放						
交易性金融负债						
应付票据	702 800	702 800	468 000	468 000	230 000	230 000
应付账款	185 208	209 254	215 683	215 683	177 957	177 957
预收款项	237 560	241 278	261 077	261 077	130 587	130 587
应付职工薪酬	7 374	8 249	9 999	9 999	13 112	13 112
应交税费	−34 160	−34 408	12 439	12 439	16 860	16 860
应付利息						
应付股利	39 412	39 412	1 412	1 412	1 412	1 412
其他应付款	27 244	27 244	32 541	32 541	83 470	83 470

第 7 章　合并年初数、本年累计数与合并所有者权益变动表

项目						
一年内到期的非流动负债	100 000	100 000	5	5	37 500	37 500
其他流动负债						
流动负债合计	1 859 070	1 895 361	1 701 723	1 701 723	1 722 228	1 722 228
非流动负债：						
长期借款	152 548	152 548	141 979	141 979	305 625	305 625
应付债券						
长期应付款						
专项应付款						
递延收益	13 442	13 442	16 355	16 355	500	500
递延所得税负债						16 938
其他非流动负债	125 000	125 000	217 000	217 000	7 000	7 000
非流动负债合计	290 990	290 990	375 334	375 334	330 063	330 063
负债合计	2 150 060	2 186 351	2 077 057	2 077 057	2 052 291	2 052 291
实收资本	649 232	649 232	774 049	774 049	774 049	774 049
资本公积	141 101	40 101	495 780	495 780	494 312	494 312
减：库存股	516	516	6 270	6 270	11 192	11 192
专项储备	116 805	117 230	117 230	117 230	118 573	118 573
盈余公积	333 491	334 316	371 018	371 018	398 414	398 414
一般风险准备						
未分配利润						
外币报表折算差额						
归属于母公司所有者权益合计	1 114 145	1 141 395	1 764 347	1 764 347	1 796 540	1 796 540
少数股东权益	226 855	226 855	261 400	261 400	302 816	302 816
所有者权益合计	1 341 000	1 368 250	2 025 747	2 025 747	2 099 356	2 099 356
负债和所有者权益总计	3 491 060	3 554 601	4 102 804	4 102 804	4 151 647	4 151 647

表 7-3　资产负债表　　货币单位：人民币千元

项目	2013年年末	2014年年初	2014年年末	2015年年初	2015年年末	2016年年初
资产						
流动资产：						
货币资金	288 798	288 798	378 417	378 417	812 696	812 696
交易性金融资产						
应收票据	43 384	43 384	68 250	68 250	95 356	95 356
应收账款	165 583	165 583	327 293	327 293	443 592	443 592
预付账款	57 916	57 916	9 555	9 555	3 082	3 082
应收利息	331	331	15	15	798	798
应收股息						
其他应收款	8 716	8 716	26 205	26 205	5 507	5 507
存货	44 118	44 118	83 605	83 605	78 979	78 979
一年内到期的非流动资产						
其他流动资产	554 007	554 007	422 377	422 377		
流动资产合计	1 162 853	1 162 853	1 315 717	1 315 717	1 440 010	1 440 010
非流动资产：						
发放贷款及垫款						
可供出售金融资产						
持有至到期投资						
长期应收款						
长期股权投资						
投资性房地产			21 363	21 363	20 291	20 291
固定资产	203 653	203 653	318 958	318 958	296 292	296 292
在建工程						
工程物资						
固定资产清理						
生产性生物资产						
油气资产						
无形资产	37 426	37 426	55 352	55 352	53 130	53 130
开发支出	2 523	2 523				
商誉			15 023	15 023	15 023	15 023
长期待摊费用	13 294	13 294	10 898	10 898	10 248	10 248
递延所得税资产	2 053	2 053	4 027	4 027	5 795	5 795
其他非流动资产					7 625	7 625
非流动资产合计	258 949	258 949	425 621	425 621	408 404	408 404
资产总计	1 421 802	1 421 802	1 741 338	1 741 338	1 848 414	1 848 414
流动负债						
短期借款			71 500	71 500	53 000	53 000
吸收存款及同业存放						
交易性金融负债						
应付票据	56 913	56 913	50 628	50 628	100 230	100 230
应付账款	81 942	81 942	133 203	133 203	149 959	149 959

(续)

项目	2013年年末	2014年年初	2014年年末	2015年年初	2015年年末	2016年年初
预收款项	4 676	4 676	10 651	10 651	4 509	4 509
应付职工薪酬	5 538	5 538	6 767	6 767	9 020	9 020
应交税费	22 929	22 929	30 361	30 361	20 517	20 517
应付利息			462	462	84	84
应付股利						
其他应付款	1 328	1 328	23 436	23 436	11 628	11 628
一年内到期的非流动负债					715	715
其他流动负债						
流动负债合计	173 326	173 326	327 008	327 008	349 662	349 662
非流动负债:						
长期借款						
应付债券						
长期应付款			2 056	2 056		
专项应付款						
递延收益	13 398	13 398	12 683	12 683	12 144	12 144
递延所得税负债	770	770	7 118	7 118	6 116	6 116
其他非流动负债						
非流动负债合计	14 168	14 168	21 857	21 857	18 260	18 260
负债合计	187 494	187 494	348 865	348 865	367 922	367 922
实收资本	168 000	168 000	252 000	252 000	252 000	252 000
资本公积	560 366	560 366	476 604	476 604	476 604	476 604
减: 库存股						
专项储备						
盈余公积	57 813	57 813	68 509	68 509	80 341	80 341
一般风险准备						
未分配利润	444 892	444 892	520 435	520 435	589 446	589 446
外币报表折算差额						
归属于母公司所有者权益合计	1 231 071	1 231 071	1 317 548	1 317 548	1 398 391	1 398 391
少数股东权益	3 237	3 237	74 925	74 925	82 101	82 101
所有者权益合计	1 234 308	1 234 308	1 392 473	1 392 473	1 480 492	1 480 492
负债和所有者权益总计	1 421 802	1 421 802	1 741 338	1 741 338	1 848 414	1 848 414

7.2 合并利润表与合并现金流量表本年累计数

与单体财务报表相同，合并利润表与合并现金流量表必须出具本年累计数，有时候甚至出具某一期间比如一个季度的累计数，要根据相关法律的规定和报表阅读者的要求而定。

在会计实务中，如果合并的工作量较大，可以逐月编制合并利润表与合并现金流量表，把本季度3个月的所有合并利润表与合并现金流量表数据分别相加，即可得出本季度数据，把截至本月的所有合并利润表与合并现金流量表数据分别相加，即可得到截至本月的本年累计数。

如果合并的工作量较不大，监管机构、公司管理层以及其他报表阅读者没有特别要求时，也可以按照季度编制合并财务报表。在满足各方要求的前提下，力争简化工作，不一定每月都要编制。

当合并范围发生变化，而合并资产负债表的年初数并未发生变化，此时需要对变化当期的合并利润表与合并现金流量表数据进行调整，这样才能保证与合并资产负债表勾稽关系一致。

本书第10章有完整的案例演示合并利润表与合并现金流量表本年累计数，这里就不再举例了。

7.3 合并所有者权益变动表编制方法与抵销项目

合并所有者权益变动表，有两种编制方法。

方法一：以母公司和子公司的所有者权益变动表为基础，在抵销母公司与子公司、子公司相互之间发生的内部交易对合并所有者权益变动表的影响后，由母公司合并编制。需要抵销的项目有：

（1）母公司对子公司的长期股权投资应当与母公司在子公司所有者权益中所享有的份额相互抵销。

（2）母公司对子公司、子公司相互之间持有对方长期股权投资的投资收益应当抵销。

（3）母公司与子公司、子公司相互之间发生的其他内部交易对所有者权益变动的影响应当抵销。

方法二：根据合并资产负债表和合并利润表进行编制。

由于合并资产负债表和合并利润表在合并的过程中，已经抵销了内部重复的业务，就可以用合并后的数据为基础，参照单体所有者权益变动表的编制方法，编制合并所有者权益变动表。

7.3.1 单体所有者权益变动表的格式

单体所有者权益变动表的格式如表7-4所示。

表 7-4 所有者权益变动表

项目	行次	本年金额										上年金额									
		实收资本（或股本）	其他权益工具			资本公积	减：库存股	其他综合收益	盈余公积	未分配利润	所有者权益合计	实收资本（或股本）	其他权益工具			资本公积	减：库存股	其他综合收益	盈余公积	未分配利润	所有者权益合计
			优先股	永续债	其他								优先股	永续债	其他						
一、上年年末余额	1																				
加：会计政策变更	2																				
前期差错更正	3																				
其他	4																				
二、本年年初余额（5=1+2+3+4）	5																				
三、本年增减变动金额（减少以"-"号填列）（6=7+8+13+17）	6																				
（一）综合收益总额	7																				
（二）所有者投入和减少资本（8=9+10+11+12）	8																				
1.所有者投入的普通股	9																				
2.其他权益工具持有者投入资本	10																				
3.股份支付计入所有者权益的金额	11																				
4.其他	12																				

(续)

项目	行次	本年金额									上年金额								
		实收资本（或股本）	其他权益工具			资本公积	减：库存股	其他综合收益	盈余公积	未分配利润	所有者权益合计	实收资本（或股本）	其他权益工具			资本公积	减：库存股	其他综合收益	盈余公积	未分配利润	所有者权益合计
			优先股	永续债	其他								优先股	永续债	其他						
（三）利润分配（13=14+15+16）	13																				
1.提取盈余公积	14																				
2.对所有者（或股东）的分配	15																				
3.其他	16																				
（四）所有者权益内部结转（17=18+19+20+21+22）	17																				
1.资本公积转增资本（或股本）	18																				
2.盈余公积转增资本（或股本）	19																				
3.盈余公积弥补亏损	20																				
4.设定受益计划变动额结转留存收益	21																				
5.其他	22																				
四、本年年末余额（25=5+6）	23																				

7.3.2 所有者权益变动表的填列方法

7.3.2.1 上年金额栏的填列方法

所有者权益变动表"上年金额"栏内各项数字，应根据上年度所有者权益变动表"本年金额"栏内所列数字填列。如果上年度所有者权益变动表规定的各个项目的名称和内容同本年度不相一致，应对上年度所有者权益变动表各项目的名称和数字按本年度的规定进行调整，填入所有者权益变动表"上年金额"栏内。

7.3.2.2 本年金额栏的填列方法

所有者权益变动表"本年金额"栏内各项数字一般应根据"实收资本（或股本）""资本公积""盈余公积""利润分配""库存股""以前年度损益调整"科目的发生额分析填列。

所有者权益变动表要求根据一定时期的实收资本、资本公积、盈余公积、未分配利润科目填列"上年实际"和"本年实际"二列数字。"上年实际"填列上年同期累计实际发生数或余额；"本年实际"反映各项目自年初起至报告期末止的累计实际发生数或余额。如果上年度所有者权益变动表与本年度所有者权益变动表的项目名称和内容不相一致，应对上年度利润表项目的名称和数字按本年度的规定进行调整，填入本表"上年实际"栏。

所有者权益变动表各项目的内容及其填列方法，具体如下。

（1）"上年年末余额"项目，反映企业上年资产负债表中实收资本（或股本）、其他权益工具、资本公积、其他综合收益、盈余公积、未分配利润的年末余额。

（2）"会计政策变更""前期差错更正"和"其他"项目，分别反映企业采用追溯调整法处理的会计政策变更的累计影响金额和采用追溯重述法处理的会计差错更正的累计影响金额。

为了体现会计政策变更和前期差错更正的影响，企业应当在上期期末所有者权益余额的基础上进行调整得出本期期初所有者权益，根据"盈余公积""利润分配""以前年度损益调整"等科目的发生额分析填列。

（3）"本年增减变动额"项目分别反映如下内容：

①"综合收益总额"项目，反映企业当年实现的综合收益金额，并对应列在"未分配利润"栏。

②"所有者投入和减少资本"项目,反映企业当年所有者投入的资本和减少的资本。其中:

"所有者投入的普通股"项目,反映企业接受投资者投入形成的实收资本(或股本)和资本溢价或股本溢价,并对应列在"实收资本"和"资本公积"栏。

"其他权益工具持有者投入资本"项目,反映企业其他权益工具持有者所投入的资本,并对应列在"其他权益工具"栏的对应项目列。

"股份支付计入所有者权益的金额"项目,反映企业处于等待期中的权益结算的股份支付当年计入资本公积的金额,并对应列在"资本公积"栏。

"其他"项目,反映除上述项目以外的增加或者减少,并按照变动的项目填列在对应列。

③"利润分配"下各项目,反映当年对所有者(或股东)分配的利润(或股利)金额和按照规定提取的盈余公积金额,并对应列在"未分配利润"和"盈余公积"栏。其中:

"提取盈余公积"项目,反映企业按照规定提取的盈余公积。

"对所有者(或股东)的分配"项目,反映对所有者(或股东)分配的利润(或股利)金额。

"其他"项目,反映除上述项目以外的增加或者减少,并按照变动的项目填列在对应列。

④"所有者权益内部结转"下各项目,反映不影响当年所有者权益总额的所有者权益各组成部分之间当年的增减变动,包括资本公积转增资本(或股本)、盈余公积转增资本(或股本)、盈余公积弥补亏损等项金额。为了全面反映所有者权益各组成部分的增减变动情况,所有者权益内部结转也是所有者权益变动表的重要组成部分,主要指不影响所有者权益总额、所有者权益的各组成部分当期的增减变动。其中:

"资本公积转增资本(或股本)"项目,反映企业以资本公积转增资本或股本的金额。

"盈余公积转增资本(或股本)"项目,反映企业以盈余公积转增资本或股本的金额。

"盈余公积弥补亏损"项目,反映企业以盈余公积弥补亏损的金额。

"设定受益计划变动额结转留存收益"项目,根据《企业会计准则第9

号——职工薪酬》及其解释的规定：重新计量设定受益计划净负债或者净资产的变动计入其他综合收益，在后续会计期间不允许转回至损益。在原设定受益计划终止时应当在权益范围内将原计入其他综合收益的部分全部结转至未分配利润，也就是本项目的金额，并填列至对应的"未分配利润"列。

"其他"项目，反映除上述项目以外的增加或者减少，并按照变动的项目填列在对应列。

表7-4中各单元格的计算公式，已经列示在第一列的"项目"栏。

"所有者权益合计"栏的计算方法，与资产负债表相同，只是资产负债表的公式是按照纵向的同列数据设置的，而所有者权益变动表的公式，要按照横向同行的数据设置。

与单体所有者权益变动表的格式略有不同的是，合并所有者权益变动表增加了"少数股东权益"项目，该项目根据合并资产负债表时的抵销分录中的汇总数填列。本书第10章有完整的案例演示合并所有者权益变动表的编制，此处就不再举例了。合并所有者权益变动表的格式如表7-5所示。

7.4 本章总结

（1）**合并资产负债表年初数**。无论合并范围是否发生变化，包括合并范围增加、减少或者不变等，合并资产负债表年初数都不会产生任何变化，即上个会计年度末的期末合并数，就是本会计年度的年初合并数。

（2）**合并利润表与合并现金流量表本年累计数**。把本年度年初至本会计期间的合并数相加，即可得到合并利润表与合并现金流量表本年累计数。当合并范围发生变化，而合并资产负债表的年初数并未发生变化，此时需要对变化当期的合并利润表与合并现金流量表数据进行调整，这样才能保证与合并资产负债表勾稽关系一致。

（3）**合并所有者权益变动表**。与单体所有者权益变动表的格式略有不同的是，合并所有者权益变动表增加了"少数股东权益"项目，该项目根据合并资产负债表时的抵销分录中的汇总数填列。

在第10章，会有完整的案例来演示合并资产负债表年初数、合并利润表与合并现金流量表本年累计数以及如何编制合并所有者权益变动表，这里就不再单独举例了。

表7-5 合并所有者权益变动表

项目	行次	本年金额									上年金额								
		实收资本（或股本）	其他权益工具			资本公积	减:库存股	其他综合收益	盈余公积	未分配利润	少数股东权益	所有者权益合计	实收资本（或股本）	其他权益工具			资本公积	减:库存股	其他综合收益	盈余公积	未分配利润	少数股东权益	所有者权益合计
			优先股	永续债	其他									优先股	永续债	其他							
一、上年年末余额	1																						
加：会计政策变更	2																						
前期差错更正	3																						
其他	4																						
二、本年年初余额（5=1+2+3+4）	5																						
三、本年增减变动金额（减少以"—"号填）(6=7+8+13+17)	6																						
（一）综合收益总额	7																						
（二）所有者投入和减少资本（8=9+10+11+12）	8																						
1.所有者投入的普通股	9																						
2.其他权益工具持有者投入资本	10																						
3.股份支付计入所有者权益的金额	11																						
4.其他	12																						

(三)利润分配(13=14+15+16)	13							
1. 提取盈余公积	14							
2. 对所有者(或股东)的分配	15							
3. 其他	16							
(四)所有者权益内部结转(17=18+19+20+21+22)	17							
1. 资本公积转增资本(或股本)	18							
2. 盈余公积转增资本(或股本)	19							
3. 盈余公积弥补亏损	20							
4. 设定受益计划变动额结转留存收益	21							
5. 其他	22							
四、本年年末余额(23=5+6)	23							

特殊业务

财务报表的合并，除了前述的100%控股的长期股权投资、内部债权债务、内部购销的业务等常规业务合并外，在会计实务中，还会涉及一些非常规业务，如固定资产与无形资产内部交易的合并、少数股东权益等。在本篇，我们将分别讲解这些非常规业务。

第 8 章

内部固定资产交易合并

内部固定资产交易，是指合并主体之间的内部交易，涉及"固定资产"科目的业务，可以是将自己的固定资产，无论是否使用过，销售给合并主体的另一方，购买方作为固定资产处理，或者作为存货处理；也可以是将自己的存货，销售给合并主体，购买方作为固定资产使用，交易的金额可以大于、等于或者小于交易前的账面净值。

在第 1 章时，反复提到"虚拟"这个词，就是合并主体内部发生的，而并没有实际对外实现的交易或者交易结果，这个交易或者交易结果，可以高于、等于或者低于对外交易，而财务报表合并的主要目的，就是把这些"虚拟"的交易或者交易结果，通过合并抵销，还原成原始的状态，以减少对合并数据的影响。

固定资产的内部交易，可能包含内部交易利润、亏损或者用途的差异，合并抵销的目的就是把这些内部交易利润、亏损或者用途的差异还原成交易前的状态。有差异才会涉及合并抵销，如果内部交易后与交易前的状态完全一致，就不存在合并抵销的问题。

交易的当期、存续期间和清理期间需要抵销的内容是不同的，下面将区分不同交易金额情况、不同的交易时段来展开抵销合并的论述。

8.1 以账面净值销售固定资产

销售方将自己账面上的固定资产，以账面净值销售给合并主体的另一方，购买方也作为固定资产处理的，内部销售的过程中没有利润或者亏损，也就是说交易的当期没有差异,也就不需要做合并抵销。

固定资产存续期间,要区分不同的情况处理。购买方的摊销方法、摊销期限和固定资产的剩余期限,与销售方的完全一致时,对整个合并整体来说,交易前后数据没有差异,只是存放地点从一个主体转移到另一个主体而已,对合并财务报表的数据没有影响,也就不存在合并抵销的事项。如果因为购买方的折旧期限、折旧方法等原因,导致内部交易后的折旧金额不等于内部交易前的金额,相当于会计估计变更,参照会计准则的规定处理即可,不需要编制合并抵销分录。

【案例8-1】20×8年1月1日母公司将自己使用过的固定资产小轿车一辆[原值500 000.00元,折旧年限为5年,剩余折旧年限为4年,预计残值率为10.00%,已计提累计折旧90 000.00元(当月已计提折旧)],以账面净值的价格销售给子公司1,销售价格为410 000.00元,交易过程中不存在其他费用。

母公司的会计分录(略去"固定资产清理"科目):

借:其他应收款——子公司1　　　　　　　　　410 000.00
　　累计折旧　　　　　　　　　　　　　　　　90 000.00
　贷:固定资产　　　　　　　　　　　　　　　500 000.00

子公司1的会计分录:

借:固定资产　　　　　　　　　　　　　　　　500 000.00
　贷:其他应付款——母公司　　　　　　　　　410 000.00
　　　累计折旧　　　　　　　　　　　　　　　90 000.00

在编制合并财务报表时,"其他应收款"项目与"其他应付款"项目在内部债权债务的抵销过程中,已经汇总抵销了。该项交易的结果只是固定资产存放地点的转移,并没有未实现的内部销售利润或者亏损,所以在固定资产的持有期间与清理期间,除了该项业务产生的债权债务外,无须另做其他合并抵销处理。

8.2　以高于账面净值的金额销售固定资产

如果销售方以高于账面净值的价格销售固定资产,由于在交易的过程中产生了未实现的销售利润，需要在编制合并财务报表时进行抵销处理。

8.2.1 交易当期的抵销

由于在交易的当期，销售方当月减少的固定资产，正常计提折旧，购买方当月增加的固定资产不计提折旧，在增加的次月起才开始计提折旧，只需要抵销固定资产价值中包含的未实现内部销售利润即可，抵销的金额等于固定资产的销售额减去固定资产的账面净值。抵销分录为：

借：营业外收入　　　　　　　　　　　　×××①
　　贷：固定资产　　　　　　　　　　　　×××②

这样抵销的结果是，把期末固定资产价值中包含的未实现内部销售利润抵销掉，把"固定资产"项目还原为真实的状态，同时消除"虚拟"的内部交易利润对合并结果的影响。关于抵销分录中这两个项目说明如下：

①营业外收入，目的是抵销销售方利润表项目，因为该项业务为内部销售，在交易过程中产生的利润不是来自于合并主体以外的销售所得，在合并的过程中必须抵销掉。为了保持资产负债表的平衡，该项目在过入资产负债表中时要计入"未分配利润"项目。

②固定资产，目的是抵销购买方期末"固定资产"项目中包含的未实现利润，由于内部交易，导致"固定资产"项目的期末金额"虚增"了，在合并时必须抵销掉。

有读者会问：教材中的抵销分录，无论是中级会计师的考试教材，还是注册会计师的考试教材，列示的都是"固定资产——原价"项目，这里用的却是"固定资产"项目，为什么？

在前面的章节中，不止一次地强调：抵销分录的抵销对象，是报表项目，而不是会计科目。2007年1月1日之前的报表格式中，固定资产按照如下方式列示在资产负债表中：

固定资产原价
减：累计折旧
固定资产净值

而自2007年1月1日起施行的新的会计准则，统一将上述三个项目合并为"固定资产"项目，就是说资产负债表中新准则的"固定资产"项目，等于旧准则"固定资产净值"项目。考试教材在编写的过程中,为了把问题讲清楚,仍然沿用旧准则的报表项目进行讲述,并没有按照新准则进行调整。

【案例 8-2】假设案例 8-1 的销售价格为 500 000.00 元,其他条件不变。该项交易中包含的未实现内部销售利润为 90 000.00 元,该项固定资产的剩余使用期限为 48 个月。在交易的当期,需要编制的抵销分录为:

借:营业外收入　　　　　　　　　　　　90 000.00
　　贷:固定资产　　　　　　　　　　　　　　　　90 000.00

其合并工作底稿如表 8-1 所示。

8.2.2　持有固定资产期间的抵销

在固定资产存续期间,购买方要在购入的次月起,计提固定资产的折旧,计提折旧是以购入原值为主要依据,因为原值中包含了未实现的内部销售利润,所有当期计提的折旧中也会包含一部分未实现的内部销售利润,在合并时必须要进行抵销处理。

8.2.2.1　第一次计提折旧时的抵销分录

(1)期末固定资产价值中包含的未实现内部销售利润的抵销。20×8 年 2 月 28 日,母公司在编制合并财务报表时,编制的抵销分录为:

借:未分配利润　　　　　　　　　　　　90 000.00
　　贷:固定资产　　　　　　　　　　　　　　　　90 000.00

由于"营业外收入"项目是销售方利润表中上个月的数据,本月没有这笔数,但是未实现内部销售利润的影响仍然存在,所以本月用"未分配利润"项目代替交易当月的"营业外收入"项目,以保持抵销分录的借贷平衡与合并资产负债表数据平衡。

(2)当月计提累计折旧中包含的未实现内部销售利润抵销。

借:固定资产①　　　　　　　　　1 875.00(即 90 000÷48)
　　贷:管理费用②　　　　　　　　　　　　　　　1 875.00

①借方项目"固定资产",是购买方资产负债表项目,即旧准则的"累计折旧"项目,新准则在资产负债表中反映为固定资产净值。

表 8-1 合并工作底稿（局部）

货币单位：人民币元

项目	母公司	子公司 1	合计	调整		合并金额
				借方	贷方	
……	……	……	……	……	……	……
固定资产	8 700 000.00	1 100 000.00	9 800 000.00		90 000.00	9 710 000.00
……	……	……	……	……	……	……
未分配利润	1 439 000.00	994 489.00	2 433 489.00	90 000.00		2 343 489.00
……	……	……	……	……	……	……
二、营业利润	7 004 000.00	520 000.00	7 524 000.00			7 524 000.00
加：营业外收入	210 000.00	3 500.00	213 500.00	90 000.00		123 500.00
减：营业外支出			0.00			0.00
其中：非流动资产处置损失			0.00			0.00
三、利润总额	7 214 000.00	523 500.00	7 737 500.00	90 000.00	0.00	7 647 500.00
……	……	……	……	……	……	……

②贷方的抵销项目根据购入的固定资产用途而定，如果用于管理活动，抵销项目为"管理费用"，用于销售活动的，抵销"销售费用"项目。无论是"管理费用"项目还是"销售费用"项目，在资产负债表上都要计入"未分配利润"项目。

如果用于生产活动，抵销会复杂一些。用该项固定资产生产的产品，当月全部没有实现对外销售时，抵销"存货"项目；当月全部实现对外销售时，抵销"营业成本"项目；部分实现对外销售时，按照比例分别抵销"存货"项目和"营业成本"项目。

如果是精准合并抵销，会导致该项业务的抵销工作量很大。根据重要性原则，如果待抵销金额的占比非常小，比如占营业成本的0.1%及以下时，可以采用简化的处理方式，选定一个项目抵销即可，比如"营业成本"项目，在固定资产的存续期间内一贯执行。

本例中购入的固定资产用于管理活动，计提的折旧费用要计入"管理费用"项目，所以抵销时也要抵销"管理费用"项目。

8.2.2.2　第二次及以后计提折旧发生在交易当年时的抵销分录

内部固定资产交易发生在当年，与第一次计提折旧的合并抵销相比，第二次及以后月份的当月抵销分录，无论是抵销项目还是金额都是相同的，除非变更了固定资产的折旧年限、残值率，或者已提足折旧，或者固定资产被处置了。

不同之处在于，随着计提折旧的期限增多，合并利润表的本年累计数的抵销金额也会随之增加。在按月连续编制合并财务报表时，只需要把本年度各月的合并数据相加即可得出合并利润表的本年累计数，无须做其他额外的抵销处理。

8.2.2.3　实战综合案例

【案例8-3】20×8年3月31日，母公司编制本季度合并财务报表时，抵销分录列表如表8-2所示。

将上述数据过入合并工作底稿后，得到的结果如表8-3和表8-4所示。

表 8-2

序号	摘要	报表项目	借方	贷方	关联公司
	合计		993 750.00	993 750.00	
1	子公司1与子公司2内部购销业务抵销	营业收入	500 000.00		子公司1&子公司2
2		营业成本		500 000.00	子公司1&子公司2
3	子公司3与子公司4内部购销业务抵销	营业收入	400 000.00		子公司3&子公司4
4		营业成本		350 000.00	子公司3&子公司4
6		营业成本		35 000.00	子公司3&子公司4
7		存货		15 000.00	子公司3&子公司4
8	母公司与子公司1内部固定资产交易中包含的未实现内部销售利润抵销	营业外收入	90 000.00		母公司&子公司1
9		固定资产		90 000.00	母公司&子公司1
10	子公司1本季度计提的折旧中包含的未实现内部销售利润抵销	固定资产	3 750.00		母公司&子公司1
11		管理费用		3 750.00	母公司&子公司1

8.2.3 交易后跨越会计年度时的抵销处理

一个会计年度结束后，合并利润表数据则要清零，而合并资产负债表数据要延续到下一个会计年度。上一个会计年度合并资产负债表的年末数据，就是本年度的年初数据，所以合并资产负债表的"年初数"那一列不需要做合并抵销。

在前述第3、4、5章的案例演示中我们知道，合并资产负债表数据的期末数，是在各合并主体单体资产负债表期末数据相加的基础上，进行抵销处理而得出的。"未分配利润"项目合并数，也是这么得出的。

任何一个独立的会计主体（非合并主体），资产负债表"未分配利润"项目的期末数据满足以下等式：

未分配利润（期末）＝未分配利润（年初）＋未分配利润（本年累计发生）

在财务报表合并的过程中，只是对报表数据进行调整，并没有调整产生内部交易各主体的账面记录，而合并主体单体资产负债表的"未分配利润（年初）"项目是独立会计主体的账面记录数据，并没有做任何调整，仍然包含上个会计年度未实现的内部销售利润，进而造成"未分配利润（期末）"

表 8-3 合并利润表工作底稿

货币单位：人民币元

项目	母公司	子公司1	子公司2	子公司3	子公司4	合计金额	调整 借方	调整 贷方	合并金额
一、营业收入	850 000.00	600 000.00	500 000.00	400 000.00	370 000.00	2 720 000.00	900 000.00		1 820 000.00
减：营业成本	700 000.00	500 000.00	300 000.00	280 000.00	350 000.00	2 130 000.00		885 000.00	1 245 000.00
税金及附加	26 000.00	5 000.00	5 000.00	3 000.00	2 000.00	41 000.00			41 000.00
销售费用	50 000.00	25 000.00	12 000.00	10 000.00	10 000.00	107 000.00			107 000.00
管理费用	100 000.00	60 000.00	38 000.00	31 000.00	34 000.00	263 000.00		3 750.00	259 250.00
研发费用									
财务费用	20 000.00	5 000.00	3 000.00	800.00	890.00	29 690.00			29 690.00
其中：利息费用									
利息收入									
资产减值损失						—			—
加：其他收益									
投资收益						—			—
其中：对联营企业和合营企业的投资收益						—			—
公允价值变动收益									
资产处置收益									
二、营业利润	-46 000.00	5 000.00	142 000.00	75 200.00	-26 890.00	149 310.00	900 000.00	-888 750.00	138 060.00
加：营业外收入	150 000.00					150 000.00	90 000.00		60 000.00
减：营业外支出						—			—

(续)

项目	母公司	子公司1	子公司2	子公司3	子公司4	合计金额	调整 借方	调整 贷方	合并金额
三、利润总额	104 000.00	5 000.00	142 000.00	75 200.00	−26 890.00	299 310.00	900 000.00	−888 750.00	198 060.00
减：所得税费用						—			—
四、净利润	104 000.00	5 000.00	142 000.00	75 200.00	−26 890.00	299 310.00	900 000.00	−888 750.00	198 060.00
其中：被合并方在合并前实现的净利润									—
（一）按经营持续性分类									
1.持续经营净利润（净亏损以"−"号填列）	104 000.00	5 000.00	142 000.00	75 200.00	−26 890.00	299 310.00	900 000.00	−888 750.00	198 060.00
2.终止经营净利润（净亏损以"−"号填列）									
（二）按所有权归属分类									
1.少数股东损益									
2.归属于母公司所有者的净利润	104 000.00	5 000.00	142 000.00	75 200.00	−26 890.00	299 310.00	900 000.00	−888 750.00	
五、其他综合收益的税后净额									
（一）不能重分类进损益的其他综合收益									
1.重新计量设定受益计划变动额									
2.权益法下不能转损益的其他综合收益									

(二) 将重分类进损益的其他综合收益					
1. 权益法下可转损益的其他综合收益					
2. 可供出售金融资产公允价值变动损益					
3. 持有至到期投资重分类为可供出售金融资产损益					
4. 现金流量套期损益的有效部分					
5. 外币财务报表折算差额					
归属于少数股东的其他综合收益的税后净额	104 000.00	5 000.00	142 000.00	75 200.00	−26 890.00
六、综合收益总额					299 310.00
归属于母公司所有者综合收益总额					900 000.00
归属于少数股东的综合收益总额					−888 750.00
七、每股收益					
(一) 基本每股收益					
(二) 稀释每股收益					—

表 8-4 合并资产负债表工作底稿

货币单位：人民币元

项目	母公司	子公司 1	子公司 2	子公司 3	子公司 4	合计金额	调整 借方	调整 贷方	合并金额
资产									
流动资产：									
货币资金	1 452 450.00	313 400.00	135 000.00	648 700.68	342 598.66	2 892 149.34			2 892 149.34
以公允价值计量且其变动计入当期损益的金融资产	—	—							—
应收票据及应收账款	3 567 893.00	237 689.00	320 000.00	650 000.00	430 000.00	5 205 582.00		350 000.00	4 855 582.00
预付账款									
其他应收款	2 212 100.00	45 600.00	65 000.00	30 000.00	140 000.00	2 492 700.00		713 000.00	1 779 700.00
存货	3 560 000.00	757 800.00	378 000.00	659 000.00	348 000.00	5 702 800.00		15 000.00	5 687 800.00
持有待售资产						—			—
一年内到期的非流动资产									
其他流动资产									
流动资产合计	11 792 443.00	1 554 489.00	898 000.00	1 987 700.68	1 260 598.66	16 293 231.34	—	1 078 000.00	15 215 231.34
非流动资产：									
可供出售金融资产									
持有至到期投资									
长期应收款									
长期股权投资	3 650 000.00					3 650 000.00		3 650 000.00	—
投资性房地产									
固定资产	8 700 000.00	1 100 000.00	950 000.00	699 299.32		11 449 299.32		86 250.00	11 363 049.32
在建工程						—			—
生产性生物资产						—			—

项目						
油气资产						
无形资产	1 000 000.00	200 000.00	—	—	1 200 000.00	—
开发支出						
商誉						
长期待摊费用						
递延所得税资产						
其他非流动资产						
非流动资产合计	12 350 000.00	1 100 000.00	699 299.32	—	16 299 299.32	12 563 049.32
资产总计	24 142 443.00	2 654 489.00	2 687 000.00	1 260 598.66	32 592 530.66	27 778 280.66
流动负债：						
短期借款	1 897 443.00	530 000.00	690 000.00	480 000.00	3 597 443.00	3 247 443.00
以公允价值计量且其变动计入当期损益的金融负债					1 000 000.00	1 000 000.00
衍生金融负债					849 000.00	849 000.00
应付票据及应付账款				350 000.00	1 850 000.00	1 137 000.00
预收款项					—	—
应付职工薪酬	600 000.00	100 000.00	100 000.00	100 000.00		713 000.00
应交税费	356 000.00	118 000.00	87 000.00	78 000.00		
其他应付款	1 850 000.00					
持有待售负债						
一年内到期的非流动负债						
其他流动负债						
流动负债合计	4 703 443.00	748 000.00	877 000.00	658 000.00	7 296 443.00	6 233 443.00
非流动负债：						
长期借款	7 000 000.00	1 000 000.00			8 000 000.00	—
应付债券						8 000 000.00

(续)

项目	母公司	子公司1	子公司2	子公司3	子公司4	合计金额	调整 借方	调整 贷方	合并金额
其中：优先股									
永续债									
长期应付款						—			—
预计负债						—			—
递延收益						—			—
递延所得税负债						—			—
其他非流动负债						—			—
非流动负债合计	7 000 000.00	310 000.00	748 000.00	1 877 000.00	658 000.00	1 000 000.00	—	—	8 000 000.00
负债合计	11 703 443.00	1 000 000.00	500 000.00	400 000.00	450 000.00	15 296 443.00	1 063 000.00	—	14 233 443.00
实收资本	10 000 000.00					12 350 000.00	2 350 000.00	—	10 000 000.00
其他权益工具									
其中：优先股									
永续债									
资本公积	750 000.00	100 000.00	30 000.00	50 000.00		930 000.00	180 000.00	—	750 000.00
减：库存股									
其他综合收益									
盈余公积	250 000.00	250 000.00	30 000.00	20 000.00		550 000.00	200 000.00	—	350 000.00
未分配利润	1 439 000.00	994 489.00	540 000.00	340 000.00	152 598.66	3 466 087.66	1 021 250.00	—	2 444 837.66
归属于母公司所有者权益合计	12 439 000.00	2 344 489.00	1 100 000.00	810 000.00	602 598.66	17 296 087.66	3 751 250.00	—	13 544 837.66
少数股东权益						—			—
所有者权益合计	12 439 000.00	2 344 489.00	1 100 000.00	810 000.00	602 598.66	17 296 087.66	3 751 250.00	—	13 544 837.66
负债和所有者权益总计	24 142 443.00	2 654 489.00	1 848 000.00	2 687 000.00	1 260 598.66	32 592 530.66	4 814 250.00	—	27 778 280.66

包含未实现的内部销售利润。所以在编制合并财务报表时，首先要抵销年初数据对年末数据的影响。

这里有两个"年初数"，千万不能混淆：

一是合并资产负债表的"年初数"列，数据等于上一个会计年度合并资产负债表的年末数，不需要做任何调整，切记！

二是"未分配利润"项目的年初数，是指合并主体单体资产负债表的"期末数"那一列，由于包含未实现的内部销售利润，进而造成"未分配利润（期末）"也包含未实现的内部销售利润，在合并的过程中必须先做抵销处理。

（1）年初固定资产价值中包含的未实现内部销售利润抵销。

借：未分配利润　　　　　　　　　×××（年初数1）
　　贷：固定资产　　　　　　　　　　　　　×××

（2）截至上年度末，已累计计提的折旧抵销。

借：固定资产　　　　　　　　　×××
　　贷：未分配利润　　　　　　　　　×××（年初数2）

年初数1：在交易时产生的未实现内部销售利润。

年初数2：截至本年1月1日前，已累计计提的固定资产折旧中包含的未实现利润，相当于这部分内部销售利润已经实现了。

年初数1－年初数2＝年初固定资产价值中，尚未分摊到折旧中的内部销售利润

这样就可以把上述两个抵销分录合并为一个：

借：未分配利润　　　×××（年初数1－年初数2）
　　贷：固定资产　　　　　　　　　　　×××

已提足折旧继续使用的固定资产，年初数1＝年初数2，财务报表合并时就不需要做任何抵销处理。

（3）本期计提的固定资产折旧中包含的未实现内部销售利润的抵销。

借：固定资产　　　　　　　　　×××
　　贷：管理费用　　　　　　　　　　×××

在第10章有关于本部分内容的详细案例，这里就不再单独举例了。

8.2.4 固定资产清理期间的抵销

固定资产清理，根据所处的不同阶段，合并抵销的分录也不同，以下区分使用期限届满前清理、提前清理和已提足折旧超期继续使用三种情况，分别讲述。

8.2.4.1 使用期限届满前清理

会计期末，购买方的内部固定资产实体已经不复存在，也就不存在固定资产价值中包含未实现内部销售利润的抵销问题。但是当月减少的固定资产，当期仍然要计提折旧，所以还需要做抵销处理。抵销分录如下。

（1）年初固定资产价值中包含的未实现内部销售利润抵销。

借：未分配利润　　　　　　　　　×××（年初数1）
　　贷：营业外收入1（或者营业外支出1）　×××

（2）截至上年度末，已累计计提的折旧抵销。

借：营业外收入2（或者营业外支出2）　×××
　　贷：未分配利润　　　　　　　　　×××（年初数2）

（3）本期计提的固定资产折旧抵销。

借：营业外收入3（或者营业外支出3）　×××
　　贷：管理费用　　　　　　　　　×××

其中：

年初数1：在交易时产生的未实现内部销售利润。

年初数2：截至本年1月1日前，已累计计提的固定资产折旧中包含的未实现利润，相当于这部分内部销售利润已经实现了。

营业外收入3（或者营业外支出3）：当期计提的折旧中包含的未实现内部销售利润。

8.2.4.2 提前清理

需要编制的抵销分录如下。

（1）年初固定资产价值中包含的未实现内部销售利润抵销。

借：未分配利润　　　　　　　　　×××（年初数1）
　　贷：营业外收入1（或者营业外支出1）　×××

（2）截至上年度末，已累计计提的折旧抵销。

借：营业外收入2（或者营业外支出2）　　×××

　　贷：未分配利润　　　　　　　　　　×××（年初数2）

（3）本期计提的固定资产折旧抵销。

借：营业外收入3（或者营业外支出3）　　×××

　　贷：管理费用　　　　　　　　　　　×××

其中：

年初数1：在交易时产生的未实现内部销售利润。

年初数2：截至本年1月1日前，已累计计提的固定资产折旧中包含的未实现利润，相当于这部分内部销售利润已经实现了。

营业外收入3（或者营业外支出3）：当期计提的折旧中包含的未实现内部销售利润。

8.2.4.3　已提足折旧超期继续使用

固定资产价值中包含的未实现内部销售利润，在计提累计折旧的过程中已经视同逐步实现了，所以不需要做任何抵销处理。

如果销售方以低于账面净值的金额销售固定资产，处理方法与高于账面净值的金额销售类似，只是抵销分录的金额为负数。

8.3　销售产品，购买方作为固定资产的抵销

销售方销售产品，购买方作为固定资产核算的，在发生交易的当期，抵销分录为：

借：营业收入（内部交易的收入金额）　　　　　　　×××

　　贷：营业成本（内部交易的成本金额）　　　　　×××

　　　　固定资产（内部交易包含的未实现内部销售利润）　×××

在固定资产的存续期间和清理期间，抵销项目和抵销金额，与"以高于账面净值的金额销售固定资产"处理方式相同，这里就不再重复了。

在实务中还有一类固定资产内部交易：销售方销售固定资产，购买方作为存货核算，由于这种类型的业务极为罕见，合并抵销的处理参照本章的讲

述即可，这里不再展开。

8.4 本章总结：有虚拟，才抵销

内部固定资产交易中，有未实现内部销售利润或者亏损时，这种利润或者亏损来自于合并主体内部，是"虚拟"的，所以编制合并财务报表时才需要进行抵销处理。这种抵销具有持续性，要在固定资产的剩余使用期限内持续进行，剩余使用期限是"法定"的概念，可能会大于、等于或者小于实际的使用期限。

使用期限届满或者处置时，内部交易的固定资产实体可能仍然存在，但是固定资产"数据"从资产负债表上消失了，也就无须抵销。提前处置的，仍需做抵销处理。

跨越会计年度连续编制合并财务报表时，要抵销上年度累计未实现的内部销售利润对内部交易双方"未分配利润"科目期初余额的影响，这些影响最终会反映在单体资产负债表"未分配利润"项目的期末数上。

第 9 章

内部无形资产交易合并、少数股东权益及新类型的业务

内部无形资产业务,是指合并主体之间发生的涉及无形资产的业务,可以是一方将自己的无形资产如专利、专有技术等转让出售给合并主体内的其他公司,也可以是授权其他成员公司付费使用该项无形资产,与内部固定资产交易的合并类似,在交易的当期、持有期间和摊销完毕三个不同的阶段,需要合并抵销处理的内容不同。

与固定资产不同的是,无形资产没有残值,而且在取得的当期就要进行摊销处理。本章将按照不同的交易类型和所处的不同阶段展开。

9.1 内部无形资产销售的抵销

内部无形资产的销售,是指合并主体的一方将自己的无形资产如专利、专有技术等,转让出售给合并主体内的其他公司的业务。销售金额可以等于、大于或者小于账面净值。如果销售金额等于账面净值,就不存在未实现内部销售利润的问题,无须做任何抵销,只有在大于或者小于账面净值时才存在抵销问题。我们主要讲述销售金额大于账面净值的合并抵销处理,销售金额小于账面净值的合并抵销处理,参照执行。

9.1.1 内部无形资产销售当期的抵销

在交易的当期,首先要抵销无形资产价值中包含的未实现内部销售利

润，其次要抵销本期无形资产摊销额中包含的未实现销售利润。抵销分录如下。

（1）无形资产价值中包含的未实现内部销售利润的抵销。

借：营业外收入　　　　　　　　　　　　　　×××
　　贷：无形资产　　　　　　　　　　　　　　×××

（2）无形资产摊销额中包含的未实现销售利润。

借：无形资产①　　　　　　　　　　　　　　×××
　　贷：管理费用（根据无形资产的用途而定）②　×××

其中：

①此处用的是"无形资产"报表项目，而不是"累计摊销"项目，原因与"累计折旧"项目类似。自2007年1月1日起执行的新会计准则，给定的报表格式中，"无形资产"项目按照净值列示，而不再列示"累计摊销"项目。

②此处是否抵销"管理费用"项目，要根据无形资产的用途而定。用于生产的，要抵销"存货"或者"营业成本"项目，一旦选定后就要一贯执行，用于管理活动的才抵销"管理费用"项目，用于销售活动的抵销"销售费用"项目。

9.1.2　同一会计年度的次月及以后月份的抵销处理

在发生交易的同一个会计年度，交易产生后的次月及以后月份，由于合并报表的编制月份并没有产生营业外收入，所以抵销的项目略有调整。

（1）无形资产价值中包含的未实现内部销售利润的抵销。

借：未分配利润　　　　　　　　　　　　　　×××
　　贷：无形资产　　　　　　　　　　　　　　×××

（2）无形资产摊销额中包含的未实现销售利润。

借：无形资产　　　　　　　　　　　　　　　×××
　　贷：管理费用（根据无形资产的用途而定）　×××

9.1.3　内部无形资产销售跨年度持有期间的合并抵销

一个会计年度终了时，资产负债表的期末数据自动过渡到下一个会计年度，成为下一个会计年度的年初数，而利润表数据要做清零处理，无论是单体财务报表还是合并财务报表都是如此。连续编制合并财务报表时，资产负债表年初数据取自于上年度的合并期末数据，已经抵销了内部交易的影响，也就不需要做任何调整。

由于在财务报表合并的过程中，只是涉及报表项目的抵销处理，并没有调整相关交易主体的账面数据，而账面数据具有延续性，上一会计年度"无形资产"科目与"累计摊销"科目中包含的未实现内部销售利润，自动延续到下一个会计年度，进而影响这两个科目的期末数据，在财务报表合并时要消除这部分数据对合并结果的影响。需要编制的抵销分录如下。

（1）"无形资产"年初余额中包含的未实现内部销售利润抵销。

借：未分配利润（年初数 1）　　　　　　　　×××
　　贷：无形资产　　　　　　　　　　　　　　×××

（2）上年度已摊销金额中包含的未实现内部销售利润抵销。

借：无形资产　　　　　　　　　　　　　　　×××
　　贷：未分配利润（年初数 2）　　　　　　　×××

其中：

年初数 1：在交易时产生的未实现内部销售利润。

年初数 2：截至本年 1 月 1 日，已累计摊销的无形资产价值中包含的未实现利润，相当于这部分内部销售利润已经实现了。

年初数 1－年初数 2＝年初无形资产价值中，尚未分摊到"累计摊销"科目的内部销售利润

这样就可以把上述两个抵销分录合并为一个：

借：未分配利润（年初数 1－年初数 2）　　　×××
　　贷：无形资产　　　　　　　　　　　　　　×××

如果已摊销完毕继续使用的无形资产，年初数 1＝年初数 2，财务报表合并时就不需要做任何抵销处理。

（3）本期无形资产摊销金额中包含的未实现内部销售利润的抵销。

借：无形资产　　　　　　　　　　　　　　　×××
　　贷：管理费用　　　　　　　　　　　　　　×××

9.1.4 内部无形资产销售摊销完毕的合并抵销

无形资产价值中包含的未实现内部销售利润，在摊销的过程中已视同逐步实现了，所以就不需要做任何抵销处理。

9.2 付费使用无形资产的抵销

这种类型的业务，只是涉及让渡资产的使用权，不存在无形资产价值中包含的未实现内部销售利润，也不影响无形资产的期末价值与摊销金额。授权方确认收入时，编制的会计分录为：

借：其他应收款　　　　　　　　　　　　×××
　　贷：营业外收入　　　　　　　　　　×××

而被授权方编制的会计分录为：

借：管理费用（根据无形资产的用途而定）　×××
　　贷：其他应付款　　　　　　　　　　×××

编制合并财务报表时，进行债权债务的合并抵销过程中，授权方的"其他应收款"项目，与被授权方的"其他应付款"已经进行了汇总抵销，而该项交易中的"营业外收入"项目与"管理费用"（或者存货、营业成本、销售费用等）项目的确是"虚拟"的，也要进行抵销处理。被授权方对该项使用权的处理，要区分是计入损益还是资产价值，这两种处理方式的合并抵销有一定的差异。

9.2.1 被授权方计入损益的抵销处理

被授权方计入损益的，可以是用于生产的，当月视同实现对外销售；也可以是用于管理活动的，计入"管理费用"科目；还可以是用于销售活动的，计入"销售费用科"目。抵销分录如下。

借：营业外收入　　　　　　　　　　　　×××
　　贷：营业成本或者管理费用或者销售费用　×××

由于抵销分录的借贷方项目都是利润表项目，也就无须在合并资产负债表上反映了。

9.2.2 被授权方计入资产价值的抵销处理

如果被授权方计入了资产的价值，例如固定资产、无形资产或者存货的价值，这部分未实现的内部交易利润，会造成这部分资产的价值"虚增"，在财务报表合并时必须进行抵销处理。

计入固定资产价值的，请参照"固定资产内部交易合并"处理；计入无形资产价值的，请参照"内部无形资产销售的抵销"处理；计入存货价值的，请参照"内部购销业务合并"处理。

9.2.3 综合案例

【案例 9-1】延续第 8 章的案例，20×8 年 3 月 31 日，母公司编制本季度合并财务报表时，还有内部无形资产交易业务要抵销，主要有：

20×8 年 1 月 1 日，母公司将自己使用的一项无形资产以人民币 50 000.00 元的价格销售给子公司 1，该项无形资产原值人民币 50 000.00 元，已累计摊销人民币 30 000.00 元，剩余使用期限为 24 个月，子公司 1 购入后在剩余摊销期限内摊销。

母公司在编制合并财务报表时，分别编制的抵销分录如表 9-1 所示。

将上述抵销数据过入合并工作底稿，即可得到如表 9-2 和表 9-3 所示的合并数据。

9.3 少数股东权益

少数股东，是指非控股的股东。一般情况下指被合并主体的股东中持股小于 50%（不含）的股东。在某些特殊情况下，持股比例小于 50% 的股东，仍然能通过其他的途径对被合并主体实施有效控制，此时情况就发生了反转。

少数股东权益，是指合并资产负债表中反映的、被合并主体（比如子公司、孙公司等）非控股股东的权益。

在 1.1 节中，我们提到：**资产负债表合并要做的事情，就是把虚拟的东西给去掉，反映真实的状况。**控股股东没有 100% 持有被合并主体的股份时，如果不做合并抵销处理，即不反映少数股东权益，会引起财务报表阅读者误解，因为母公司的投入资本被"放大"了，这被"放大"的投入资本，就是少数股东权益。所以，在合并时必须抵销处理。

表 9-1

合计　　1 027 500.00　1 027 500.00

序号	摘要	报表项目	借方	贷方	关联公司
1	子公司1与子公司2内部购销业务抵销	营业收入	500 000.00		子公司1& 子公司2
2		营业成本		500 000.00	子公司1& 子公司2
3	子公司3与子公司4内部购销业务抵销	营业收入	400 000.00		子公司3& 子公司4
4		营业成本		350 000.00	子公司3& 子公司4
6		营业成本		35 000.00	子公司3& 子公司4
7		存货		15 000.00	子公司3& 子公司4
8	母公司与子公司1内部固定资产交易中包含的未实现内部销售利润抵销	营业外收入	90 000.00		母公司 & 子公司1
9		固定资产		90 000.00	母公司 & 子公司1
10	子公司1本季度计提的折旧中包含的未实现内部销售利润抵销	固定资产	3 750.00		母公司 & 子公司1
11		管理费用		3 750.00	母公司 & 子公司1
12	母公司与子公司1内部无形资产交易中包含的未实现内部销售利润抵销	营业外收入	30 000.00		母公司 & 子公司1
13		无形资产		30 000.00	母公司 & 子公司1
14	子公司1本季度摊销的无形资产价值中包含的未实现内部销售利润抵销	无形资产	3 750.00		母公司 & 子公司1
15		销售费用		3 750.00	母公司 & 子公司1

表 9-2 合并利润表工作底稿

货币单位：人民币元

项目	母公司	子公司 1	子公司 2	子公司 3	子公司 4	合计金额	调整 借方	调整 贷方	合并金额
一、营业收入	850 000.00	600 000.00	500 000.00	400 000.00	370 000.00	2 720 000.00	900 000.00		1 820 000.00
减：营业成本	700 000.00	500 000.00	300 000.00	280 000.00	350 000.00	2 130 000.00		885 000.00	1 245 000.00
税金及附加	26 000.00	5 000.00	5 000.00	3 000.00	2 000.00	41 000.00			41 000.00
销售费用	50 000.00	25 000.00	12 000.00	10 000.00	10 000.00	107 000.00		3 750.00	103 250.00
管理费用	100 000.00	60 000.00	38 000.00	31 000.00	34 000.00	263 000.00		3 750.00	259 250.00
研发费用									
财务费用	20 000.00	5 000.00	3 000.00	800.00	890.00	29 690.00			29 690.00
其中：利息费用									
利息收入									
资产减值损失						—			—
加：其他收益									
投资收益						—			—
其中：对联营企业和合营企业的投资收益									
公允价值变动收益									
资产处置收益						—			—
二、营业利润	−46 000.00	5 000.00	142 000.00	75 200.00	−26 890.00	149 310.00	900 000.00	−892 500.00	141 810.00
加：营业外收入	150 000.00					150 000.00	120 000.00		30 000.00

(续)

项目	母公司	子公司1	子公司2	子公司3	子公司4	合计金额	调整 借方	调整 贷方	合并金额
减：营业外支出						—			—
三、利润总额	104 000.00	5 000.00	142 000.00	75 200.00	-26 890.00	299 310.00	1 020 000.00	-892 500.00	171 810.00
减：所得税费用						—			—
四、净利润	104 000.00	5 000.00	142 000.00	75 200.00	-26 890.00	299 310.00	1 020 000.00	-892 500.00	171 810.00
其中：被合并方在合并前实现的净利润									
(一) 按经营持续性分类									
1. 持续经营净利润（净亏损以"-"号填列）	104 000.00	5 000.00	142 000.00	75 200.00	-26 890.00	299 310.00	1 020 000.00	-892 500.00	171 810.00
2. 终止经营净利润（净亏损以"-"号填列）									
(二) 按所有权归属分类									
1. 少数股东损益						—			—
2. 归属于母公司所有者的税后净利润	104 000.00	5 000.00	142 000.00	75 200.00	-26 890.00	299 310.00	1 020 000.00	-892 500.00	171 810.00
五、其他综合收益的税后净额									
(一) 不能重分类进损益的其他综合收益									
1. 重新计量设定受益计划变动额									
2. 权益法下不能转损益的其他综合收益									

(二) 将重分类进损益的其他综合收益							
1. 权益法下可转损益的其他综合收益							
2. 可供出售金融资产公允价值变动损益							
3. 持有至到期投资重分类为可供出售金融资产损益							
4. 现金流量套期损益的有效部分							
5. 外币财务报表折算差额							
归属于少数股东的其他综合收益的税后净额	104 000.00	5 000.00	142 000.00	75 200.00	−26 890.00	299 310.00	
六、综合收益总额						1 020 000.00	−892 500.00
归属于母公司所有者综合收益总额							171 810.00
归属于少数股东的综合收益总额							
七、每股收益							
(一) 基本每股收益							
(二) 稀释每股收益							

表 9-3　合并资产负债表工作底稿

货币单位：人民币元

项目	母公司	子公司 1	子公司 2	子公司 3	子公司 4	合计金额	调整 借方	调整 贷方	合并金额
资产									
流动资产：									
货币资金	1 452 450.00	313 400.00	135 000.00	648 700.68	342 598.66	2 892 149.34			2 892 149.34
以公允价值计量且其变动计入当期损益的金融资产	—	—	—	—	—	—			—
应收票据及应收账款	3 567 893.00	237 689.00	320 000.00	650 000.00	430 000.00	5 205 582.00		350 000.00	4 855 582.00
预付账款	—	—	—	—	—	—			—
其他应收款	2 212 100.00	45 600.00	65 000.00	30 000.00	140 000.00	2 492 700.00		713 000.00	1 779 700.00
存货	3 560 000.00	757 800.00	378 000.00	659 000.00	348 000.00	5 702 800.00		15 000.00	5 687 800.00
持有待售资产						—			—
一年内到期的非流动资产						—			—
其他流动资产									
流动资产合计	11 792 443.00	1 554 489.00	898 000.00	1 987 700.68	1 260 598.66	16 293 231.34	—	1 078 000.00	15 215 231.34
非流动资产：									
可供出售金融资产									
持有至到期投资									
长期应收款									
长期股权投资	3 650 000.00					3 650 000.00		3 650 000.00	—
投资性房地产						—			—
固定资产	8 700 000.00	1 100 000.00	950 000.00	699 299.32		11 449 299.32		86 250.00	11 363 049.32
在建工程						—			—
生产性生物资产						—			—

项目										
油气资产										
无形资产	1 000 000.00	200 000.00	—	—	1 200 000.00	—	3 750.00	30 000.00	1 173 750.00	
开发支出										
商誉										
长期待摊费用										
递延所得税资产										
其他非流动资产										
非流动资产合计	12 350 000.00	1 100 000.00	950 000.00	699 299.32	—	16 299 299.32	—	3 750.00	3 766 250.00	12 536 799.32
资产总计	24 142 443.00	2 654 489.00	1 848 000.00	2 687 000.00	1 260 598.66	32 592 530.66	—	—	4 844 250.00	27 752 030.66
流动负债:										
短期借款										
以公允价值计量且其变动计入当期损益的金融负债										
衍生金融负债										
应付票据及应付账款	1 897 443.00	530 000.00	690 000.00	480 000.00	—	3 597 443.00	—	350 000.00	—	3 247 443.00
预收款项										
应付职工薪酬	600 000.00	100 000.00	100 000.00	100 000.00	—	1 000 000.00	—	—	—	1 000 000.00
应交税费	356 000.00	210 000.00	118 000.00	87 000.00	—	849 000.00	—	—	849 000.00	
其他应付款	1 850 000.00	—	—	—	—	1 850 000.00	—	713 000.00	—	1 137 000.00
持有待售负债										
一年内到期的非流动负债										
其他流动负债										
流动负债合计	4 703 443.00	310 000.00	748 000.00	877 000.00	658 000.00	7 296 443.00	—	1 063 000.00	—	6 233 443.00
非流动负债:										
长期借款	7 000 000.00	—	1 000 000.00	—	—	8 000 000.00	—	—	—	8 000 000.00
应付债券										

(续)

项目	母公司	子公司 1	子公司 2	子公司 3	子公司 4	合计金额	调整 借方	调整 贷方	合并金额
其中：优先股									
永续债									
长期应付款						—			—
预计负债						—			—
递延收益						—			—
递延所得税负债						—			—
其他非流动负债	7 000 000.00	—	—	1 000 000.00	—	8 000 000.00			8 000 000.00
非流动负债合计	11 703 443.00	310 000.00	748 000.00	1 877 000.00	658 000.00	15 296 443.00	1 063 000.00	—	14 233 443.00
负债合计									
实收资本	10 000 000.00	1 000 000.00	500 000.00	400 000.00	450 000.00	12 350 000.00	2 350 000.00	—	10 000 000.00
其他权益工具									
其中：优先股									
永续债									
资本公积	750 000.00	100 000.00	30 000.00	50 000.00		930 000.00	180 000.00		750 000.00
减：库存股						—			—
盈余公积	250 000.00	250 000.00	30 000.00	20 000.00		550 000.00	200 000.00		350 000.00
其他综合收益									
未分配利润	1 439 000.00	994 489.00	540 000.00	340 000.00	152 598.66	3 466 087.66	1 047 500.00		2 418 587.66
归属于母公司所有者权益合计	12 439 000.00	2 344 489.00	1 100 000.00	810 000.00	602 598.66	17 296 087.66	3 777 500.00	—	13 518 587.66
少数股东权益						—			—
所有者权益合计	12 439 000.00	2 344 489.00	1 100 000.00	810 000.00	602 598.66	17 296 087.66	3 777 500.00	—	13 518 587.66
负债和所有者权益总计	24 142 443.00	2 654 489.00	1 848 000.00	2 687 000.00	1 260 598.66	32 592 530.66	4 840 500.00	—	27 752 030.66

母公司在控制被合并主体的过程中，会存在多次追加投资的情况。资产负债表合并的期末数，只要反映最近一次追加投资时的状态即可：控股股东与非控股股东（即少数股东）在最近一次追加投资后，各自在被投资主体的股东权益中的比例，消除了被"夸大"的股东权益对合并财务报表阅读者的误导。通过合并抵销处理，被投资主体在最近一次追加投资时的所有者权益被清零处理，非控股股东持有的股份，在合并资产负债表中反映在"少数股东权益"项目上。抵销分录为：

借：实收资本　　　　　　　　　　　　　×××①
　　资本公积　　　　　　　　　　　　　×××①
　　盈余公积　　　　　　　　　　　　　×××①
　　未分配利润　　　　　　　　　　　　×××①
　　商誉　　　　　　　　　　　　　　　×××④
　贷：长期股权投资　　　　　　　　　　×××②
　　　少数股东权益　　　　　　　　　　×××③

其中：

①"实收资本、资本公积、盈余公积、未分配利润"项目的金额，是被投资主体（子公司、孙公司等）投资时的账面金额。

②"长期股权投资"项目的金额，是母公司的投资成本。

③"少数股东权益"项目的金额，是非控股股东的投资成本。

④"商誉"项目的金额，反映借贷方的差额，可以为正数，也可以为负数。

前一次被追加投资时的抵销分录，与本次的类似，只是抵销的金额不同。

由于财务报表的合并，是对被投资主体控制后的并表，这里讲述的是如何合并财务报表，至于每个会计主体各自的账务处理，请参考其他资料，比如注册会计师考试辅导教材等。

9.4　新类型的业务抵销处理

至此，在财务报表合并过程中需要进行的抵销处理，无论是常规业务还是非常规业务，都已经全部讲解完了。这些合并抵销的内容，已经涵盖了会计实务中绝大部分的业务，但不是全部。随着社会的发展与科技的进步，将会不断产生新的业务内容、盈利模式等，账务处理方式也会有新的变化，在一定程度上增加了合并财务报表编制业务的难度。

财务报表合并工作并不复杂，无论账务处理方式如何变化，万变不离其宗。当遇到新的内部交易无从下手时，我们可以通过以下几步来确定抵销分录：

第一步，把交易主体各自就该项业务编制的会计分录列出来，找出"虚拟"的数据。

第二步，寻找不同主体的会计科目间的匹配关系，并把这种匹配关系用报表项目关联，编制抵销分录。

第三步，抵销跨越会计年度合并时，对会计科目期末数的影响。

关于"付费使用无形资产的抵销"，很多教材中并没有提到如何进行合并抵销，其实就是根据财务报表的合并原理，按照上述三个步骤进行合并抵销。

9.5 总结：虚拟，是合并抵销的动因

无论是本章的内部无形资产交易与新类型的业务，还是前面章节中的内部固定资产、内部购销等，由于在交易过程中有未实现内部销售利润这一"虚拟"因素的存在，在编制合并财务报表时必须进行抵销处理。

内部债权债务与内部现金流，在法律上是真实的交易，由于交易主体均在合并范围内，从合并财务报表层面来看，这些交易结果（内部债权债务）与交易过程（内部现金流发生额）就法律层面的真实的交易或者交易结果，转换成了合并财务报表层面的"虚拟"的交易或者交易结果，必须进行抵销处理。

总之，虚拟，是合并抵销的动因。

综合案例

在前面的章节中，偏重于财务报表合并原理的讲解，部分内容用案例做了演示。熟练掌握了这些内容足以应对诸多情形下的合并财务报表的编制工作。为了使报表合并工作体系化，并具有可操作性，不因为团队成员变动而影响该项工作的正常开展，结合我本人多年来的工作实践，本章专门就合并财务报表的团队建设和前期的准备工作进行讲述，并用综合案例的形式，来演示本书所提到的各种情形下合并财务报表如何编制，这样既可以巩固前面章节中所讲述的内容，又对读者知行合一提供参考范例。

第 10 章

财务报表合并工作指引及综合案例

财务报表合并工作的难易程度与合并报表工作的操作规程有很大关系，一套健全、合理、科学的操作规程，可以降低报表合并工作的难度，提高效率。反之，如果没有操作规程或者虽有操作规程但是设计得不够健全，缺乏合理性而且不科学，即使是财务高手也会感觉出具准确的合并财务报表数据相当困难。接下来将演示从零开始，建立操作规程，并用案例演示在多种情况下，合并财务报表的产生过程。

10.1 操作规程 1：团队协作才能取得真经

分工协作是指既要分工明确，又要互相沟通、协作，以达成共同的目标。优点在于：可以发挥整体效能，提高工作效率；能充分发挥每个人的特长优势，分工协作，令每个人根据自己的专长去完成相应的工作，这样可以使每个部分的工作都能相对尽善尽美；可以弥补个人的不足，很多工作是一个人所没有办法完成的，即使完成了也不能有很好的效果。

复杂的财务报表合并工作，也是需要团队成员分工协作才能完成的。这里所说的"复杂"包含两层意思：一是合并主体内成员众多，需要合并抵销的工作量非常大；二是需要抵销的业务类型复杂，既有常规业务，也有特殊业务，还有上一年度的内部交易对本期数据影响的抵销，甚至有注册会计师考试教材和本书中都没有提到的新类型的业务等，单靠一个人的力量，很难独立完成，必须依靠团队成员之间分工协作。

合并财务报表团队的成员只有两种：项目负责人和普通团队成员。他们各自的专业技能要求与工作职责如下：

项目负责人，一般由母公司的合并财务报表岗位的人员担任，主要负责该团队成员的培训和财务报表合并工作事项的协调、进度督导与报表编制工作。从零开始组建该团队时，项目负责人必须熟练掌握财务报表合并编制工作的知识、所需要的资料和编制技巧，并独立设计合并工作的各种表格。报表合并工作成熟以后，根据岗位说明书和操作规程能顺利出具合并财务报表时，对项目负责人专业技能的要求可以适当降低。

普通团队成员，可以由各合并主体内的报表会计或者财务负责人担任，主要任务是根据项目负责人的要求，提供合并财务报表所需的各种资料。在专业技能方面并没有特别的要求。

财务报表合并工作经过反复磨合，能顺利开展后，项目负责人和团队成员一定要编制操作规程和岗位说明书。这是因为合并财务报表团队的成员没有那么稳固，包括项目负责人和普通团队成员都有可能变化，他们可能调岗或者离职。但是我们不能因为团队成员变动，而导致财务报表合并工作无法正常进行。如果把我们的团队组成由具体人员变成具体的岗位，每个岗位都有操作规程和岗位说明书，即使团队成员产生变化，新加盟的成员只要按照操作规程和岗位说明书要求操作，就不会妨碍合并财务报表编制工作的正常进行。

组建合并财务报表团队，用岗位来替代某个具体的团队成员，明确各岗位的工作职责，再用操作规程和岗位说明书辅助，就不会因为某个团队成员的离开而影响合并财务报表编制工作的正常进行，这是建立报表合并操作规程的第一项工作。

10.2 操作规程2：备查账

10.2.1 长期股权投资备查账

10.2.1.1 长期股权投资备查账参考格式

长期股权投资备查账由投资公司负责登记，用于记录投资成本和被投资单位的各种信息，参考格式如表10-1所示。

表 10-1

被投资方	投资日期	投资成本	持股比例	是否并表	实收资本	资本公积	盈余公积	未分配利润	所有者权益合计	商誉	上年累计投资收益	本期投资收益	法定代表人	注册地址	所属行业	经营范围

10.2.1.2　长期股权投资备查账填列说明

（1）被投资方，是指被投资方的公章上显示的名称，例如，贵州茅台酒股份有限公司。

（2）投资日期，投资实际交割日期。

（3）投资成本，投资方实际支付的现金、现金等价物或者其他对价，加上投资过程中产生的税费等。

（4）持股比例，是指本次投资占被投资方股份的比例。

（5）是否并表，注明被投资方财报是否纳入投资方的合并范围，根据实际情况而定。

（6）实收资本、资本公积、盈余公积、未分配利润和所有者权益合计，是指确定投资成本的基准日的数据，不同于投资实际交割日期的数据。

（7）商誉，是指（根据持股比例）被投资方的所有者权益合计金额与投资成本的差额，差额会等于、大于或者小于零，大于零为正商誉，小于零则为负商誉。

（8）上年累计投资收益，用于记录截至上个会计年度末，累计收到被投资方的股利。

（9）本期投资收益，用于记录本期收到被投资方的股利。

（1）~（9）为必须填写的内容，是财务报表合并的基础数据。

（10）表 10-1 的最后 4 列内容——法定代表人、注册地址、所属行业、经营范围，根据需要选填，也可以增加其他信息。

10.2.2　存货备查账

10.2.2.1　存货备查账参考格式

存货备查账由产生交易的内部双方填写，用于记录存货的交易信息。参考格式如表 10-2 所示。

10.2.2.2　存货备查账填列说明

（1）存货名称、规格型号，指内部购销业务的存货的信息。

（2）开票月份，指销售方开出发票确认销售收入的月份。

表 10-2

存货名称	规格型号	开票月份	销售单位	收入金额（不含税）	成本	购买单位	购入金额（不含税）	入账月份	已累计实现对外销售（不含税购入金额）	尚未实现对外销售	减值损失	上年未实现对外销售	上年计提减值损失

（3）销售单位，指内部购销业务的销售单位名称。

（4）收入金额（不含税）、成本，指销售方的内部销售信息。

上述（1）～（4）项，销售单位和购买单位在核对一致的基础上，要同时填写，便于投资方财务报表合并的主办人核对双方的信息。

（5）购买单位、购入金额（不含税）、入账月份，记录内部购销存货的入账情况，其中购入方的购入金额（不含税）要与销售方的收入金额（不含税）核对相符，虽然入账月份会不同于销售方的开票月份。

（6）已累计实现对外销售（不含税购入金额），记录截至本期末，已累计实现的对外销售金额。若该项数据统计有难度，可以采用倒挤的方式，即根据本期末盘点数据，根据尚未实现的对外销售倒推，计算公式为：

$$\begin{pmatrix} 已累计实现对外销售 \\ （不含税购入金额） \end{pmatrix} = \begin{pmatrix} 购入金额 \\ （不含税） \end{pmatrix} - \begin{pmatrix} 尚未实现 \\ 对外销售 \end{pmatrix}$$

（7）尚未实现对外销售，指截至期末尚未实现的对外销售，可以通过期末盘点的方式取得。

（8）减值损失，指本期末就内部购进且尚未实现对外销售的存货，计提的减值准备金额。

（9）上年未实现对外销售、上年计提减值损失，记录截至上个会计年度末，内部购进且尚未实现对外销售的存货，计提的减值准备金额，只需要把上个会计年度末的"上年未实现对外销售"项目与"上年计提减值损失"项目过入本年，在每个会计年度的1月份填完这两项数据后，本年度内不需要做任何变动。

10.2.3 应收减值损失备查账

10.2.3.1 应收减值损失备查账参考格式

应收减值损失备查账由计提减值准备的内部交易主体负责登记，用于记录期末内部应收款项所计提的资产减值损失，包括应收账款、预付账款、其他应收款等。参考格式如表10-3所示。

10.2.3.2 应收减值损失备查账填列说明

（1）入账科目，指资产减值损失的计提项目，包括应收账款、预付账款、其他应收款等。

表 10-3

入账科目	内部往来单位	期末余额	计提比例	计提金额	上年计提金额

（2）内部往来单位，指产生应收项目的对方单位，必须是合并主体的内部往来单位。

（3）期末余额，指计提资产减值损失的依据。

（4）计提比例、计提金额，指本期末计提资产减值损失的比例及金额。

（5）上年计提金额，指上个会计年度末，内部应收款项计提的资产减值损失金额。

10.2.4 固定资产备查账

10.2.4.1 固定资产备查账参考格式

固定资产备查账，由参与交易的合并主体双方共同填写，用于记录内部固定资产交易的信息，参考格式如表10-4所示。

10.2.4.2 固定资产备查账填列说明

（1）资产名称、规格型号，用于记录内部固定资产交易的基本信息。

（2）销售月份，指销售单位确认销售收入的月份。

（3）销售单位，指内部固定资产交易销售方。

（4）固定资产原值、累计折旧和销售金额，指销售方记录的固定资产原值、累计折旧和销售金额等信息。

表 10-4

资产名称	规格型号	销售月份	销售单位	固定资产原值	累计折旧	销售金额	购买单位	购入金额	入账月份	本月折旧	费用入账科目	购入后累计计提	购入后上年末累计计提

（5）购买单位、购入金额、入账月份，记录内部购销固定资产的入账情况，其中购入方的购入金额要与销售方的销售金额核对相符，虽然入账月份会不同于销售方的销售月份。

（6）本月折旧，指内部购入的固定资产本月计提的折旧金额。

（7）费用入账科目，指购买方内部购进固定资产计提折旧时，折旧费用的入账科目。

（8）购入后累计计提，指截至本期末，购买方内部购进固定资产已累计计提的折旧金额。

（9）购入后上年末累计计提，指截至上个会计年度末，购买方内部购进固定资产已累计计提的折旧金额。

10.2.5 无形资产备查账

10.2.5.1 无形资产备查账参考格式

无形资产备查账由交易的内部单位双方共同记录，用于记录内部无形资产销售的信息，参考格式如表 10-5 所示。

10.2.5.2 无形资产备查账填列说明

（1）资产名称，用于记录内部无形资产交易的基本信息。

表 10-5

资产名称	销售月份	销售单位	无形资产原值	累计摊销	销售金额	购买单位	购入金额	入账月份	本月摊销	费用入账科目	购入后累计摊销	购入后上年末累计摊销

（2）销售月份，指销售单位确认销售收入的月份。

（3）销售单位，指内部无形资产交易销售方。

（4）无形资产原值、累计摊销和销售金额，指销售方记录的无形资产原值、累计摊销和销售金额等信息。

（5）购买单位、购入金额、入账月份，记录内部购销无形资产的入账情况，其中购入方的购入金额要与销售方的销售金额核对相符，虽然入账月份会不同于销售方的销售月份。

（6）本月摊销，指内部购入的无形资产本月的摊销金额。

（7）费用入账科目，指购买方内部购进无形资产摊销时，摊销费用的入账科目。

（8）购入后累计摊销，指截至本期末，购买方内部购进无形资产已累计摊销的金额。

（9）购入后上年末累计摊销，指截至上个会计年度末，购买方内部购进无形资产已累计摊销的金额。

10.2.6　特殊业务备查账

10.2.6.1　特殊业务备查账参考格式

特殊业务备查账，用于记录除上述业务之外的一些特殊业务，指上述长期股权投资、存货、应收项目减值损失、固定资产和无形资产等五项业务之外，其他的特殊业务，比如付费使用无形资产等，由发生内部交易的双方共同记录，便于双方数据核对。参考格式如表 10-6 所示。

表 10-6

业务描述	收款单位	入账科目	借方金额	贷方金额	付款单位	入账科目	借方金额	贷方金额	上年末累计损益影响资产负债金额

10.2.6.2 特殊业务备查账填列说明

（1）业务描述，指该项业务的简单描述，比如付费使用无形资产等。

（2）收款单位，指交易中收取款项的单位。

（3）入账科目、借方金额、贷方金额，指收款单位就该项业务的借、贷方入账科目及金额。

（4）付款单位，指交易中支付款项的单位。

（5）入账科目、借方金额、贷方金额，指付款单位就该项业务的借、贷方入账科目及金额。

（6）上年末累计损益影响资产负债金额，指截至上个会计年度末，该类业务累计发生的，对上个会计年度末的资产或者负债的影响金额。

10.2.7 资金流动备查账

10.2.7.1 资金流动备查账参考格式

资金流动备查账用于记录产生资金流动的内部交易双方，就该项业务所计入的现金流量项目，参考格式如表 10-7 所示。

10.2.7.2 资金流动备查账填列说明

（1）业务月份，指发生内部资金流动的月份。

（2）业务描述，指内部资金流动的业务类型，比如资金调动、销售收款、采购付款等。

表 10-7

业务月份	业务描述	收款单位	入账项目	入账金额	付款单位	入账项目	入账金额

（3）收款单位、入账项目、入账金额，指收款单位就该类业务所计入的**现金流量项目**及入账金额。

（4）付款单位、入账项目、入账金额，指付款单位就该类业务所计入的**现金流量项目**及入账金额。

在会计实务中，10.2.1～10.2.7 节中的备查账及其参考格式，可根据业务的复杂程度和数据取得的难易程度而设置，不一定完全按照上述内容设置，也不一定完全照搬上述格式，一切以便于获取全面、准确的合并财务报表所需的数据为目的。

接下来的内容中，将会用案例来演示备查账的记录方式，这里就不再单独举例了。

10.3　操作规程 3：内部交易双方定期对账

为了保证合并财务报表的辅助资料完整、准确，内部交易的双方定期对账工作必不可少。核对无误后，要更新备查账的记录，便于填写合并辅助资料。

10.4　操作规程 4：填报合并辅助资料

根据核对无误的备查账记录和财务账面记录，填写指定格式的合并辅助资料。辅助资料格式及填列说明，在本书第 2 章中有部分演示，在本章的综合案例中也将会用数据演示。

10.5 操作规程5：设计合并财务报表文件格式

在本书前面章节的内容中，有演示合并财务报表工作底稿的格式、辅助资料的格式和备查账的参考格式，内容相对分散，我们把这些表格根据其用途，组合成四个文件：合并备查账、合并辅助资料、合并工作底稿和合并财务报表。它们各自包含的内容如下所示。

10.5.1 合并备查账：内部交易明细数据

合并备查账，相当于内部交易的明细账，逐笔记录内部发生的各类交易。备查账的参考格式已经在"操作规程2"中有列示，并对填写要求进行了详细的说明，把这些备查账的表格合并在一个文件中，包含长期股权投资、存货、应收减值损失、固定资产、无形资产、特殊业务和资金流动等备查账，就构成了完整的合并备查账文件。如果这些业务的量不大，而且很容易取得，可以考虑不设置备查账，直接填写合并辅助资料即可。文件参考格式如图10-1所示。

图 10-1

10.5.2 合并辅助资料：内部交易汇总数据

合并辅助资料，相当于内部交易汇总表，就是把备查账的同类数据汇总后填写，由合并主体的报表会计（即合并团队的普通成员）填写。在前面的章节中有部分演示这部分表格的内容，把这些表格合并到一个文件中就构成了“合并辅助资料”文件，文件参考格式如图 10-2 所示。

合并辅助资料 [兼容模式]

	A	B	C	D	E	F	G	H
1	项目	母公司	子公司1	子公司2	子公司3	子公司4	合计	
2	销售商品、提供劳务收到的现金		100 000.00	150 000.00	30 000.00	10 000.00	290 000.00	
3	收到的其他与经营活动有关的现金		3 000.00	2 000.00	3 005.00		8 005.00	
4	购买商品、接受劳务支付的现金						-	
5	支付的其他与经营活动有关的现金		1 500.00	890.00		4 100.00	6 490.00	
6	收回投资收到的现金						-	
7	取得投资收益所收到的现金						-	
8	处理固定资产、无形资产和其他长期资产收回的现金净额						-	
9	处置子公司及其他营业单位收到的现金净额						-	
10	收到的其他与投资活动有关的现金						-	
11	购建固定资产、无形资产和其他长期资产支付的现金						-	
12	投资支付的现金		1 650 000.00	1 000 000.00	500 000.00	500 000.00	3 650 000.00	
13	取得子公司及其他营业单位支付的现金净额						-	
14	支付的其他与投资活动有关的现金						-	
15	吸收投资所收到的现金						-	
16	取得借款收到的现金						-	
17	收到的其他与筹资活动有关的现金						-	
18	分配股利、利润和偿付利息支付的现金						-	
19	支付其他与筹资活动有关的现金						-	

内部购销 / 内部往来余额 / 应收减值损失 / 固定资产 / 无形资产 / 特殊业务 / 内部现金流

图 10-2

10.5.3 合并工作底稿：报表合并过程

合并工作底稿，是报表合并的过程。合并财务报表的数据是以合并主体的单体财务报表为基础，根据备查账记录和合并辅助资料，编制抵销分录，对合并主体的全部单体财务报表合计金额进行调整而得出的。合并工作底稿就是记录这一合并过程的文件，便于检查合并过程中是否有疏漏、错误等。为了提高工作效率，合并资产负债表的底稿中包含合并所有者权益变动表，两表之间的数据根据逻辑关系用公式关联，资产负债表合并完成后即可自动生成合并所有者权益变动表的部分数据。合并工作底稿只体现一个月或者一个季度的合并数据，如果需要把所有的合并过程存档，只需要每个月或者季度的合并过程保存在一个文件中即可，文件名称用时间来区分。例如，20×4 年 03 月合并工作底稿等。文件参考格式如图 10-3 所示。

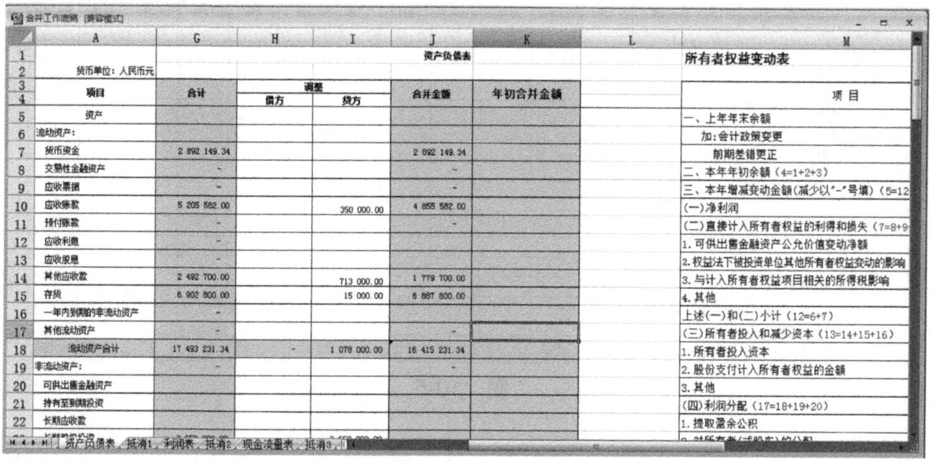

图 10-3

10.5.4 合并财务报表：报表合并结果

合并财务报表是可以正式对外报送的报表合并结果。在合并工作底稿上完成报表合并后，把合并后的数据过入"合并财务报表"文件。为了提高工作效率，正式的合并财务报表文件中的数据最好按照月或者季度分别列示，这样只需要简单加工就可以提供各报表阅读方需要的数据。文件参考格式如图 10-4～图 10-7 所示。

图 10-4

图 10-5

图 10-6

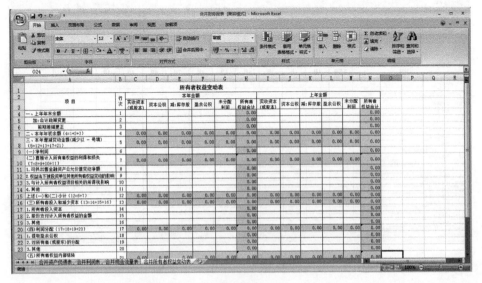

图 10-7

10.6　操作规程 6：编制合并财务报表

在熟练掌握本书第 1～9 章合并原理及抵销分录的编制的基础上，按照本章 10.1～10.5 节的内容建立操作规程。我们已经具备了 WHO（项目负责人及普通团队成员）、WHAT（按照操作规程各司其职）、HOW（本书第 1～9 章的知识储备）的条件了，接下来只需要解决 WHEN（什么时候开始准备数据）的问题，就可以开展合并财务报表的编制工作。

WHEN 的问题可以通过培训会议和演练的形式解决。培训会议由项目负责人主持，演练要全员参与。当团队成员对操作规程和自己的工作任务非常熟悉，而且通过演练说明普通团队成员提供的数据核对一致、没有遗漏时，说明 WHEN 的条件已经具备了。

这些基础准备工作非常无聊，甚至会让人打瞌睡，但却是准确、高效编制合并财务报表所必需的工作。就像行军打仗一样，前期的谋划、准备、行军、宿营等准备工作，远没有两方的人在战场上厮杀那么精彩。但是，这些无聊的工作却可以直接左右战争的胜负。

10.7　综合案例

背景资料：我们以中国 ABC 酒业有限公司为背景，以季度为合并会计期间，来分步演示备查账的记录方法、合并辅助资料的填列方法，以及在不同的时间段合并财务报表的产生过程。在演示过程中，多采用表格的形式，并辅助少量的文字说明。

郑重声明：

（1）中国 ABC 酒业有限公司是虚拟的公司，作者于 2018 年 5 月 31 日百度搜索并无此名称的酒类公司，后文中河南 ABC 酒业有限公司、山东 ABC 酒业有限公司和湖北 ABC 酒业有限公司的名字，也是来自作者的杜撰。如果在 2018 年 5 月 31 日之后确实有公司注册的名字包含"ABC 酒业有限公司"这几个字，本书中的数据与该同名的公司没有任何关系。

（2）财务数据和合并范围的增加与减少案例，是作者为了清晰地演示合并报表的编制过程而虚构的，如果与哪家公司公开的财报数据有相同或者相似之处，纯属巧合，请不要对号入座。

10.7.1 初次编制合并财务报表

10.7.1.1 七步法编制合并财务报表

【案例 10-1】中国 ABC 酒业有限公司 2×10 年 9 月 30 日的长期股权投资备查账记录如表 10-8 所示（此处的货币单位均为人民币千元，下同）。

补充信息：

被投资方河南 ABC 酒业有限公司、山东 ABC 酒业有限公司和湖北 ABC 酒业有限公司不是同一控制下的公司，在被投资前与投资方中国 ABC 酒业有限公司无任何关系。中国 ABC 酒业有限公司以股权转让的方式，分别从这三家公司的股东手中取得股份并支付对价。

除了长期股权投资备查账外，其他备查账的记录中均没有数据。

2×10 年 9 月 30 日，合并主体各自单体资产负债表年初数据如表 10-9 所示。

2×10 年 9 月 30 日，资产负债表期末数据如表 10-10 所示。

从上述信息中，我们可以得出：

（1）此次合并是非同一控制下的合并，所以合并资产负债表不需要调整年初数。即投资方中国 ABC 酒业有限公司单体资产负债表 2×10 年的年初数，就是合并资产负债表的年初数。

（2）取得控制权日为 2×10 年 9 月 30 日，所以被投资方 2×10 年 1～9 月份单体现金流量表、单体利润表不能纳入合并范围。

（3）投资方与被投资方在 2×10 年 9 月 30 日之前，没有任何业务往来，也就不存在其他需要合并抵销的事项。

综上所述，2×10 年 9 月 30 日，中国 ABC 酒业有限公司编制合并财务报表时，只需要调整资产负债表期末数即可，合并资产负债表年初数与合并利润表，都取自中国 ABC 酒业有限公司单体财务报表。根据这些数据就可以采用倒挤的方式编制合并所有者权益变动表。

合并现金流量表数据中的"取得子公司及其他营业单位支付的现金净额"要与新增的子公司在取得控制权日的资产负债表"货币资金"项目抵销，因为前者已经包含了后者，所以要进行合并抵销，反映<u>取得子公司所支付的现金扣除子公司于购买日持有的现金及现金等价物后的净额</u>。

中国 ABC 酒业有限公司单体 2×10 年 1～9 月的利润表和现金流量表数据在稍后会提供。

表 10-8

被投资方	投资日期	投资成本	持股比例	是否并表	实收资本	资本公积	盈余公积	未分配利润	所有者权益合计	商誉
河南 ABC	2×100930	1	100.00%	是	177 408	257 935	5 861	−445 386	−4 182	4 183
山东 ABC	2×100930	1 254 600	80.00%	是	324 929	1 161 260	129 354	177 427	1 792 970	−179 776
湖北 ABC	2×100930	498 427	100.00%	是	263 758	24 060	51 035	159 574	498 427	0
合计		1 753 028			766 095	1 443 255	186 250	−108 385	2 287 215	−175 593

表 10-9 资产负债表

项目	中国 ABC	河南 ABC	山东 ABC	湖北 ABC	合计
资产					
流动资产：					
货币资金	15 052 964	23 572	54 729	260 288	15 391 553
以公允价值计量且其变动计入当期损益的金融资产					0
应收票据及应收账款	162 200	11 948	205 045		379 193
预付账款	1 274 390	2 201	29 741	2 137	1 308 469
其他应收款	532 698	3 452	311 424	1 053	848 627
存货	18 230 583	190 731	660 909	525 020	19 607 243
持有待售资产					0
一年内到期的非流动资产					0
其他流动资产					0
流动资产合计	35 252 835	231 904	1 261 848	788 498	37 535 085
非流动资产：					
可供出售金融资产					0
持有至到期投资					
长期应收款					0
长期股权投资					0
投资性房地产					0
固定资产	10 926 517	130 493	468 855	5	11 525 870
在建工程	4 894 659		4 463		4 899 122
生产性生物资产					
油气资产					
无形资产	3 581 598	93 105	98 730		3 773 433
开发支出					0
商誉	272 072		9 402		281 474
长期待摊费用	197 500	5 625	214	30	203 369
递延所得税资产					0
其他非流动资产			116 312		116 312
非流动资产合计	19 872 346	229 223	697 976	35	20 799 580
资产总计	55 125 181	461 127	1 959 824	788 533	58 334 665
流动负债：					
短期借款		85 166		140 000	225 166
以公允价值计量且其变动计入当期损益的金融负债					0

(续)

项目	中国ABC	河南ABC	山东ABC	湖北ABC	合计
衍生金融负债					
应付票据及应付账款	890 861	97 612	13 015	10 258	1 011 746
预收款项	17 988 300	82 151	163		18 070 614
应付职工薪酬	965 772	2 451	29 121		997 344
应交税费	284 820	32 293	17 869	2 430	337 412
其他应付款	676 569	74 374	124 646	100 437	976 026
持有待售负债					
一年内到期的非流动负债					0
其他流动负债		698		2 328	3 026
流动负债合计	20 806 322	374 745	184 814	255 453	21 621 334
非流动负债:					
长期借款				4 300	4 300
应付债券					0
其中:优先股					
永续债					
长期应付款					0
预计负债				789	789
递延收益					
递延所得税负债					0
其他非流动负债	15 570		5 700		21 270
非流动负债合计	15 570	0	5 700	5 089	26 359
负债合计	20 821 892	374 745	190 514	260 542	21 647 693
实收资本	1 256 197	177 408	324 929	263 758	2 022 292
其他权益工具					
其中:优先股					
永续债					
资本公积	1 374 303	257 935	1 161 260	24 060	2 817 558
减:库存股					0
其他综合收益					
盈余公积	6 210 524	5 861	129 354	51 035	6 396 774
未分配利润	25 462 265	-354 822	153 767	189 138	25 450 348
所有者权益合计	34 303 289	86 382	1 769 310	527 991	36 686 972
负债和所有者权益总计	55 125 181	461 127	1 959 824	788 533	58 334 665

表 10-10　资产负债表

项目	中国 ABC	河南 ABC	山东 ABC	湖北 ABC	合计
资产					
流动资产：					
货币资金	15 403 456	498	62 327	191 326	15 657 607
以公允价值计量且其变动计入当期损益的金融资产					0
应收票据及应收账款	288 553	24 821	236 871		550 245
预付账款	1 786 696	602	12 737	741	1 213 424
其他应收款	103 652	3 131	279 179		973 314
存货	18 230 156	178 455	667 041	516 493	19 592 145
持有待售资产					
一年内到期的非流动资产					0
其他流动资产					0
流动资产合计	35 812 513	207 507	1 258 155	708 560	37 986 735
非流动资产：					
可供出售金融资产					0
持有至到期投资					
长期应收款					0
长期股权投资	1 753 028				1 753 028
投资性房地产					0
固定资产	10 746 593	123 270	442 228	3	11 312 091
在建工程	5 547 914		5 052		5 552 966
生产性生物资产					
油气资产					
无形资产	3 551 274	91 109	96 228		3 738 611
开发支出					0
商誉	372 046		9 236		381 282
长期待摊费用	190 000	5 625	12		195 637
递延所得税资产					0
其他非流动资产			147 428		147 428
非流动资产合计	22 160 855	220 004	700 184	3	23 081 046
资产总计	57 973 368	427 511	1 958 339	708 563	61 067 781
流动负债：					
短期借款			96 660	140 000	236 660
以公允价值计量且其变动计入当期损益的金融负债					0
衍生金融负债					0
应付票据及应付账款	195 745	46 003	8 595	6 370	256 713
预收款项	20 753 421	77 947	52		20 831 420

(续)

项目	中国 ABC	河南 ABC	山东 ABC	湖北 ABC	合计
应付职工薪酬	412 804	3 134	11 731		427 669
应交税费	505 501	34 405	16 104	2 298	558 308
其他应付款	1 536 916	97 602	122 318	54 051	1 810 887
持有待售负债					
一年内到期的非流动负债					0
其他流动负债		698		2 328	3 026
流动负债合计	23 404 387	356 449	158 800	205 047	24 124 683
非流动负债:					
长期借款				4 300	4 300
应付债券					0
其中：优先股					
永续债					
长期应付款					0
预计负债				789	789
递延收益					
递延所得税负债					0
其他非流动负债	15 570	75 244	6 569		97 383
非流动负债合计	15 570	75 244	6 569	5 089	102 472
负债合计	23 419 957	431 693	165 369	210 136	24 227 155
实收资本	1 256 197	177 408	324 929	263 758	2 022 292
其他权益工具					
其中：优先股					
永续债					
资本公积	1 374 303	257 935	1 161 260	24 060	2 817 558
减：库存股					0
其他综合收益					
盈余公积	7 083 825	5 861	129 354	51 035	7 270 075
未分配利润	24 839 086	-445 386	177 427	159 574	24 730 701
所有者权益合计	34 553 411	-4 182	1 792 970	498 427	36 840 626
负债和所有者权益总计	57 973 368	427 511	1 958 339	708 563	61 067 781

下面继续采用前文所介绍的七步法，编制合并财务报表。

第一步，将母子公司资产负债表期末数过入合并工作底稿。母子公司单体财务报表期末数不再单独列示了。过入合并工作底稿后的数据如表 10-11 所示。

第二步，采用成本法，在"抵销分录列表"上编制抵销分录，编制后的结果如表 10-12 所示。

表 10-11 合并资产负债表工作底稿

货币单位：人民币千元

项目	中国 ABC	河南 ABC	山东 ABC	湖北 ABC	合计	调整 借方	调整 贷方	合并金额
资产								
流动资产：								
货币资金	15 403 456	498	62 327	191 326	15 657 607			15 657 607
以公允价值计量且其变动计入当期损益的金融资产					0			0
应收票据及应收账款	288 553	24 821	236 871		550 245			550 245
预付账款	1 786 696	602	12 737	741	1 213 424			1 213 424
其他应收款	691 004	3 131	279 179		973 314			973 314
存货	18 230 156	178 455	667 041	516 493	19 592 145			19 592 145
持有待售资产					0			0
一年内到期的非流动资产					0			0
其他流动资产					0			0
流动资产合计	35 812 513	207 507	1 258 155	708 560	37 986 735	0	0	37 986 735
非流动资产：								
可供出售金融资产					0			0
持有至到期投资					0			0
长期应收款					0			0
长期股权投资	1 753 028				1 753 028			1 753 028
投资性房地产					0			0
固定资产	10 746 593	123 270	442 228		11 312 091			11 312 091
在建工程	5 547 914		5 052	3	5 552 966			5 552 966
生产性生物资产								
油气资产								

项目							
无形资产	3 551 274	91 109	96 228		3 738 611		3 738 611
开发支出					0		0
商誉	372 046		9 236		381 282		381 282
长期待摊费用	190 000	5 625	12		195 637		195 637
递延所得税资产					0		0
其他非流动资产			147 428		147 428		147 428
非流动资产合计	22 160 855	220 004	700 184	3	23 081 046	0	23 081 046
资产总计	57 973 368	427 511	1 958 339	708 563	61 067 781	0	61 067 781
流动负债:							
短期借款		96 660		140 000	236 660		236 660
以公允价值计量且其变动计入当期损益的金融负债					0		0
衍生金融负债					0		0
应付票据及应付账款	195 745	46 003	8 595	6 370	256 713		256 713
预收款项	20 753 421	77 947	52		20 831 420		20 831 420
应付职工薪酬	412 804	3 134	11 731		427 669		427 669
应交税费	505 501	34 405	16 104	2 298	558 308		558 308
其他应付款	1 536 916	97 602	122 318	54 051	1 810 887		1 810 887
持有待售负债					0		0
一年内到期的非流动负债		698		2 328	3 026		3 026
其他流动负债					0		0
流动负债合计	23 404 387	356 449	158 800	205 047	24 124 683	0	24 124 683
非流动负债:							
长期借款				4 300	4 300		4 300
应付债券					0		0

项目	中国ABC	河南ABC	山东ABC	湖北ABC	合计	调整借方	调整贷方	合并金额
其中：优先股								0
永续债								0
长期应付款				789	789			789
预计负债								0
递延收益								0
递延所得税负债	15 570	75 244	6 569		97 383			97 383
其他非流动负债	15 570	75 244	6 569	5 089	102 472			102 472
非流动负债合计	23 419 957	431 693	165 369	210 136	24 227 155	0	0	24 227 155
负债合计	1 256 197	177 408	324 929	263 758	2 022 292			2 022 292
实收资本								
其中：优先股								
永续债								
资本公积	1 374 303	257 935	1 161 260	24 060	2 817 558			2 817 558
减：库存股								0
其他综合收益	7 083 825	5 861	129 354	51 035	7 270 075			7 270 075
盈余公积	24 839 086	−445 386	177 427	159 574	24 730 701			24 730 701
未分配利润		−4 182						
归属于母公司所有者权益合计	34 553 411	−4 182	1 792 970	498 427	36 840 626	0	0	36 840 626
少数股东权益								0
所有者权益合计	34 553 411	427 511	1 792 970	498 427	36 840 626	0	0	36 840 626
负债和所有者权益总计	57 973 368	427 511	1 958 339	708 563	61 067 781	0	0	61 067 781

表 10-12

	合计			2 111 622	2 111 622	
序号	摘要	报表项目	借方金额	贷方金额		关联公司
1	中国 ABC 对河南 ABC 长期股权投资抵销	实收资本	177 408		中国 ABC& 河南 ABC
2		资本公积	257 935		中国 ABC& 河南 ABC
3		盈余公积	5 861		中国 ABC& 河南 ABC
4		未分配利润	−445 386		中国 ABC& 河南 ABC
5		商誉	4 183		中国 ABC& 河南 ABC
6		长期股权投资		1	中国 ABC& 河南 ABC
7	中国 ABC 对山东 ABC 长期股权投资抵销	实收资本	324 929		中国 ABC& 山东 ABC
8		资本公积	1 161 260		中国 ABC& 山东 ABC
9		盈余公积	129 354		中国 ABC& 山东 ABC
10		未分配利润	177 427		中国 ABC& 山东 ABC
11		商誉	−179 776		中国 ABC& 山东 ABC
12		长期股权投资		1 254 600	中国 ABC& 山东 ABC
13		少数股东权益		358 594	中国 ABC& 山东 ABC
14	中国 ABC 对湖北 ABC 长期股权投资抵销	实收资本	263 758		中国 ABC& 湖北 ABC
15		资本公积	24 060		中国 ABC& 湖北 ABC
16		盈余公积	51 035		中国 ABC& 湖北 ABC
17		未分配利润	159 574		中国 ABC& 湖北 ABC
18		长期股权投资		498 427	中国 ABC& 湖北 ABC

第三步，检查抵销分录借贷方金额合计数是否相等。本例中借贷方金额的合计数均为 2 111 622 千元，验证通过，进入下一步。

第四步，全部选定抵销分录列表，按照"报表项目"列排序。排序后的结果如表 10-13 所示。

第五步，分类汇总。分类字段选择"报表项目"，汇总方式选择"求和"，选定汇总项为"借方金额"与"贷方金额"，进行分类汇总。结果如表 10-14 所示。

表 10-13

合计			2 111 622	2 111 622	
序号	摘要	报表项目	借方金额	贷方金额	关联公司
5		商誉	4 183		中国 ABC& 河南 ABC
11		商誉	−179 776		中国 ABC& 山东 ABC
13		少数股东权益		358 594	中国 ABC& 山东 ABC
1	中国 ABC 对河南 ABC 长期股权投资抵销	实收资本	177 408		中国 ABC& 河南 ABC
7	中国 ABC 对山东 ABC 长期股权投资抵销	实收资本	324 929		中国 ABC& 山东 ABC
14	中国 ABC 对湖北 ABC 长期股权投资抵销	实收资本	263 758		中国 ABC& 湖北 ABC
4		未分配利润	−445 386		中国 ABC& 河南 ABC
10		未分配利润	177 427		中国 ABC& 山东 ABC
17		未分配利润	159 574		中国 ABC& 湖北 ABC
3		盈余公积	5 861		中国 ABC& 河南 ABC
9		盈余公积	129 354		中国 ABC& 山东 ABC
16		盈余公积	51 035		中国 ABC& 湖北 ABC
6		长期股权投资		1	中国 ABC& 河南 ABC
12		长期股权投资		1 254 600	中国 ABC& 山东 ABC
18		长期股权投资		498 427	中国 ABC& 湖北 ABC
2		资本公积	257 935		中国 ABC& 河南 ABC
8		资本公积	1 161 260		中国 ABC& 山东 ABC
15		资本公积	24 060		中国 ABC& 湖北 ABC

表 10-14

序号	摘要	报表项目	借方金额	贷方金额	关联公司
5		商誉	4 183		中国 ABC& 河南 ABC
11		商誉	−179 776		中国 ABC& 山东 ABC
		商誉汇总	−175 593	0	
13		少数股东权益		358 594	中国 ABC& 山东 ABC
		少数股东权益汇总	0	358 594	
1	中国 ABC 对河南 ABC 长期股权投资抵销	实收资本	177 408		中国 ABC& 河南 ABC
7	中国 ABC 对山东 ABC 长期股权投资抵销	实收资本	324 929		中国 ABC& 山东 ABC

(续)

序号	摘要	报表项目	借方金额	贷方金额	关联公司
14	中国 ABC 对湖北 ABC 长期股权投资抵销	实收资本	263 758		中国 ABC& 湖北 ABC
		实收资本汇总	766 095	0	
4		未分配利润	−445 386		中国 ABC& 河南 ABC
10		未分配利润	177 427		中国 ABC& 山东 ABC
17		未分配利润	159 574		中国 ABC& 湖北 ABC
		未分配利润汇总	−108 385	0	
3		盈余公积	5 861		中国 ABC& 河南 ABC
9		盈余公积	129 354		中国 ABC& 山东 ABC
16		盈余公积	51 035		中国 ABC& 湖北 ABC
		盈余公积汇总	186 250	0	
6		长期股权投资		1	中国 ABC& 河南 ABC
12		长期股权投资		1 254 600	中国 ABC& 山东 ABC
18		长期股权投资		498 427	中国 ABC& 湖北 ABC
		长期股权投资汇总	0	1 753 028	
2		资本公积	257 935		中国 ABC& 河南 ABC
8		资本公积	1 161 260		中国 ABC& 山东 ABC
15		资本公积	24 060		中国 ABC& 湖北 ABC
		资本公积汇总	1 443 255	0	
		总计	2 111 622	2 111 622	

为了避免数据干扰，我们选择只显示汇总项，即分类汇总后点击 Excel 左上角的数字 "2"，得到的结果如表 10-15 所示。

表 10-15

序号	摘要	报表项目	借方金额	贷方金额	关联公司
		商誉汇总	−175 593	0	
		少数股东权益汇总	0	358 594	
		实收资本汇总	766 095	0	
		未分配利润汇总	−108 385	0	
		盈余公积汇总	186 250	0	
		长期股权投资汇总	0	1 753 028	
		资本公积汇总	1 443 255	0	
		总计	2 111 622	2 111 622	

第六步，把汇总的报表项目数据，分别过入合并工作底稿对应的调整单元格内，即可完成报表合并工作。具体如表 10-16 所示。

表 10-16　合并资产负债表工作底稿

货币单位：人民币千元

项目	中国ABC	河南ABC	山东ABC	湖北ABC	合计	调整 借方	调整 贷方	合并金额
资产								
流动资产：								
货币资金	15 403 456	498	62 327	191 326	15 657 607			15 657 607
以公允价值计量且其变动计入当期损益的金融资产					0			0
应收票据及应收账款	288 553	24 821	236 871		550 245			550 245
预付账款	1 786 696	602	12 737	741	1 213 424			1 213 424
其他应收款	691 004	3 131	279 179		973 314			973 314
存货	18 230 156	178 455	667 041	516 493	19 592 145			19 592 145
持有待售资产					0			0
一年内到期的非流动资产					0			0
其他流动资产								
流动资产合计	35 812 513	207 507	1 258 155	708 560	37 986 735	0	0	37 986 735
非流动资产：								
可供出售金融资产					0			0
持有至到期投资					0			0
长期应收款					0			0
长期股权投资	1 753 028				1 753 028		1 753 028	0
投资性房地产					0			0
固定资产	10 746 593	123 270	442 228	3	11 312 094			11 312 094
在建工程	5 547 914		5 052		5 552 966			5 552 966
生产性生物资产					0			0
油气资产					0			0

项目							
无形资产	3 551 274	91 109	96 228		3 738 611	0	3 738 611	0
开发支出					0	0	0	0
商誉	372 046		9 236		381 282	−175 593	205 689	0
长期待摊费用	190 000	5 625	12		195 637		195 637	0
递延所得税资产					0		0	0
其他非流动资产			147 428		147 428		147 428	0
非流动资产合计	22 160 855	220 004	700 184	3	23 081 046	−1 753 028	21 152 425	
资产总计	57 973 368	427 511	1 958 339	708 563	61 067 781	−1 753 028	59 139 160	
流动负债:								
短期借款		96 660	140 000		236 660		236 660	0
以公允价值计量且其变动计入当期损益的金融负债					0		0	0
衍生金融负债					0		0	0
应付票据及应付账款	195 745	46 003	8 595	6 370	256 713		256 713	0
预收款项	20 753 421	77 947	52		20 831 420		20 831 420	0
应付职工薪酬	412 804	3 134	11 731	2 298	427 669		427 669	0
应交税费	505 501	34 405	16 104		558 308		558 308	0
其他应付款	1 536 916	97 602	122 318	54 051	1 810 887		1 810 887	0
持有待售负债					0		0	0
一年内到期的非流动负债					0		0	0
其他流动负债		698		2 328	3 026		3 026	0
流动负债合计	23 404 387	356 449	158 800	205 047	24 124 683	0	24 124 683	
非流动负债:								
长期借款				4 300	4 300		4 300	
应付债券					0		0	0

(续)

项目	中国ABC	河南ABC	山东ABC	湖北ABC	合计	调整借方	调整贷方	合并金额
其中：优先股					0			0
永续债								
长期应付款				789	789			789
预计负债								
递延收益					0			0
递延所得税负债	15 570	75 244	6 569		97 383			97 383
其他非流动负债	15 570	75 244	6 569	5 089	102 472	0	0	102 472
非流动负债合计	23 419 957	431 693	165 369	210 136	24 227 155			24 227 155
负债合计	1 256 197	177 408	324 929	263 758	2 022 292	766 095		1 256 197
实收资本								
其他权益工具								
其中：优先股								
永续债								
资本公积	1 374 303	257 935	1 161 260	24 060	2 817 558	1 443 255		1 374 303
减：库存股					0			0
其他综合收益								
盈余公积	7 083 825	5 861	129 354	51 035	7 270 075	186 250		7 083 825
未分配利润	24 839 086	-445 386	177 427	159 574	24 730 701	-108 385		24 839 086
归属于母公司所有者权益合计	34 553 411	-4 182	1 792 970	498 427	36 840 626	2 287 215	0	34 553 411
少数股东权益					0		358 594	358 594
所有者权益合计	34 553 411	-4 182	1 792 970	498 427	36 840 626	2 287 215	358 594	34 912 005
负债和所有者权益总计	57 973 368	427 511	1 958 339	708 563	61 067 781	2 287 215	358 594	59 139 160

表 10-16 中的最后一列"合并金额"即为合并后资产负债表的期末数,把此列的数据过入正式的合并资产负债表即可。报表合并工作完成。

第七步,把抵销分录的列表的分类汇总删除,并按照序号升序排列,还原成最初的抵销状态,便于以后数据查询和检查。具体如表 10-17 所示。

表 10-17

	合计		2 111 622	2 111 622	
序号	摘要	报表项目	借方金额	贷方金额	关联公司
1	中国 ABC 对河南 ABC 长期股权投资抵销	实收资本	177 408		中国 ABC& 河南 ABC
2		资本公积	257 935		中国 ABC& 河南 ABC
3		盈余公积	5 861		中国 ABC& 河南 ABC
4		未分配利润	-445 386		中国 ABC& 河南 ABC
5		商誉	4 183		中国 ABC& 河南 ABC
6		长期股权投资		1	中国 ABC& 河南 ABC
7	中国 ABC 对山东 ABC 长期股权投资抵销	实收资本	324 929		中国 ABC& 山东 ABC
8		资本公积	1 161 260		中国 ABC& 山东 ABC
9		盈余公积	129 354		中国 ABC& 山东 ABC
10		未分配利润	177 427		中国 ABC& 山东 ABC
11		商誉	-179 776		中国 ABC& 山东 ABC
12		长期股权投资		1 254 600	中国 ABC& 山东 ABC
13		少数股东权益		358 594	中国 ABC& 山东 ABC
14	中国 ABC 对湖北 ABC 长期股权投资抵销	实收资本	263 758		中国 ABC& 湖北 ABC
15		资本公积	24 060		中国 ABC& 湖北 ABC
16		盈余公积	51 035		中国 ABC& 湖北 ABC
17		未分配利润	159 574		中国 ABC& 湖北 ABC
18		长期股权投资		498 427	中国 ABC& 湖北 ABC

合并完成后,本例第一次正式合并财务报表数据分别列示如下(表 10-18～表 10-22)。

此处用一定的篇幅列示合并后的结果,一是读者可以按照本书所提供的数据进行验证,检查自己的合并结果是否正确,若有差异就要查找原因;二是接下来的合并步骤中会用到第一次合并的结果。

表 10-18　合并资产负债表　　货币单位：人民币千元

编制单位：中国 ABC 酒业有限公司　　编制日期：2×10 年 9 月 30 日

项目	年初数	9月	12月
资产			
流动资产：			
货币资金	15 052 964	15 657 607	
以公允价值计量且其变动计入当期损益的金融资产		0	
应收票据及应收账款	162 200	550 245	
预付账款	1 274 390	1 213 424	
其他应收款	532 698	973 314	
存货	18 230 583	19 592 145	
持有待售资产			
一年内到期的非流动资产		0	
其他流动资产		0	
流动资产合计	35 252 835	37 986 735	0
非流动资产：			
可供出售金融资产		0	
持有至到期投资		0	
长期应收款		0	
长期股权投资		0	
投资性房地产		0	
固定资产	10 926 517	11 312 094	
在建工程	4 894 659	5 552 966	
生产性生物资产		0	
油气资产			
无形资产	3 581 598	3 738 611	
开发支出		0	
商誉	272 072	205 689	
长期待摊费用	197 500	195 637	
递延所得税资产		0	
其他非流动资产		147 428	
非流动资产合计	19 872 346	21 152 425	0
资产总计	55 125 181	59 139 160	0
流动负债：			
短期借款		236 660	
以公允价值计量且其变动计入当期损益的金融负债		0	
衍生金融负债		0	

(续)

编制单位：中国 ABC 酒业有限公司　　　　　编制日期：2×10 年 9 月 30 日

项目	年初数	9 月	12 月
应付票据及应付账款	890 861	256 713	
预收款项	17 988 300	20 831 420	
应付职工薪酬	965 772	427 669	
应交税费	284 820	558 308	
其他应付款	676 569	1 810 887	
持有待售负债			
一年内到期的非流动负债		0	
其他流动负债		3 026	
流动负债合计	20 806 322	24 124 683	0
非流动负债：			
长期借款		4 300	
应付债券		0	
其中：优先股			
永续债			
长期应付款		0	
预计负债		789	
递延收益			
递延所得税负债		0	
其他非流动负债	15 570	97 383	
非流动负债合计	15 570	102 472	0
负债合计	20 821 892	24 227 155	0
实收资本	1 256 197	1 256 197	
其他权益工具		0	
其中：优先股			
永续债		0	
资本公积	1 374 303	1 374 303	
减：库存股		0	
其他综合收益		0	
盈余公积	6 210 524	7 083 825	
未分配利润	25 462 265	24 839 086	
归属于母公司所有者权益合计	34 303 289	34 553 411	0
少数股东权益		358 594	
所有者权益（或股东权益）合计	34 303 289	34 912 005	0
负债和所有者权益（或股东权益）总计	55 125 181	59 139 160	0

表 10-19 合并利润表   货币单位：人民币千元

编制单位：中国 ABC 酒业有限公司   日期：2×10 年 9 月

项目	1～9月	10～12月	本年累计
一、营业收入	5 430 883		5 430 883
减：营业成本	2 174 026		2 174 026
减：税金及附加	3 195 716		3 195 716
销售费用	20 185		20 185
管理费用	2 264 086		2 264 086
研发费用			
财务费用	-302 115		-302 115
其中：利息费用			
利息收入			
资产减值损失	323		323
加：其他收益			
投资收益	9 637 078		9 637 078
其中：对联营企业和合营企业的投资收益			
公允价值变动收益			
资产处置收益			
二、营业利润	7 715 740	0	7 715 740
加：营业外收入	2 575		2 575
减：营业外支出	7 679		7 679
三、利润总额	7 710 636	0	7 710 636
减：所得税费用	-291 492		-291 492
四、净利润	8 002 128	0	8 002 128
（一）持续经营净利润（净亏损以"-"号填列）	8 002 128	0	8 002 128
（二）终止经营净利润（净亏损以"-"号填列）			
五、其他综合收益的税后净利润	8 002 128	0	8 002 128
（一）不能重分类进损益的其他综合收益			
1. 重新计量设定受益计划变动额			
2. 权益法下不能转损益的其他综合收益			
（二）将重分类进损益的其他综合收益			
1. 权益法下可转损益的其他综合收益			
2. 可供出售金融资产公允价值变动损益			
3. 持有至到期投资重分类为可供出售金融资产损益			
4. 现金流量套期损益的有效部分			
5. 外币财务报表折算差额			
六、综合收益总额	8 002 128	0	8 002 128

(续)

编制单位：中国熊人酒业有限公司　　　　　　　　　　　日期：2X10年9月

项目	1～9月	10～12月	本年累计
归属于母公司所有者综合收益总额			
归属于少数股东的综合收益总额			
七、每股收益			
（一）基本每股收益			
（二）稀释每股收益			

10.7.1.2　合并财务报表之间的勾稽关系

1. 合并资产负债表与合并利润表的勾稽关系

单体资产负债表与利润表的勾稽关系为：

$$\text{资产负债表中的"未分配利润"项目期末数} - \text{年初数} + \text{本期利润分配数（指提取盈余公积、分配股利等）} = \text{可比期间利润表的"净利润"项目}$$

编制合并财务报表时，需要把"本期利润分配数"（指提取盈余公积、向外部股东分配股利等）项目中，**向股东分配股利数据限定为合并范围外的股东**，比如少数股东、母公司的股东等，因为合并时要进行抵销处理，向合并范围内的股东分配的股利会抵销掉，视同没有分配，不会影响合并"未分配利润"项目数据。

经过上述修改后，这个等式在编制合并财务报表时仍然成立。

合并范围不变时，这个条件成立，这很容易理解。

合并范围增加时，我们用前面的数据验证一下：

$$\text{"未分配利润"项目期末数} - \text{年初数} + \text{本期利润分配数（指提取盈余公积、向外部股东分配股利等）}$$

$$= \underset{24\,839\,086}{\text{"未分配利润"项目期末数}} - \underset{25\,462\,265}{\text{年初数}} + \underset{8\,625\,307}{\text{本期利润分配数}} \left(\underset{7\,752\,006}{\text{中国ABC向外部股东分配的股利}} + \underset{873\,301}{\text{提取的盈余公积}} \right)$$

$= 8\,002\,128$（千元）

合并利润表本年累计的"净利润"$= 8\,002\,128$（千元）

验证结果证明，在合并范围增加时，初次编制合并财务报表时，上述等式是成立的。

表 10-20　合并现金流量表工作底稿

货币单位：人民币千元

项目	中国 ABC	河南 ABC	山东 ABC	湖北 ABC	合计金额	调整 借方	调整 贷方	合并金额
一、经营活动产生的现金流量								
销售商品、提供劳务收到的现金	8 739 809				8 739 809			8 739 809
收到的税费返还					0			0
收到的其他与经营活动有关的现金	159 257				159 257			159 257
经营活动现金流入小计	8 899 066	0	0	0	8 899 066	0	0	8 899 066
购买商品、接受劳务支付的现金	1 552 939				1 552 939			1 552 939
支付给职工以及为职工支付的现金	3 512 503				3 512 503			3 512 503
支付的各种税费	3 464 956				3 464 956			3 464 956
支付的其他与经营活动有关的现金	155 750				155 750			155 750
经营活动现金流出小计	8 686 148	0	0	0	8 686 148	0	0	8 686 148
经营活动产生的现金流量净额	212 918	0	0	0	212 918	0	0	212 918
二、投资活动产生的现金流量								
收回投资收到的现金	9 637 078				9 637 078			9 637 078
取得投资收益所收到的现金	0				0			0
处置固定资产、无形资产和其他长期资产收回的现金净额	74				74			74
处置子公司及其他营业单位收到的现金净额	0				0			0
收到的其他与投资活动有关的现金	5 447				5 447			5 447
投资活动现金流入小计	9 642 599	0	0	0	9 642 599	0	0	9 642 599

项目							
购建固定资产、无形资产和其他长期资产支付的现金							0
投资支付的现金							0
取得子公司及其他营业单位支付的现金净额	1 753 028				254 151		1 498 877
支付的其他与投资活动有关的现金							0
投资活动现金流出小计	1 753 028	0			254 151	0	1 498 877
投资活动产生的现金流量净额	7 889 571	0			−254 151		8 143 722
三、筹资活动产生的现金流量							
吸收投资所收到的现金			0				0
取得借款收到的现金			0				0
收到的其他与筹资活动有关的现金			0				0
筹资活动现金流入小计			0				0
偿还债务所支付的现金	7 751 997						7 751 997
分配股利、利润和偿付利息支付的现金					0		0
支付的其他与筹资活动有关的现金							0
筹资活动现金流出小计	7 751 997				0		7 751 997
筹资活动产生的现金流量净额	−7 751 997				0		−7 751 997
四、汇率变动对现金的影响							0
五、现金及现金等价物净增加额	350 492	498	0	0	−254 151	0	604 643
加：期初现金及现金等价物余额	15 052 964	62 327	191 326				15 307 115
六、期末现金及现金等价物余额	15 403 456	62 825	191 326	0	−254 151	0	15 911 758

表 10-21　合并现金流量表

编制单位：中国ABC酒业有限公司　　　　日期：2×10年9月　　　　货币单位：人民币千元

项目	1~9月	10~12月	本年累计
一、经营活动产生的现金流量			
销售商品、提供劳务收到的现金	8 739 809		8 739 809
收到的税费返还	0		0
收到的其他与经营活动有关的现金	159 257		159 257
经营活动现金流入小计	8 899 066	0	8 899 066
购买商品、接受劳务支付的现金	1 552 939		1 552 939
支付给职工以及为职工支付的现金	3 512 503		3 512 503
支付的各种税费	3 464 956		3 464 956
支付的其他与经营活动有关的现金	155 750		155 750
经营活动现金流出小计	8 686 148	0	8 686 148
经营活动产生的现金流量净额	212 918	0	212 918
二、投资活动产生的现金流量			
收回投资收到的现金	9 637 078		9 637 078
取得投资收益所收到的现金	0		0
处理固定资产、无形资产和其他长期资产收回的现金净额	74		74
处置子公司及其他营业单位收到的现金净额	0		0
收到的其他与投资活动有关的现金	5 447		5 447
投资活动现金流入小计	9 642 599	0	9 642 599

购建固定资产、无形资产和其他长期资产支付的现金	0	0
投资支付的现金	0	0
取得子公司及其他营业单位支付的现金净额	1 498 877	1 498 877
支付的其他与投资活动有关的现金	0	0
投资活动现金流出小计	1 498 877	1 498 877
投资活动产生的现金流量净额	8 143 722	8 143 722
三、筹资活动产生的现金流量		
吸收投资所收到的现金	0	0
取得借款所收到的现金	7 751 997	7 751 997
收到的其他与筹资活动有关的现金	0	0
筹资活动现金流入小计	7 751 997	7 751 997
偿还债务所支付的现金	0	0
分配股利、利润和偿付利息支付的现金	7 751 997	7 751 997
支付的其他与筹资活动有关的现金	0	0
筹资活动现金流出小计	7 751 997	7 751 997
筹资活动产生的现金流量净额	−7 751 997	−7 751 997
四、汇率变动对现金及现金等价物的影响		
五、现金及现金等价物净增加额	604 643	604 643
加：期初现金及现金等价物余额	15 052 964	15 052 964
六、期末现金及现金等价物余额	15 657 607	15 657 607

表 10-22　合并所有者权益变动表

编制单位：中国 ABC 酒业有限公司　　　　　　　　　　　　　　　日期：2×10 年 9 月 30 日

项目	行次	实收资本（或股本）	其他权益工具			资本公积	减：库存股	其他综合收益	盈余公积	未分配利润	少数股东权益	所有者权益合计
			优先股	永续债	其他							
						本年金额						
一、上年年末余额	1	1 256 197				1 374 303			6 210 524	25 462 265		34 303 289
加：会计政策变更	2											
前期差错更正	3											
其他	4											
二、本年年初余额（5=1+2+3+4）	5	1 256 197				1 374 303			6 210 524	25 462 265		34 303 289
三、本年增减变动金额（减少以"-"号填列）（6=7+8+13+17）	6								873 301	−623 179	358 594	608 716
（一）综合收益总额	7									8 002 128		
（二）所有者投入和减少资本（8=9+10+11+12）	8										358 594	
1. 所有者投入的普通股	9											
2. 其他权益工具持有者投入资本	10											
3. 股份支付计入所有者权益的金额	11											
4. 其他	12										358 594	

(三) 利润分配 (13=14+15+16)	13			873 301	-8 625 307	—	-7 752 006
1. 提取盈余公积	14			873 301	-873 301		
2. 对所有者 (或股东) 的分配	15				-7 752 006		-7 752 006
3. 其他	16						
(四) 所有者权益内部结转 (17=18+19+20+21+22)	17						
1. 资本公积转增资本 (或股本)	18						
2. 盈余公积转增资本 (或股本)	19						
3. 盈余公积弥补亏损	20						
4. 设定受益计划变动额结转留存收益	21						
5. 其他	22						
四、本年年末余额 (23=5+6)	23	1 256 197	1 374 303	7 083 825	24 839 086	358 594	34 912 005

2. 合并所有者权益变动表与合并资产负债表、合并利润表的勾稽关系

首先，所有者权益变动表中所有者权益各项目的上年末余额，一定等于资产负债表的本年年初余额，并且本年末余额一定等于资产负债表的本年期末余额。

其次，第 6 行 "（一）净利润" 的第 5 列 "未分配利润" 共同指向的单元格数据，一定等于利润表的本年累计净利润。

合并财务报表时，这两个条件都是成立的。因为合并所有者权益变动表，本质就是反映一定期间合并资产负债表所有者权益项目的变动，第一个条件是变动的结果，第二个条件是变动过程的一部分。合并范围不变时，这个条件成立，这很容易理解；合并范围增加时，前面已经用数据验证过，初次编制合并财务报表时是成立的。连续编制合并财务报表、合并范围减少时，这个条件是否成立，我们将在接下来的内容中用数据来验证。

3. 合并资产负债表与合并现金流量表的勾稽关系

单体资产负债表与现金流量表的勾稽关系为：

$$\text{资产负债表中的"货币资金"项目期末数} - \text{期初数} = \text{可比期间现金流量表的"现金及现金等价物净增加额"项目}$$

编制合并财务报表时，如果取数期间内合并范围不变，上述等式是成立的，因为在合并的过程中虽有抵销内部的资金流动，但是抵销的只是发生额，所以并没有影响现金流量的净增加额。

如果取数期间内合并范围增加，这个等式依然成立。

我们来看一下中国 ABC 酒业有限公司 2×10 年 $1 \sim 9$ 月的合并现金流量表，这是初次编制，合并范围增加了，我们用数据验证：

$$\text{资产负债表中的"货币资金"项目期末数} - \text{期初数} = 15\,657\,607 - 15\,052\,964$$

$$= 604\,643 = \text{可比期间现金流量表的"现金及现金等价物净增加额"}$$

连续编制合并财务报表，合并范围减少时，这个等式依然会成立，我们将在接下来的内容中用数据来验证。

10.7.2 后续会计期间的合并

10.7.2.1 长期股权投资、投资收益抵销

【案例 10-2】截至 2×10 年 12 月 31 日，母公司中国 ABC 酒业有限公司长期股权投资备查账记录如表 10-23 所示（货币单位：人民币千元，下同）。

中国 ABC 酒业有限公司的投资收益与山东 ABC 酒业有限公司的利润分配数据核对相符，在"抵销 1"表（即合并资产负债表的抵销分录列表）编制的抵销分录如表 10-24 所示。

10.7.2.2 内部债权债务及应收项目减值损失的抵销处理

内部债权债务及应收项目减值损失，根据期末账簿记录的余额列示即可，无须记录备查账，因为这些数据很容易取得，记录备查账只会增加不必要的工作量。但是在填列合并辅助资料之前，有内部债权债务余额的双方单位要互相核对，若有差异，必须找出差额及其原因。

（1）中国 ABC 酒业有限公司提交的期末内部债权债务余额及应收项目减值损失辅助资料如表 10-25 所示。

从表 10-25 可以看出，中国 ABC 酒业有限公司其他应付款余额与对方单位河南 ABC 酒业有限公司存在差异。

（2）河南 ABC 酒业有限公司提交的期末内部债权债务余额及应收项目减值损失辅助资料如表 10-26 所示。

从表 10-26 可以看出，河南 ABC 酒业有限公司与对方单位中国 ABC 酒业有限公司其他应付款余额存在差异，而且差异金额一致。

（3）山东 ABC 酒业有限公司提交的期末内部债权债务余额及应收项目减值损失辅助资料如表 10-27 所示。

（4）湖北 ABC 酒业有限公司提交的期末内部债权债务余额及应收项目减值损失辅助资料如表 10-28 所示。

母公司中国 ABC 酒业有限公司在"抵销 1"表（即合并资产负债表的抵销分录列表）编制的抵销分录如表 10-29 所示。

从表 10-29"抵销 1"表（即合并资产负债表的抵销分录列表）中可以看出，对于河南 ABC 酒业有限公司与对方单位中国 ABC 酒业有限公司其他应付款余额的差异，视同"未达账项"，暂时不处理。

表 10-23

被投资方名称	投资日期	投资成本	持股比例	是否并表	实收资本	资本公积	盈余公积	未分配利润	所有者权益合计	商誉	投资收益
河南 ABC	2×100930	1	100.00%	是	177 408	257 935	5 861	−445 386	−4 182	4 183	
山东 ABC	2×100930	1 254 600	80.00%	是	324 929	1 161 260	129 354	177 427	1 792 970	−179 776	
山东 ABC	2×101123										4 844
湖北 ABC	2×100930	498 427	100.00%	是	263 758	24 060	51 035	159 574	498 427	0	

表 10-24

序号	摘要	报表项目	借方金额	贷方金额	关联公司
	合计		2 116 466	2 116 466	
1	中国 ABC 对河南 ABC 长期股权投资抵销	实收资本	177 408		中国 ABC& 河南 ABC
2		资本公积	257 935		中国 ABC& 河南 ABC
3		盈余公积	5 861		中国 ABC& 河南 ABC
4		未分配利润	−445 386		中国 ABC& 河南 ABC
5		商誉	4 183		中国 ABC& 河南 ABC
6		长期股权投资		1	中国 ABC& 河南 ABC
7	中国 ABC 对山东 ABC 长期股权投资抵销	实收资本	324 929		中国 ABC& 山东 ABC
8		资本公积	1 161 260		中国 ABC& 山东 ABC
9		盈余公积	129 354		中国 ABC& 山东 ABC
10		未分配利润	177 427		中国 ABC& 山东 ABC
11		商誉	−179 776		中国 ABC& 山东 ABC
12		长期股权投资		1 254 600	中国 ABC& 山东 ABC
13		少数股东权益		358 594	中国 ABC& 山东 ABC
14	中国 ABC 对湖北 ABC 长期股权投资抵销	实收资本	263 758		中国 ABC& 湖北 ABC
15		资本公积	24 060		中国 ABC& 湖北 ABC
16		盈余公积	51 035		中国 ABC& 湖北 ABC
17		未分配利润	159 574		中国 ABC& 湖北 ABC
18		长期股权投资		498 427	中国 ABC& 湖北 ABC
19	中国 ABC 对山东 ABC 投资收益与利润分配抵销	投资收益	4 844		中国 ABC& 山东 ABC
20		未分配利润		4 844	中国 ABC& 山东 ABC

表 10-25　中国 ABC

项目	应收票据及应收账款 借方	应收票据及应收账款 贷方	其他应收款 借方	其他应收款 贷方	应付票据及应付账款 借方	应付票据及应付账款 贷方	其他应付款 借方	其他应付款 贷方	余额合计 应收+/应付-	对方余额	核对结果	差额	资产减值损失
中国 ABC													
河南 ABC								990	-990	0	NO	-990	
山东 ABC	1 199 253								1 199 253	-1 199 253	NO		11 993
湖北 ABC											OK		

表 10-26　河南 ABC

项目	应收票据及应收账款 借方	应收票据及应收账款 贷方	其他应收款 借方	其他应收款 贷方	应付票据及应付账款 借方	应付票据及应付账款 贷方	其他应付款 借方	其他应付款 贷方	余额合计 应收+/应付-	对方余额	核对结果	差额	资产减值损失
中国 ABC										-990	NO	-990	
河南 ABC													
山东 ABC											OK		
湖北 ABC											OK		1 311

表 10-27　湖北 ABC

项目	应收票据及应收账款 借方	应收票据及应收账款 贷方	其他应收款 借方	其他应收款 贷方	应付票据及应付账款 借方	应付票据及应付账款 贷方	其他应付款 借方	其他应付款 贷方	余额合计 应收+/应付-	对方余额	核对结果	差额	资产减值损失
中国 ABC											OK		
河南 ABC						87 417			-87 417	87 417	OK		
山东 ABC											OK		
湖北 ABC	87 417								87 417	-87 417	OK		

表 10-28　山东 ABC

项目	应收票据及应收账款 借方	应收票据及应收账款 贷方	其他应收款 借方	其他应收款 贷方	应付票据及应付账款 借方	应付票据及应付账款 贷方	其他应付款 借方	其他应付款 贷方	余额合计 应收+/应付-	对方余额	核对结果	差额	资产减值损失
中国 ABC						1 199 253			-1 199 253	1 199 253	OK		
河南 ABC											OK		
山东 ABC													
湖北 ABC											OK		

表 10-29

合计			3 416 440	3 416 440	
序号	摘要	报表项目	借方金额	贷方金额	关联公司
1	中国 ABC 对河南 ABC 长期股权投资抵销	实收资本	177 408		中国 ABC& 河南 ABC
2		资本公积	257 935		中国 ABC& 河南 ABC
3		盈余公积	5 861		中国 ABC& 河南 ABC
4		未分配利润	−445 386		中国 ABC& 河南 ABC
5		商誉	4 183		中国 ABC& 河南 ABC
6		长期股权投资		1	中国 ABC& 河南 ABC
7	中国 ABC 对山东 ABC 长期股权投资抵销	实收资本	324 929		中国 ABC& 山东 ABC
8		资本公积	1 161 260		中国 ABC& 山东 ABC
9		盈余公积	129 354		中国 ABC& 山东 ABC
10		未分配利润	177 427		中国 ABC& 山东 ABC
11		商誉	−179 776		中国 ABC& 山东 ABC
12		长期股权投资		1 254 600	中国 ABC& 山东 ABC
13		少数股东权益		358 594	中国 ABC& 山东 ABC
14	中国 ABC 对湖北 ABC 长期股权投资抵销	实收资本	263 758		中国 ABC& 湖北 ABC
15		资本公积	24 060		中国 ABC& 湖北 ABC
16		盈余公积	51 035		中国 ABC& 湖北 ABC
17		未分配利润	159 574		中国 ABC& 湖北 ABC
18		长期股权投资		498 427	中国 ABC& 湖北 ABC
19	中国 ABC 对山东 ABC 投资收益与利润分配抵销	投资收益	4 844		中国 ABC& 山东 ABC
20		未分配利润		4 844	中国 ABC& 山东 ABC
21	中国 ABC 对山东 ABC 债权债务抵销	应付票据及应付账款	1 199 253		中国 ABC& 山东 ABC
22		应收票据及应收账款		1 199 253	中国 ABC& 山东 ABC
23	中国 ABC 对山东 ABC 应收项目计提减值损失抵销	应收票据及应收账款	11 993		中国 ABC& 山东 ABC
24		资产减值损失		11 993	中国 ABC& 山东 ABC
25	河南 ABC 对湖北 ABC 债权债务抵销	应付票据及应付账款	87 417		河南 ABC& 湖北 ABC
26		应收票据及应收账款		87 417	河南 ABC& 湖北 ABC
27	河南 ABC 对湖北 ABC 应收项目计提减值损失抵销	应收票据及应收账款	1 311		河南 ABC& 湖北 ABC
28		资产减值损失		1 311	河南 ABC& 湖北 ABC

10.7.2.3 内部购销业务抵销

（1）截至 2×10 年 12 月 31 日，母公司中国 ABC 酒业有限公司存货的备查账记录如表 10-30 所示。

母公司中国 ABC 酒业有限公司填写的内部购销合并辅助资料如表 10-31 所示。

购入方山东 ABC 酒业有限公司提交的内部购销辅助资料如表 10-32 所示。

购买方山东 ABC 酒业有限公司提交的内部购销辅助资料与销售方的核对相符。

①期末存货中包含的未实现内部销售利润
=（内部销售金额－结转的成本金额）÷ 内部销售金额
　× 期末未实现对外销售金额
=（1 276 927－751 557）÷ 1 276 927 × 116 418
= 47 898（千元）

②期末计提的资产减值损失 = 14 018（千元）

期末未实现对外销售存货的实际成本[注]
= 存货余额－期末存货未实现内部销售利润
= 116 418－47 898
= 68 520（千元）＞ 期末计提的资产减值损失 14 018（千元）

说明购买方山东 ABC 酒业有限公司就该内部购销存货计提的资产减值损失，仍然低于销售方对应的按照比例计算得出的销售成本，该项资产减值损失非真正意义上的减值损失，即销售方采购成本－期末可变现净值，只是站在购买方山东 ABC 酒业有限公司的角度认为需要计提的，站在集团整体的角度并不需要计提。

真正意义上的资产减值损失，无论存货的归属都要计提的，合并时不需要做抵销处理，而因存在"未实现内部销售利润"计提的减值损失，则需要进行全额抵销处理。

（2）河南 ABC 酒业有限公司存货的备查账记录如表 10-33 所示。

销售方河南 ABC 酒业有限公司填写的内部购销合并辅助资料如表 10-34 所示。

[注] 销售方成本。

表 10-30

存货名称	规格型号	开票月份	销售单位	收入金额（不含税）	成本	购买单位	购入金额（不含税）	入账月份	已累计实现对外销售
白酒	101	2×1010	中国 ABC	56 980	22 792	山东 ABC	56 980	2×1010	
白酒	102	2×1012	中国 ABC	71 000	31 950	山东 ABC	71 000	2×1012	
白酒	103	2×1011	中国 ABC	150 600	67 770	山东 ABC	150 600	2×1011	
白酒	105	2×1012	中国 ABC	180 700	81 315	山东 ABC	180 700	2×1012	
白酒	108	2×1010	中国 ABC	65 000	29 250	山东 ABC	65 000	2×1010	
红酒	210	2×1010	中国 ABC	389 740	233 844	山东 ABC	389 740	2×1010	
黄酒	320	2×1010	中国 ABC	56 900	39 830	山东 ABC	56 900	2×1010	
啤酒	401	2×1011	中国 ABC	50 007	40 006	山东 ABC	50 007	2×1011	
啤酒	402	2×1011	中国 ABC	256 000	204 800	山东 ABC	256 000	2×1011	
小计				1 276 927	751 557				0

表 10-31

开票月份	销售单位	收入金额	成本	购买单位	购入金额	入账月份
2×10Q4	中国 ABC	1 276 927	751 557	山东 ABC	1 276 927	2×10Q4

表 10-32

开票月份	销售单位	收入金额	购买单位	购入金额	已累计实现对外销售	尚未实现对外销售	减值损失
2×10Q4	中国 ABC	1 276 927	山东 ABC	1 276 927	1 160 509	116 418	14 018

表 10-33

存货名称	规格型号	开票月份	销售单位	收入金额	成本	购买单位	购入金额	入账月份
啤酒	401	2×10Q1	河南 ABC	72 300	39 765	湖北 ABC	72 300	2×10Q1
啤酒	402	2×10Q1	河南 ABC	15 600	8 580	湖北 ABC	15 600	2×10Q1
小计				87 900	48 345		87 900	

表 10-34

开票月份	销售单位	收入金额	成本	购买单位	购入金额	入账月份
2×10Q4	河南 ABC	87 900	48 345	湖北 ABC	87 900	2×10Q4

购买方湖北 ABC 酒业有限公司填写的内部购销合并辅助资料如表 10-35 所示。

表 10-35

开票月份	销售单位	收入金额	成本	购买单位	购入金额	入账月份	已累计实现对外销售	尚未实现对外销售
2×10Q4	河南 ABC	87 900	48 345	湖北 ABC	87 900	2×10Q4	87 900	0

购买方山东 ABC 酒业有限公司提交的内部购销辅助资料与销售方的核对相符。

本期除上述（1）（2）项外，无其他内部存货的购销业务，母公司中国 ABC 酒业有限公司在"抵销 2"表（即合并利润表的抵销分录列表）编制的抵销分录如表 10-36 所示。

10.7.2.4　内部固定资产交易抵销

母公司中国 ABC 酒业有限公司期末的备查账记录如表 10-37 所示。

本项交易中：

$$未实现内部销售利润 = 内部销售金额 - 固定资产账面净值$$
$$= 455 - (500 - 95)$$
$$= 50（千元）$$

山东 ABC 酒业有限公司期末提交的合并辅助资料如表 10-38 所示。

与销售方母公司中国 ABC 酒业有限公司的备查账记录核对相符。

表 10-36

序号	摘要	报表项目	借方	贷方	关联公司
	合计		1 426 743	1 426 743	
1	中国 ABC 对山东 ABC 本期内部购销业务抵销	营业收入	1 276 927		中国 ABC& 山东 ABC
2		营业成本		1 276 927	中国 ABC& 山东 ABC
3	中国 ABC 对山东 ABC 本期内部购销期末存货中包含的未实现内部利润抵销	营业成本	47 898		中国 ABC& 山东 ABC
4		存货		47 898	中国 ABC& 山东 ABC
5	中国 ABC 对山东 ABC 本期内部购销期末存货计提的资产减值损失抵销	存货	14 018		中国 ABC& 山东 ABC
6		资产减值损失		14 018	中国 ABC& 山东 ABC
7	河南 ABC 对湖北 ABC 本期内部购销业务抵销	营业收入	87 900		河南 ABC& 湖北 ABC
8		营业成本		87 900	河南 ABC& 湖北 ABC

表 10-37

资产名称	规格型号	销售月份	销售单位	固定资产原值	累计折旧	销售金额	购买单位
小轿车	奥迪 A6	2×10010	中国 ABC	500	95	455	山东 ABC

表 10-38

销售月份	销售单位	固定资产原值	累计折旧	销售金额	购买单位	购入金额	入账月份	本月折旧	费用入账科目	购入后累计计提
2×10010	中国 ABC	500	95	455	山东 ABC	455	2×10010	9	管理费用	18

累计折旧中包含的未实现内部销售利润的计算公式：

购入后累计计提的折旧中包含的未实现内部销售利润

= 累计折旧 ÷ 固定资产购入金额 × 内部交易中未实现内部销售利润

= 18 ÷ 455 × 50

= 2（千元）

请注意：内部固定资产交易的合并辅助资料，由购入方负责填写并提交。

根据上述资料,母公司在"抵销 2"表(即合并利润表的抵销分录列表)编制的抵销分录如表 10-39 所示。

表 10-39

合计　　　　　1 426 795　　1 426 795

序号	摘要	报表项目	借方	贷方	关联公司
1	中国 ABC 对山东 ABC 本期内部购销业务抵销	营业收入	1 276 927		中国 ABC& 山东 ABC
2		营业成本		1 276 927	中国 ABC& 山东 ABC
3	中国 ABC 对山东 ABC 本期内部购销期末存货中包含的未实现内部利润抵销	营业成本	47 898		中国 ABC& 山东 ABC
4		存货		47 898	中国 ABC& 山东 ABC
5	中国 ABC 对山东 ABC 本期内部购销期末存货计提的资产减值损失抵销	存货	14 018		中国 ABC& 山东 ABC
6		资产减值损失		14 018	中国 ABC& 山东 ABC
7	河南 ABC 对湖北 ABC 本期内部购销业务抵销	营业收入	87 900		河南 ABC& 湖北 ABC
8		营业成本		87 900	河南 ABC& 湖北 ABC
9	中国 ABC 对山东 ABC 本期内部固定资产交易中包含的未实现内部利润抵销	营业外收入	50		中国 ABC& 山东 ABC
10		固定资产		50	中国 ABC& 山东 ABC
11	中国 ABC 对山东 ABC 本期内部固定资产交易计提的折旧中包含的未实现利润抵销	固定资产	2		中国 ABC& 山东 ABC
12		管理费用		2	中国 ABC& 山东 ABC

10.7.2.5　内部无形资产交易抵销

母公司中国 ABC 酒业有限公司期末的备查账记录如表 10-40 所示。

表 10-40 （续）

资产名称	销售月份	销售单位	无形资产原值	累计摊销	销售金额	购买单位	购入金额	入账月份
商标	2×10010	中国 ABC	5 000	250	4 900	山东 ABC	4 900	2×10010

本项交易中：

未实现内部销售利润 = 内部销售金额 - 无形资产账面净值

= 4 900 - (5 000 - 250)

= 150（千元）

购买方山东 ABC 酒业有限公司期末提交的合并辅助资料如表 10-41 所示。

表 10-41

资产名称	销售月份	销售单位	无形资产原值	累计摊销	销售金额	购买单位	购入金额	入账月份	本期摊销	费用入账科目	购入后累计摊销
商标	2×10010	中国 ABC	5 000	250	4 900	山东 ABC	4 900	2×10010	65	销售费用	65

购入后累计摊销的无形资产中包含的未实现内部销售利润

= 累计摊销 ÷ 无形资产购入金额 × 内部交易中未实现内部销售利润

= 65 ÷ 4 900 × 150

= 2（千元）

请注意：内部无形资产交易的合并辅助资料，由购入方负责填写并提交。

根据上述资料，母公司在"抵销 2"表（即合并利润表的抵销分录列表）编制的抵销分录如表 10-42 所示。

10.7.2.6 内部特殊业务抵销

（1）母公司中国 ABC 酒业有限公司期末的备查账记录如表 10-43 所示。

付款方河南 ABC 酒业有限公司期末提交的合并辅助资料如表 10-44 所示。

与母公司中国 ABC 酒业有限公司期末的备查账记录核对相符。

（2）母公司中国 ABC 酒业有限公司期末的备查账记录如表 10-45 所示。

付款方山东 ABC 酒业有限公司期末提交的合并辅助资料如表 10-46 所示。

表 10-42

序号	摘要	报表项目	借方	贷方	关联公司
	合计		1 426 947	1 426 947	
1	中国 ABC 对山东 ABC 本期内部购销业务抵销	营业收入	1 276 927		中国 ABC& 山东 ABC
2		营业成本		1 276 927	中国 ABC& 山东 ABC
3	中国 ABC 对山东 ABC 本期内部购销期末存货中包含的未实现内部利润抵销	营业成本	47 898		中国 ABC& 山东 ABC
4		存货		47 898	中国 ABC& 山东 ABC
5	中国 ABC 对山东 ABC 本期内部购销期末存货计提的资产减值损失抵销	存货	14 018		中国 ABC& 山东 ABC
6		资产减值损失		14 018	中国 ABC& 山东 ABC
7	河南 ABC 对湖北 ABC 本期内部购销业务抵销	营业收入	87 900		河南 ABC& 湖北 ABC
8		营业成本		87 900	河南 ABC& 湖北 ABC
9	中国 ABC 对山东 ABC 本期内部固定资产交易中包含的未实现内部利润抵销	营业外收入	50		中国 ABC& 山东 ABC
10		固定资产		50	中国 ABC& 山东 ABC
11	中国 ABC 对山东 ABC 本期内部固定资产交易计提的折旧中包含的未实现利润抵销	固定资产	2		中国 ABC& 山东 ABC
12		管理费用		2	中国 ABC& 山东 ABC
13	中国 ABC 对山东 ABC 本期内部无形资产交易中包含的未实现内部利润抵销	营业外收入	150		中国 ABC& 山东 ABC
14		无形资产		150	中国 ABC& 山东 ABC
15	中国 ABC 对山东 ABC 本期内部无形资产交易摊销的金额中包含的未实现利润抵销	无形资产	2		中国 ABC& 山东 ABC
16		销售费用		2	中国 ABC& 山东 ABC

表 10-43

业务期间	业务描述	收款单位	入账科目	借方金额	贷方金额	付款单位
2×10Q4	承担总公司管理费	中国ABC	银行存款	990		河南ABC
			其他应付款		990	

表 10-44

业务期间	业务描述	收款单位	入账科目	借方金额	贷方金额	付款单位	入账科目	借方金额	贷方金额
2×10Q4	承担总公司管理费	中国ABC	银行存款	990		河南ABC	管理费用	990	
			其他应付款		990		银行存款		990

表 10-45

业务期间	业务描述	收款单位	入账科目	借方金额	贷方金额	付款单位
2×10Q4	收费使用无形资产	中国ABC	银行存款	300		山东ABC
			营业外收入		300	

表 10-46

业务期间	业务描述	收款单位	入账科目	借方金额	贷方金额	付款单位	入账科目	借方金额	贷方金额
2×10Q4	收费使用无形资产	中国ABC	银行存款	300		山东ABC	管理费用	300	
			营业外收入		300		银行存款		300

与母公司中国ABC酒业有限公司期末的备查账记录核对相符。

请注意：内部特殊交易的合并辅助资料，由购入方或付款方负责填写并提交。

根据上述资料，母公司在"抵销2"表（即合并利润表的抵销分录列表）编制的抵销分录如表10-47所示。

读到这里有心的读者早就应该有疑问了：抵销分录同时有资产负债表和利润表项目时，为什么在"抵销2"表（即合并利润表的抵销分录列表）中编制抵销分录，而不在"抵销1"表（即合并资产负债表的抵销分录列表）中编制呢？

表 10-47

序号	摘要	报表项目	借方	贷方	关联公司
	合计		1 428 237	1 428 237	
1	中国 ABC 对山东 ABC 本期内部购销业务抵销	营业收入	1 276 927		中国 ABC& 山东 ABC
2		营业成本		1 276 927	中国 ABC& 山东 ABC
3	中国 ABC 对山东 ABC 本期内部购销期末存货中包含的未实现内部利润抵销	营业成本	47 898		中国 ABC& 山东 ABC
4		存货		47 898	中国 ABC& 山东 ABC
5	中国 ABC 对山东 ABC 本期内部购销期末存货计提的资产减值损失抵销	存货	14 018		中国 ABC& 山东 ABC
6		资产减值损失		14 018	中国 ABC& 山东 ABC
7	河南 ABC 对湖北 ABC 本期内部购销业务抵销	营业收入	87 900		河南 ABC& 湖北 ABC
8		营业成本		87 900	河南 ABC& 湖北 ABC
9	中国 ABC 对山东 ABC 本期内部固定资产交易中包含的未实现内部利润抵销	营业外收入	50		中国 ABC& 山东 ABC
10		固定资产		50	中国 ABC& 山东 ABC
11	中国 ABC 对山东 ABC 本期内部固定资产交易计提的折旧中包含的未实现利润抵销	固定资产	2		中国 ABC& 山东 ABC
12		管理费用		2	中国 ABC& 山东 ABC
13	中国 ABC 对山东 ABC 本期内部无形资产交易中包含的未实现内部利润抵销	营业外收入	150		中国 ABC& 山东 ABC
14		无形资产		150	中国 ABC& 山东 ABC
15	中国 ABC 对山东 ABC 本期内部无形资产交易摊销的金额中包含的未实现利润抵销	无形资产	2		中国 ABC& 山东 ABC
16		销售费用		2	中国 ABC& 山东 ABC

(续)

	合计		1 428 237	1 428 237	
序号	摘要	报表项目	借方	贷方	关联公司
17	中国 ABC 对河南 ABC 特殊业务抵销	其他应付款	990		中国 ABC& 河南 ABC
18		管理费用		990	中国 ABC& 河南 ABC
19	中国 ABC 对山东 ABC 特殊业务抵销	营业外收入	300		中国 ABC& 山东 ABC
20		管理费用		300	中国 ABC& 山东 ABC

我们在设计工作底稿文件时，把合并工作底稿分开成三个：合并资产负债表与合并所有者权益变动表、合并利润表和合并现金流量表。在合并过程中，"抵销 1"表（即合并资产负债表的抵销分录列表）的数据过入合并资产负债表工作底稿，"抵销 2"表（即合并利润表的抵销分录列表）的数据过入合并利润表工作底稿，"抵销 3"表（即合并现金流量表的抵销分录列表）的数据过入合并现金流量表工作底稿，合并所有者权益变动表根据合并后的资产负债表数据倒推得出。

由于合并现金流量表数据相对独立，与合并资产负债表和合并利润表数据没有交叉，这样处理对合并现金流量表的合并没有任何影响。但是合并资产负债表和合并利润表数据确实密切关联，会经常出现同一个合并抵销分录中，既有合并资产负债表的报表项目，也有合并利润表的报表项目，要在哪张抵销分录列表上编制这类抵销分录呢？

我们来回顾一下，在 5.2.2 节中，因为同一个合并抵销分录中，既有合并资产负债表的报表项目，也有合并利润表的报表项目，我们最初将合并资产负债表的报表项目"存货"过入合并资产负债表的工作底稿，但是资产负债表不平衡，后来把"存货"的对方调整项目用"未分配利润"在工作底稿中匹配，才把合并资产负债表编制平衡。

其实，不止"存货"项目，其他资产负债项目也是如此。

我们要牢记：凡是抵销分录中，同一个合并抵销分录，既有合并资产负债表的报表项目，也有合并利润表的报表项目的，在过入合并资产负债表工作底稿时，资产项目或者负债项目的对方抵销项目，必须是"未分配利润"项目，该报表项目具有唯一性，无论在逻辑上，还是数据验证上都是正确的。

这是在本段要说明的主要问题。

把这类抵销分录放在哪个抵销分录列表中，完全根据个人的操作习惯而定，并没有对错之分。如果把这类抵销分录放在"抵销1"表（即合并资产负债表的抵销分录列表）中编制，我个人常犯的错误是会忘记本表中利润表项目的抵销数据过入合并利润表的工作底稿。为了减少出错，在案例演示中，我按照自己的习惯，在抵销分录同时有资产负债表和利润表项目时，在"抵销2"表（即合并利润表的抵销分录列表）中编制抵销分录。

10.7.2.7　七步法编制合并资产负债报表、合并利润表

1. "抵销1"表（即合并资产负债表的抵销分录列表）数据过入合并工作底稿

第一步，将合并主体的资产负债表过入工作底稿。由于"抵销1"表（即合并资产负债表的抵销分录列表）主要与合并资产负债表关联，所以我们先把这几个单体的资产负债表在合并工作底稿中列出来。具体如表10-48所示。

第二步，在"抵销分录列表"中编制抵销分录。抵销分录见10.7.2.2节，这里就不再重复列示了。

第三步，检查抵销分录借贷方金额合计数是否相等。本例中借贷方金额的合计数均为3 416 440千元，验证通过。

第四步，全部选定抵销分录列表，按照"报表项目"列排序，至于选择升序还是降序，根据个人的工作习惯而定。在编制抵销分录时，"借方金额"与"贷方金额"每个单元格必须是数值格式，而不能采用任何公式，否则会导致排序后的合计数额有误。参考排序选项如图10-8所示。

排序后的结果如表10-49所示。

第五步，分类汇总。分类字段选择"报表项目"，汇总方式选择"求和"，选定汇总项为"借方金额"与"贷方金额"，进行分类汇总。选项如图10-9所示。

汇总后的结果如表10-50所示。

为了避免数据干扰，我们选择只显示汇总项，即分类汇总后点击Excel左上角的数字"2"，得到的结果如表10-51所示。

表 10-48 合并资产负债表工作底稿

货币单位：人民币千元

项目	中国 ABC	河南 ABC	山东 ABC	湖北 ABC	合计	调整 借方	调整 贷方	合并金额
资产								
流动资产：								
货币资金	16 513 169	4 740	70 978	79 447	16 668 334			16 668 334
以公允价值计量且其变动计入当期损益的金融资产					0			0
应收账款	530 451	7 075	271 537		809 063			809 063
预付账款	824 617	1 045	5 767	329	831 758			831 758
其他应收款	770 593	1 072	280 138		1 051 803			1 051 803
存货	19 543 010	167 391	676 435	610 223	20 997 059			20 997 059
持有待售资产								
一年内到期的非流动资产			49 500		49 500			49 500
其他流动资产	5 021		136	193	5 350			5 350
流动资产合计	38 186 861	181 323	1 354 491	690 192	40 412 867	0	0	40 412 867
非流动资产：								
可供出售金融资产					0			0
持有至到期投资								
长期应收款								
长期股权投资	1 753 028				1 753 028			1 753 028
投资性房地产					0			0
固定资产	13 956 360	114 808	433 337		14 504 505			14 504 505
在建工程	2 735 160		6 182		2 741 342			2 741 342
生产性生物资产					0			0

(续)

项目	中国ABC	河南ABC	山东ABC	湖北ABC	合计	调整 借方	调整 贷方	合并金额
油气资产					0			0
无形资产	3 713 958	90 450	100 145		3 904 553			3 904 553
开发支出					0			0
商誉	310 195		12 707		322 902			322 902
长期待摊费用			103 043		103 043			103 043
递延所得税资产					0			0
其他非流动资产					0			0
非流动资产合计	22 468 701	205 258	655 414	0	23 329 373		0	23 329 373
资产总计	60 655 562	386 581	2 009 905	690 192	63 742 240		0	63 742 240
流动负债:								
短期借款		47 660		92 000	139 660			139 660
以公允价值计量且其变动计入当期损益的金融负债								
衍生金融负债								
应付票据及应付账款	1 110 375	41 646	14 894	2 566	1 169 481			1 169 481
预收款项	18 025 957	77 219	50		18 103 226			18 103 226
应付职工薪酬	1 578 625	4 839	24 204	519	1 608 187			1 608 187
应交税费	2 449 117	31 497	32 855	3 134	2 516 603			2 516 603
其他应付款	1 673 371	129 846	132 170	95 912	2 031 299			2 031 299
持有待售负债					0			0
一年内到期的非流动负债					0			0
其他流动负债					0			0
流动负债合计	24 837 445	332 707	204 173	194 131	25 568 456		0	25 568 456

项目	母公司	子公司A	子公司B	子公司C	子公司D	抵消调整	合并数
非流动负债:							
长期借款	15 570					4 300	4 300
应付债券							0
其中:优先股							
永续债							
长期应付款							0
预计负债						789	789
递延收益							0
递延所得税负债	16 236						0
其他非流动负债	15 570	16 236	6 450			38 256	38 256
非流动负债合计	24 853 015	348 943	210 623	5 089		43 345	43 345
负债合计	1 256 197	177 408	324 929	199 220	263 758	25 611 801	25 611 801
其他权益工具						2 022 292	2 022 292
其中:优先股							
永续债							
实收资本	1 374 303	306 074	1 161 260	24 060			
资本公积	7 135 649	5 861	132 352	51 035		2 865 697	2 865 697
减:库存股							0
其他综合收益							
盈余公积	26 036 398	−451 705	180 741	152 119		7 324 897	7 324 897
未分配利润	35 802 547	37 638	1 799 282	490 972		25 917 553	25 917 553
归属于母公司所有者权益合计	35 802 547	37 638	1 799 282	490 972		38 130 439	38 130 439
少数股东权益							0
所有者权益合计	60 655 562	386 581	2 009 905	690 192		38 130 439	38 130 439
负债和所有者权益总计						63 742 240	63 742 240

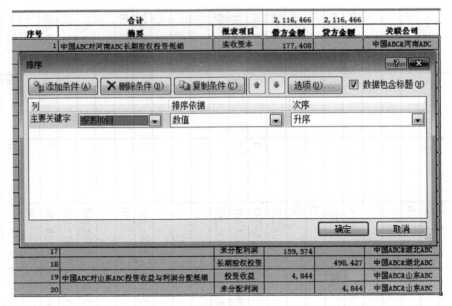

图 10-8

表 10-49

合计			3 416 440	3 416 440	
序号	摘要	报表项目	借方金额	贷方金额	关联公司
5		商誉	4 183		中国 ABC& 河南 ABC
11		商誉	−179 776		中国 ABC& 山东 ABC
13		少数股东权益		358 594	中国 ABC& 山东 ABC
1	中国 ABC 对河南 ABC 长期股权投资抵销	实收资本	177 408		中国 ABC& 河南 ABC
7	中国 ABC 对山东 ABC 长期股权投资抵销	实收资本	324 929		中国 ABC& 山东 ABC
14	中国 ABC 对湖北 ABC 长期股权投资抵销	实收资本	263 758		中国 ABC& 湖北 ABC
19	中国 ABC 对山东 ABC 投资收益与利润分配抵销	投资收益	4 844		中国 ABC& 山东 ABC
4		未分配利润	−445 386		中国 ABC& 河南 ABC
10		未分配利润	177 427		中国 ABC& 山东 ABC
17		未分配利润	159 574		中国 ABC& 湖北 ABC
20		未分配利润		4 844	中国 ABC& 山东 ABC

(续)

序号	摘要	报表项目	借方金额	贷方金额	关联公司
	合计		3 416 440	3 416 440	
3		盈余公积	5 861		中国 ABC& 河南 ABC
9		盈余公积	129 354		中国 ABC& 山东 ABC
16		盈余公积	51 035		中国 ABC& 湖北 ABC
21	中国 ABC 对山东 ABC 债权债务抵销	应付票据及应付账款	1 199 253		中国 ABC& 山东 ABC
25	河南 ABC 对湖北 ABC 债权债务抵销	应付票据及应付账款	87 417		河南 ABC& 湖北 ABC
22		应收票据及应收账款		1 199 253	中国 ABC& 山东 ABC
23	中国 ABC 对山东 ABC 应收项目计提减值损失抵销	应收票据及应收账款	11 993		中国 ABC& 山东 ABC
26		应收票据及应收账款		87 417	河南 ABC& 湖北 ABC
27	河南 ABC 对湖北 ABC 应收项目计提减值损失抵销	应收票据及应收账款	1 311		河南 ABC& 湖北 ABC
6		长期股权投资		1	中国 ABC& 河南 ABC
12		长期股权投资		1 254 600	中国 ABC& 山东 ABC
18		长期股权投资		498 427	中国 ABC& 湖北 ABC
2		资本公积	257 935		中国 ABC& 河南 ABC
8		资本公积	1 161 260		中国 ABC& 山东 ABC
15		资本公积	24 060		中国 ABC& 湖北 ABC
24		资产减值损失		11 993	中国 ABC& 山东 ABC
28		资产减值损失		1 311	河南 ABC& 湖北 ABC

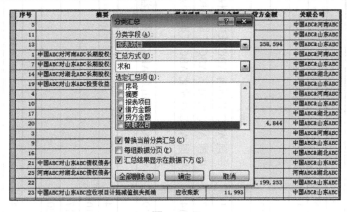

图 10-9

表 10-50

序号	摘要	报表项目	借方金额	贷方金额	关联公司
5		商誉	4 183		中国 ABC& 河南 ABC
11		商誉	-179 776		中国 ABC& 山东 ABC
		商誉 汇总	-175 593	0	
13		少数股东权益		358 594	中国 ABC& 山东 ABC
		少数股东权益 汇总	0	358 594	
1	中国 ABC 对河南 ABC 长期股权投资抵销	实收资本	177 408		中国 ABC& 河南 ABC
7	中国 ABC 对山东 ABC 长期股权投资抵销	实收资本	324 929		中国 ABC& 山东 ABC
14	中国 ABC 对湖北 ABC 长期股权投资抵销	实收资本	263 758		中国 ABC& 湖北 ABC
		实收资本 汇总	766 095	0	
19	中国 ABC 对山东 ABC 投资收益与利润分配抵销	投资收益	4 844		中国 ABC& 山东 ABC
		投资收益 汇总	4 844	0	
4		未分配利润	-445 386		中国 ABC& 河南 ABC
10		未分配利润	177 427		中国 ABC& 山东 ABC
17		未分配利润	159 574		中国 ABC& 湖北 ABC
20		未分配利润		4 844	中国 ABC& 山东 ABC
		未分配利润 汇总	-108 385	4 844	
3		盈余公积	5 861		中国 ABC& 河南 ABC
9		盈余公积	129 354		中国 ABC& 山东 ABC
16		盈余公积	51 035		中国 ABC& 湖北 ABC

序号	抵销事项	项目	借方	贷方	涉及公司
		盈余公积 汇总	186 250	0	
21	中国 ABC 对山东 ABC 债权债务抵销	应付票据及应付账款	1 199 253		中国 ABC& 山东 ABC
25	河南 ABC 对湖北 ABC 债权债务抵销	应付票据及应付账款	87 417		河南 ABC& 湖北 ABC
		应付票据及应付账款 汇总	1 286 670	0	
22	中国 ABC 对山东 ABC 应收项目计提减值损失抵销	应收票据及应收账款		1 199 253	中国 ABC& 山东 ABC
23	中国 ABC 对山东 ABC 应收项目计提减值损失抵销	应收票据及应收账款	11 993		中国 ABC& 山东 ABC
26	河南 ABC 对湖北 ABC 应收项目计提减值损失抵销	应收票据及应收账款		87 417	河南 ABC& 湖北 ABC
27	河南 ABC 对湖北 ABC 应收项目计提减值损失抵销	应收票据及应收账款	1 311		河南 ABC& 湖北 ABC
		应收票据及应收账款 汇总	13 304	1 286 670	
6		长期股权投资		1	中国 ABC& 河南 ABC
12		长期股权投资		1 254 600	中国 ABC& 山东 ABC
18		长期股权投资		498 427	中国 ABC& 湖北 ABC
		长期股权投资 汇总	0	1 753 028	
2		资本公积	257 935		中国 ABC& 河南 ABC
8		资本公积	1 161 260		中国 ABC& 山东 ABC
15		资本公积	24 060		中国 ABC& 湖北 ABC
		资本公积 汇总	1 443 255	0	
24		资产减值损失		11 993	中国 ABC& 山东 ABC
28		资产减值损失		1 311	河南 ABC& 湖北 ABC
		资产减值损失 汇总	0	13 304	
		总计	3 416 440	3 416 440	

表 10-51

序号	摘要	报表项目	借方金额	贷方金额	关联公司
		商誉汇总	−175 593	0	
		少数股东权益汇总	0	358 594	
		实收资本汇总	766 095	0	
		投资收益汇总	4 844	0	
		未分配利润汇总	−108 385	4 844	
		盈余公积汇总	186 250	0	
		应付票据及应付账款汇总	1 286 670	0	
		应收票据及应收账款汇总	13 304	1 286 670	
		长期股权投资汇总	0	1 753 028	
		资本公积汇总	1 443 255	0	
		资产减值损失汇总	0	13 304	
		总计	3 416 440	3 416 440	

第六步，把汇总的报表项目数据，分别过入合并工作底稿对应的调整单元格内。表 10-51 中有两行用灰底标注的数据，是合并利润表项目，在过入合并资产负债表工作底稿时，用"未分配利润"项目替代，这样就可以做到合并资产负债表的平衡。在编制合并利润表时，优先把表 10-51 中用灰底标注的数据过入工作底稿中。

为了减少错误，我个人的习惯是，把涉及长期股权投资与抵销收益、内部债权债务与对应计提的资产减值损失的抵销分录，在"抵销 1"表（即合并资产负债表的抵销分录列表）中编制，内部购销、固定资产、无形资产以及与之相关的各种减值损失和特殊业务等的抵销分录，在"抵销 2"表（即合并利润表的抵销分录列表）中编制。

"抵销 1"表（即合并资产负债表的抵销分录列表）数据过入工作完成，过入后的结果如表 10-52 所示。

合并资产负债表数据暂时告一段落，因为后续编制合并利润表时，还会涉及合并资产负债表部分项目的数据调整。第七步暂不处理。

2. "抵销 2"表（即合并利润表的抵销分录列表）数据过入合并工作底稿

第一步，将合并主体的利润表过入工作底稿，如表 10-53 所示。

表 10-52　合并资产负债表工作底稿

货币单位：人民币千元

项目	中国 ABC	河南 ABC	山东 ABC	湖北 ABC	合计	调整 借方	调整 贷方	合并金额
资产								
流动资产：								
货币资金	16 513 169	4 740	70 978	79 447	16 668 334			16 668 334
以公允价值计量且其变动计入当期损益的金融资产					0			0
应收票据及应收账款	530 451	7 075	271 537		809 063	13 304	1 286 670	−464 303
预付账款	824 617	1 045	5 767	329	831 758			831 758
其他应收款	770 593	1 072	280 138		1 051 803			1 051 803
存货	19 543 010	167 391	676 435	610 223	20 997 059			20 997 059
持有待售资产								
一年内到期的非流动资产			49 500		49 500			49 500
其他流动资产	5 021		136	193	5 350			5 350
流动资产合计	38 186 861	181 323	1 354 491	690 192	40 412 867	13 304	1 286 670	39 139 501
非流动资产：								
可供出售金融资产					0			0
持有至到期投资								
长期应收款								
长期股权投资	1 753 028				1 753 028		1 753 028	0
投资性房地产								
固定资产	13 956 360	114 808	433 337		14 504 505			14 504 505
在建工程	2 735 160		6 182		2 741 342			2 741 342
生产性生物资产								
油气资产								

(续)

项目	中国ABC	河南ABC	山东ABC	湖北ABC	合计	调整 借方	调整 贷方	合并金额
无形资产	3 713 958	90 450	100 145	0	3 904 553			3 904 553
开发支出					0			0
商誉	310 195		12 707		322 902	−175 593		147 309
长期待摊费用			103 043		103 043			103 043
递延所得税资产					0			0
其他非流动资产					0			0
非流动资产合计	22 468 701	205 258	655 414	0	23 329 373	−175 593	1 753 028	21 400 752
资产总计	60 655 562	386 581	2 009 905	690 192	63 742 240	−162 289	3 039 698	60 540 253
流动负债:								
短期借款		47 660		92 000	139 660			139 660
以公允价值计量且其变动计入当期损益的金融负债								
衍生金融负债								
应付票据及应付账款	1 110 375	41 646	14 894	2 566	1 169 481	1 286 670		−117 189
预收款项	18 025 957	77 219	50		18 103 226			18 103 226
应付职工薪酬	1 578 625	4 839	24 204	519	1 608 187			1 608 187
应交税费	2 449 117	31 497	32 855	3 134	2 516 603			2 516 603
其他应付款	1 673 371	129 846	132 170	95 912	2 031 299			2 031 299
持有待售负债					0			0
一年内到期的非流动负债					0			0
其他流动负债					0			0
流动负债合计	24 837 445	332 707	204 173	194 131	25 568 456	1 286 670	0	24 281 786
非流动负债:								

项目	(1)	(2)	(3)	(4)	(5)	(6)	(7)
长期借款	15 570				4 300		4 300
应付债券					0		0
其中：优先股							
永续债							
长期应付款	1 256 197				0		0
预计负债				789	789		789
递延收益					0		0
递延所得税负债					0		0
其他非流动负债	15 570	16 236	6 450		38 256		38 256
非流动负债合计	24 853 015	348 943	210 623	5 089	43 345	0	43 345
负债合计	1 256 197	177 408	324 929	199 220	25 611 801	1 286 670	24 325 131
实收资本	1 374 303	306 074	1 161 260	263 758	2 022 292	766 095	1 256 197
其他权益工具							
其中：优先股							
永续债							
资本公积	7 135 649	5 861	132 352	24 060	2 865 697	1 443 255	1 422 442
减：库存股					0	0	
其他综合收益	26 036 398	−451 705	180 741	51 035	7 324 897	186 250	7 138 647
盈余公积	35 802 547	37 638	1 799 282	152 119	25 917 553	−103 541	26 039 242
未分配利润				490 972	38 130 439	2 292 059	35 856 528
归属于母公司所有者权益合计						18 148	18 148
少数股东权益					0	358 594	358 594
所有者权益合计	35 802 547	37 638	1 799 282	490 972	38 130 439	2 292 059	35 856 528
	35 802 547	37 638	1 799 282	490 972	38 130 439	2 292 059	376 742
所有者权益合计	35 802 547	37 638	1 799 282	490 972	38 130 439	2 292 059	36 215 122
负债和所有者权益总计	60 655 562	386 581	2 009 905	690 192	63 742 240	3 578 729	60 540 253

表 10-53　合并利润表工作底稿

货币单位：人民币千元

项目	中国ABC	河南ABC	山东ABC	湖北ABC	合计	调整 借方	调整 贷方	合并金额
一、营业收入	7 466 928	2 256	112 379	31 585	7 613 148			7 613 148
减：营业成本	1 838 929	489	26 416	31 578	1 897 412			1 897 412
减：税金及附加	2 753 241	2 870	32 697	7	2 788 815			2 788 815
销售费用	209 213	0	4 860	0	214 073			214 073
管理费用	1 170 475	4 951	26 854	636	1 202 916			1 202 916
研发费用								
财务费用	−3 131	9 954	−669	844	6 998			6 998
其中：利息费用								
利息收入								
资产减值损失	158 590	42 337	24 018	5 975	230 920			230 920
其他收益								0
投资收益	4 844				4 844			4 844
其中：对联营企业和合营企业的投资收益								
公允价值变动收益								0
资产处置收益								
二、营业利润	1 344 455	−58 345	−1 797	−7 455	1 276 858	0	0	1 276 858
加：营业外收入	96 229	52 026	10 457		158 712			158 712
减：营业外支出			701		701			701

项目							
三、利润总额	1 440 684	-6 319	7 959	-7 455	1 434 869	0	1 434 869
减：所得税费用	243 372		-1 410		241 962	0	241 962
四、净利润	1 197 312	-6 319	9 369	-7 455	1 192 907	0	1 192 907
（一）持续经营净利润（净亏损以"-"号填列）	1 197 312	-6 319	9 369	-7 455	1 192 907	0	1 192 907
（二）终止经营净利润（净亏损以"-"号填列）					—	—	0
五、其他综合收益的税后净利润	1 197 312	-6 319	9 369	-7 455	1 192 907	0	1 192 907
（一）不能重分类进损益的其他综合收益							
1. 重新计量设定受益计划变动额							
2. 权益法下不能转损益的其他综合收益							
（二）将重分类进损益的其他综合收益							
1. 权益法下可转损益的其他综合收益							
2. 可供出售金融资产公允价值变动损益							
3. 持有至到期投资重分类为可供出售金融资产损益							
4. 现金流量套期损益的有效部分							
5. 外币财务报表折算差额							
六、综合收益总额	1 197 312	-6 319	9 369	-7 455	1 192 907	0	1 192 907
归属于母公司所有者综合收益总额							
归属于少数股东的综合收益总额							
七、每股收益							
（一）基本每股收益							
（二）稀释每股收益							

第二步，在"抵销分录列表"中编制抵销分录。抵销分录见10.7.2.6节，这里就不再重复列示了。

第三步，检查抵销分录借贷方金额合计数是否相等。本例中借贷方金额的合计数均为 1 311 819 千元，验证通过。

第四步，全部选定抵销分录列表，按照"报表项目"列排序，至于选择升序还是降序，根据个人的工作习惯而定。在编制抵销分录时，"借方金额"与"贷方金额"每个单元格必须是数值格式，而不能采用任何公式，否则会导致排序后的合计数额有误。参考排序选项如图 10-10 所示。

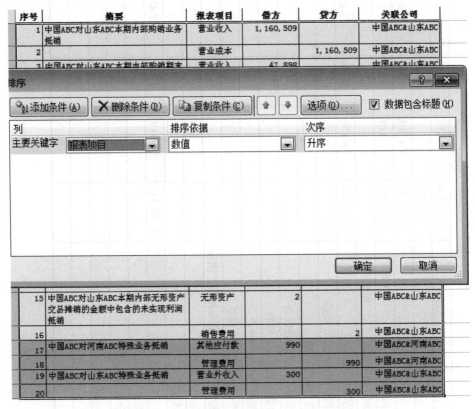

图 10-10

排序后的结果如表 10-54 所示。

第五步，分类汇总。分类字段选择"报表项目"，汇总方式选择"求和"，选定汇总项为"借方金额"与"贷方金额"，进行分类汇总。选项如图 10-11 所示。

表 10-54

序号	摘要	报表项目	借方	贷方	关联公司
	合计		1 428 237	1 428 237	
4		存货		47 898	中国 ABC& 山东 ABC
5	中国 ABC 对山东 ABC 本期内部购销期末存货计提的资产减值损失抵销	存货	14 018		中国 ABC& 山东 ABC
10		固定资产		50	中国 ABC& 山东 ABC
11	中国 ABC 对山东 ABC 本期内部固定资产交易计提的折旧中包含的未实现利润抵销	固定资产	2		中国 ABC& 山东 ABC
12		管理费用		2	中国 ABC& 山东 ABC
18		管理费用		990	中国 ABC& 河南 ABC
20		管理费用		300	中国 ABC& 山东 ABC
17	中国 ABC 对河南 ABC 特殊业务抵销	其他应付款	990		中国 ABC& 河南 ABC
14		无形资产		150	中国 ABC& 山东 ABC
15	中国 ABC 对山东 ABC 本期内部无形资产交易摊销的金额中包含的未实现利润抵销	无形资产	2		中国 ABC& 山东 ABC
16		销售费用		2	中国 ABC& 山东 ABC
2		营业成本		1 276 927	中国 ABC& 山东 ABC
8		营业成本		87 900	河南 ABC& 湖北 ABC
3	中国 ABC 对山东 ABC 本期内部购销期末存货中包含的未实现内部利润抵销	营业收入	47 898		中国 ABC& 山东 ABC
1	中国 ABC 对山东 ABC 本期内部购销业务抵销	营业收入	1 276 927		中国 ABC& 山东 ABC
7	河南 ABC 对湖北 ABC 本期内部购销业务抵销	营业收入	87 900		河南 ABC& 湖北 ABC
9	中国 ABC 对山东 ABC 本期内部固定资产交易中包含的未实现内部利润抵销	营业外收入	50		中国 ABC& 山东 ABC

(续)

序号	摘要	报表项目	借方	贷方	关联公司
	合计		1 428 237	1 428 237	
13	中国 ABC 对山东 ABC 本期内部无形资产交易中包含的未实现内部利润抵销	营业外收入	150		中国 ABC& 山东 ABC
19	中国 ABC 对山东 ABC 特殊业务抵销	营业外收入	300		中国 ABC& 山东 ABC
6		资产减值损失		14 018	中国 ABC& 山东 ABC

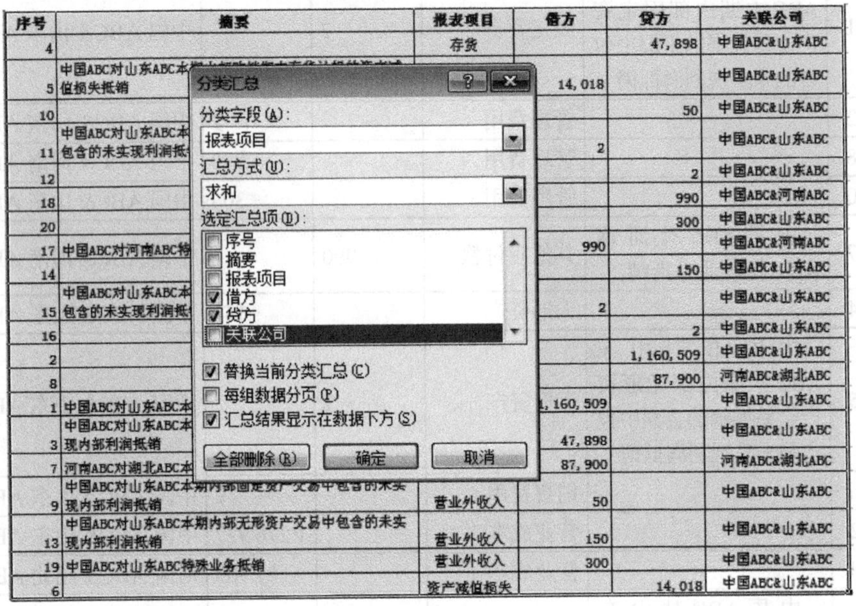

图 10-11

汇总后的结果如表 10-55 所示。

为了避免数据干扰，我们选择只显示汇总项，即分类汇总后点击 Excel 左上角的数字"2"，得到的结果如表 10-56 所示。

第六步，把汇总的报表项目数据，分别过入合并工作底稿对应的调整单元格内。表 10-56 中有几行用灰底标注的数据，是合并资产负债表项目，暂时不用处理。先把"抵销 1"表（即合并资产负债表的抵销分录列表）分类汇总中包含的利润表项目数据，过入合并利润表工作底稿，然后把表 10-56 中的利润表项目数据过入合并利润表工作底稿。数据全部过入后，合并利润表工作底稿的结果如表 10-57 所示。

表 10-55

序号	摘要	报表项目	借方	贷方	关联公司
4		存货		47 898	中国 ABC&山东 ABC
5	中国 ABC 对山东 ABC 本期内部购销期末存货计提的资产减值损失抵销	存货	14 018		中国 ABC&山东 ABC
		存货汇总	14 018	47 898	
10		固定资产		50	中国 ABC&山东 ABC
11	中国 ABC 对山东 ABC 本期内部固定资产交易计提的折旧中包含的未实现利润抵销	固定资产	2		中国 ABC&山东 ABC
		固定资产汇总	2	50	
12		管理费用		2	中国 ABC&山东 ABC
18		管理费用		990	中国 ABC&河南 ABC
20		管理费用		300	中国 ABC&山东 ABC
		管理费用汇总	0	1 292	
17	中国 ABC 对河南 ABC 特殊业务抵销	其他应付款	990		中国 ABC&河南 ABC
		其他应付款汇总	990	0	
14		无形资产		150	中国 ABC&山东 ABC
15	中国 ABC 对山东 ABC 本期内部无形资产交易摊销的金额中包含的未实现利润抵销	无形资产	2		中国 ABC&山东 ABC
		无形资产汇总	2	150	
16		销售费用		2	中国 ABC&山东 ABC
		销售费用汇总	0	2	
2		营业成本		1 276 927	中国 ABC&山东 ABC
8		营业成本		87 900	河南 ABC&湖北 ABC

(续)

序号	摘要	报表项目	借方	贷方	关联公司
3	中国 ABC 对山东 ABC 本期内部购销期末存货中包含的未实现内部利润抵销	营业收入	47 898		中国 ABC&山东 ABC
		营业成本汇总	47 898	1 364 827	
1	中国 ABC 对山东 ABC 本期内部购销业务抵销	营业收入	1 276 927		中国 ABC&山东 ABC
7	河南 ABC 对湖北 ABC 本期内部购销业务抵销	营业收入	87 900		河南 ABC&湖北 ABC
		营业收入汇总	1 364 827	0	
9	中国 ABC 对山东 ABC 本期内部固定资产交易中包含的未实现内部利润抵销	营业外收入	50		中国 ABC&山东 ABC
13	中国 ABC 对山东 ABC 本期内部无形资产交易中包含的未实现内部利润抵销	营业外收入	150		中国 ABC&山东 ABC
19	中国 ABC 对山东 ABC 特殊业务抵销	营业外收入	300		中国 ABC&山东 ABC
		营业外收入汇总	500	0	
6		资产减值损失		14 018	中国 ABC&山东 ABC
		资产减值损失汇总	0	14 018	
		总计	1 428 237	1 428 237	

表 10-56

序号	摘要	报表项目	借方	贷方	关联公司
		存货汇总	14 018	47 898	
		固定资产汇总	2	50	
		管理费用汇总	0	1 292	
		其他应付款汇总	990	0	
		无形资产汇总	2	150	
		销售费用汇总	0	2	
		营业成本汇总	47 898	1 364 827	
		营业收入汇总	1 364 827	0	
		营业外收入汇总	500	0	
		资产减值损失汇总	0	14 018	
		总计	1 428 237	1 428 237	

表 10-57 合并利润表工作底稿

货币单位：人民币千元

项目	中国ABC	河南ABC	山东ABC	湖北ABC	合计	调整借方	调整贷方	合并金额
一、营业收入	7 466 928	2 256	112 379	31 585	7 613 148	1 364 827		6 248 321
减：营业成本	1 838 929	489	26 416	31 578	1 897 412	47 898	1 364 827	580 483
税金及附加	2 753 241	2 870	32 697	7	2 788 815			2 788 815
销售费用	209 213	0	4 860	0	214 073		2	214 071
管理费用	1 170 475	4 951	26 854	636	1 202 916		1 292	1 201 624
研发费用								
财务费用	−3 131	9 954	−669	844	6 998			6 998
其中：利息费用								
利息收入								
资产减值损失	158 590	42 337	24 018	5 975	230 920		27 322	203 598
加：其他收益					0			0
投资收益	4 844				4 844	4 844		0
其中：对联营企业和合营企业的投资收益								
公允价值变动收益					0			0
资产处置收益								
二、营业利润	1 344 455	−58 345	−1 797	−7 455	1 276 858			1 252 732
加：营业外收入	96 229	52 026	10 457		158 712	500		158 212
减：营业外支出			701		701			701
三、利润总额	1 440 684	−6 319	7 959	−7 455	1 434 869			1 410 243
减：所得税费用	243 372	−1 410			241 962			241 962

项目	中国ABC	河南ABC	山东ABC	湖北ABC	合计	调整 借方	调整 贷方	合并金额
四、净利润	1 197 312	−6 319	9 369	−7 455	1 192 907	1 301 651	−1 277 025	1 168 281
（一）持续经营净利润（净亏损以"−"号填列）	1 197 312	−6 319	9 369	−7 455	1 192 907			1 168 281
（二）终止经营净利润（净亏损以"−"号填列）								
五、其他综合收益的税后净利润		−6 319	9 369	−7 455				
（一）不能重分类进损益的其他综合收益								
1. 重新计量设定受益计划变动额								
2. 权益法下不能转损益的其他综合收益								
（二）将重分类进损益的其他综合收益								
1. 权益法下可转损益的其他综合收益								
2. 可供出售金融资产公允价变动损益								
3. 持有至到期投资重分类为可供出售金融资产损益								
4. 现金流量套期损益的有效部分								
5. 外币财务报表折算差额								
六、综合收益总额	1 197 312	−6 319	9 369	−7 455	1 192 907			1 168 281
归属于母公司所有者综合收益总额								
归属于少数股东的综合收益总额								
七、每股收益								
（一）基本每股收益								
（二）稀释每股收益								

将表 10-57 的合并金额过入正式的合并财务报表文件，合并利润表工作完成。

将"抵销 2"表（即合并利润表的抵销分录列表）分类汇总数据中合并资产负债表项目数据（灰底单元格）过入合并资产负债表的工作底稿，为避免错误，过入一个资产项目，借贷方的差额部分必须要"未分配利润"项目做相反的抵销金额，随时检查资产负债表是否平衡。例如，在录入"存货"项目的调整借方金额 14 018 和贷方金额 47 898 后，要在"未分配利润"项目借方录入 47 898−14 018=33 880 以保持平衡，以此类推。上述数据过入后的合并资产负债表数据如表 10-58 所示。

将表 10-58 的合并金额过入正式的合并财务报表文件，合并资产负债表工作完成。

第七步，"抵销 1"表（即合并资产负债表的抵销分录列表）与"抵销 2"表（即合并利润表的抵销分录列表）中的抵销分录还原。分别删除"分类汇总"项，并按照"序号—升序"重新排序即可。

3. 编制合并所有者权益变动表

在这里我们采用单体资产负债表与单体利润表的数据以及合并利润表数据，来演示如何编制合并所有者权益变动表。由于在 2×10 年 9 月 30 日已经出具合并所有者权益变动表，再加上 2×10 年 10～12 月合并所有者权益数据的变动，即可得出 2×10 年 12 月 31 日的合并所有者权益变动表。

首先，计算出单体财务资产负债表所有者权益项目 2×10 年 9 月 30 日与 2×10 年 12 月 31 日的数据差异，参考格式如表 10-59 所示。

从表 10-59 的计算结果来看，所有者权益项目中资本公积和未分配利润均发生了变化。

中国 ABC 酒业有限公司与河南 ABC 酒业有限公司资本公积增加的类别可以归入"其他"中。

山东 ABC 酒业有限公司向母公司中国 ABC 酒业有限公司（持股比例 80%）分红 4 844 千元，向少数股东分红 1 211 千元，合计 6 055 千元，与"未分配利润"项目变动金额相符，因此本期资本公积增加 2 998 千元，增加的类别也可以归入"其他"中。

表 10-58 合并资产负债表工作底稿

货币单位：人民币千元

项目	中国 ABC	河南 ABC	山东 ABC	湖北 ABC	合计	调整		合并金额
						借方	贷方	
资产								
流动资产：								
货币资金	16 513 169	4 740	70 978	79 447	16 668 334			16 668 334
以公允价值计量且其变动计入当期损益的金融资产					0			0
应收票据及应收账款	530 451	7 075	271 537		809 063	13 304	1 286 670	−464 303
预付账款	824 617	1 045	5 767	329	831 758			831 758
其他应收款	770 593	1 072	280 138		1 051 803			1 051 803
存货	19 543 010	167 391	676 435	610 223	20 997 059	14 018	47 898	20 963 179
持有待售资产								
一年内到期的非流动资产			49 500		49 500			49 500
其他流动资产	5 021		136	193	5 350			5 350
流动资产合计	38 186 861	181 323	1 354 491	690 192	40 412 867	27 322	1 334 568	39 105 621
非流动资产：					0			0
可供出售金融资产								
持有至到期投资								
长期应收款								
长期股权投资	1 753 028				1 753 028		1 753 028	0
投资性房地产					0			0
固定资产	13 956 360	114 808	433 337		14 504 505	2	50	14 504 457
在建工程	2 735 160		6 182		2 741 342			2 741 342
生产性生物资产					0			0

项目								
油气资产								0
无形资产	3 713 958	90 450	100 145		3 904 553	2	150	3 904 405
开发支出								0
商誉	310 195		12 707		322 902	−175 593		147 309
长期待摊费用			103 043		103 043			103 043
递延所得税资产					0			0
其他非流动资产					0			0
非流动资产合计	22 468 701	205 258	655 414	0	23 329 373	−175 589	1 753 228	21 400 556
资产总计	60 655 562	386 581	2 009 905	690 192	63 742 240	−148 267	3 087 796	60 506 177
流动负债:								
短期借款			47 660	92 000	139 660			139 660
以公允价值计量且其变动计入当期损益的金融负债								
衍生金融负债								
应付票据及应付账款	1 110 375	41 646	14 894	2 566	1 169 481	−117 189	1 286 670	
预收款项	18 025 957	77 219	50		18 103 226			18 103 226
应付职工薪酬	1 578 625	4 839	24 204	519	1 608 187			1 608 187
应交税费	2 449 117	31 497	32 855	3 134	2 516 603			2 516 603
其他应付款	1 673 371	129 846	132 170	95 912	2 031 299		990	2 030 309
持有待售负债					0			0
一年内到期的非流动负债					0			0
其他流动负债					0			0
流动负债合计	24 837 445	332 707	204 173	194 131	25 568 456	0	1 287 660	24 280 796
非流动负债:								
长期借款				4 300	4 300			4 300

(续)

项目	中国ABC	河南ABC	山东ABC	湖北ABC	合计	调整 借方	调整 贷方	合并金额
应付债券					0			0
其中：优先股								
永续债								
长期应付款					0			0
预计负债				789	789			789
递延收益								
递延所得税负债					0			0
其他非流动负债	15 570	16 236	6 450		38 256			38 256
非流动负债合计	15 570	16 236	6 450	5 089	43 345	0	0	43 345
负债合计	24 853 015	348 943	210 623	199 220	25 611 801	1 287 660		24 324 141
实收资本	1 256 197	177 408	324 929	263 758	2 022 292	766 095		1 256 197
其他权益工具								
其中：优先股								
永续债								
资本公积	1 426 127	306 074	1 164 258	24 060	2 920 519	1 443 255		1 477 264
减：库存股					0			0
其他综合收益								
盈余公积	7 083 825	5 861	129 354	51 035	7 270 075	186 250		7 083 825
未分配利润	26 036 398	−451 705	180 741	152 119	25 917 553	−69 465	19 138	26 006 156
归属于母公司所有者权益合计	35 802 547	37 638	1 799 282	490 972	38 130 439	2 326 135	19 138	35 823 442
少数股东权益					0		358 594	358 594
所有者权益合计	35 802 547	37 638	1 799 282	490 972	38 130 439	2 326 135	377 732	36 182 036
负债和所有者权益总计	60 655 562	386 581	2 009 905	690 192	63 742 240	3 613 795	377 732	60 506 177

表 10-59

项目	中国 ABC	河南 ABC	山东 ABC	湖北 ABC	合计
2×10 年 9 月 30 日实收资本	1 256 197	177 408	324 929	263 758	2 022 292
2×10 年 12 月 31 日实收资本	1 256 197	177 408	324 929	263 758	2 022 292
增加额	—	—	—	—	—
2×10 年 9 月 30 日资本公积	1 374 303	257 935	1 161 260	24 060	2 817 558
2×10 年 12 月 31 日资本公积	1 374 303	306 074	1 164 260	24 060	2 865 697
增加额	—	48 139	—	—	48 139
2×10 年 9 月 30 日盈余公积	7 083 825	5 861	129 354	51 035	7 270 075
2×10 年 12 月 31 日盈余公积	7 135 649	5 861	132 352	51 035	7 324 897
增加额	51 824	0	2 998	0	54 822
2×10 年 9 月 30 日未分配利润	24 839 086	−445 386	177 427	159 574	24 730 701.00
加：2×10 年 10～12 月净利润	1 197 312.00	−6 319.00	9 369.00	−7 455.00	1 192 907.00
减：2×10 年 12 月 31 日未分配利润	26 036 398	−451 705	180 741	152 119	25 917 553.00
差额	—	—	6 055.00	—	6 055.00

将上述变动的数据增加到 2×10 年 9 月 30 日的合并所有者权益变动表中，即可得到 2×10 年 12 月 31 日的合并所有者权益变动表。

过入 2×10 年 10～12 月变动数据前，合并所有者权益变动表（即 2×10 年 9 月 30 日合并所有者权益变动表）如表 10-60 所示。

过入 2×10 年 10～12 月变动数据后，合并所有者权益变动表（即 2×10 年 12 月 31 日合并所有者权益变动表）如表 10-61 所示。

与 2×10 年 9 月 30 日合并所有者权益数据相比，表 10-61 中①②③数据产生了如下变化：

（1）资本公积"其他"增加 48 139 千元，是中国 ABC 酒业有限公司、河南 ABC 酒业有限公司与山东 ABC 酒业有限公司资本公积增加额合计。

（2）净利润 9 170 409 千元，是 2×10 年 1～9 月合并净利润 8 002 128 千元与 2×10 年 10～12 月合并净利润 1 168 281 千元之和。

（3）对所有者（或股东）的分配 −7 753 217 千元，是 2×10 年 9 月 30 日前分配的 −7 752 006 千元与山东 ABC 酒业有限公司 2×10 年 10～12 月向少数股东分红 1 211 千元（向股东分配利润要用负数填写），而向母公司中国 ABC 酒业有限公司的分红在编制合并利润表时已经做了抵销处理，反映在 2×10 年 10～12 月合并净利润 1 168 281 千元中。

这里以合并利润表与单体资产负债表的数据为基础进行编制，结果与 2×10 年 12 月 31 日的合并资产负债表数据核对相符，从另一个方面证明前述合并资产负债表、合并利润表与合并所有者权益变动表的结果是正确的。

有兴趣的读者，可以尝试采用其他方法来编制合并所有者权益变动表，以验证自己的编制结果是否正确。对比不同的编制方法，选择一种自己最熟悉的方式用于实务工作，可以降低出错的概率，提高工作效率。

10.7.2.8 内部资金流动抵销

由于合并主体之间的资金流动不频繁，所以并没有对资金流动进行备查登记。期末根据账面记录，中国 ABC 酒业有限公司填写的合并辅助资料如表 10-62 所示。

河南 ABC 酒业有限公司填写的合并辅助资料如表 10-63 所示。

山东 ABC 酒业有限公司填写的合并辅助资料如表 10-64 所示。

表 10-60 合并所有者权益变动表

编制单位：中国 ABC 酒业有限公司　　日期：2×10 年 9 月 30 日　　货币单位：人民币千元

项目	行次	本年金额									
		实收资本（或股本）	其他权益工具			资本公积	减：库存股	其他综合收益	盈余公积	未分配利润	少数股东权益	所有者权益合计
			优先股	永续债	其他							
一、上年年末余额	1	1 256 197				1 374 303		0	6 210 524	25 462 265		34 303 289
加：会计政策变更	2											0
前期差错更正	3											0
其他	4											
二、本年年初余额（5=1+2+3+4）	5	1 256 197				1 374 303		0	6 210 524	25 462 265	0	34 303 289
三、本年增减变动金额（减少以"-"号填列）（6=7+8+13+17）	6	0				0		0	873 301	-623 179	358 594	608 716
（一）综合收益总额	7									8 002 128		8 002 128
（二）所有者投入和减少资本（8=9+10+11+12）	8	0				0		0		0	358 594	358 594
1. 所有者投入的普通股	9											0
2. 其他权益工具持有者投入资本	10											0
3. 股份支付计入所有者权益的金额	11											0
4. 其他	12										358 594	358 594
（三）利润分配（13=14+15+16）	13	0				0		0	873 301	-8 625 307	0	-7 752 006
1. 提取盈余公积	14								873 301	-873 301		0
2. 对所有者（或股东）的分配	15									-7 752 006		-7 752 006
3. 其他	16											0
（四）所有者权益内部结转（17=18+19+20+21+22）	17	0				0		0	0	0	0	0
1. 资本公积转增资本（或股本）	18											0
2. 盈余公积转增资本（或股本）	19											0
3. 盈余公积弥补亏损	20											0
4. 设定受益计划变动额结转留存收益	21											0
5. 其他	22											0
四、本年年末余额（23=5+6）	23	1 256 197				1 374 303		0	7 083 825	24 839 086	358 594	34 912 005

表 10-61 合并所有者权益变动表

编制单位：中国 ABC 酒业有限公司　　日期：2×10 年 12 月 31 日　　货币单位：人民币千元

行次	项目	本年金额								
		实收资本（或股本）	其他权益工具			资本公积	减：库存股	其他综合收益	盈余公积	未分配利润	少数股东权益	所有者权益合计

行次	项目	实收资本（或股本）	优先股	永续债	其他	资本公积	减：库存股	其他综合收益	盈余公积	未分配利润	少数股东权益	所有者权益合计
1	一、上年年末余额	1 256 197				1 374 303			6 210 524	25 462 265		34 303 289
2	加：会计政策变更											0
3	前期差错更正											0
4	其他											
5	二、本年年初余额（5=1+2+3+4）	1 256 197				1 374 303			6 210 524	25 462 265	0	34 303 289
6	三、本年增减变动金额（减少以"－"号填）(6=7+8+13+17)	0				48 139	0		928 123	543 891	358 594	1 878 747
7	（一）综合收益总额									9 170 409		9 170 409
8	（二）所有者投入和减少资本（8=9+10+11+12）	0				48 139	0		0	② 9 170 409	358 594	406 733
9	1.所有者投入的普通股											0
10	2.其他权益工具持有者投入资本											0
11	3.股份支付计入所有者权益的金额					① 48 139						406 733
12	4.其他											
13	（三）利润分配（13=14+15+16）	0				0	0		928 123	－8 626 518	0	－7 698 395
14	1.提取盈余公积								873 301	－873 301		0
15	2.对所有者（或股东）的分配									③ －7 753 217		－7 753 217
16	3.其他								54 822			54 822
17	（四）所有者权益内部结转（17=18+19+20+21+22）	0				0	0		0	0	0	0
18	1.资本公积转增资本（或股本）											0
19	2.盈余公积转增资本（或股本）											0
20	3.盈余公积弥补亏损											0
21	4.设定受益计划变动额结转留存收益											0
22	5.其他											0
23	四、本年年末余额（23=5+6）	1 256 197				1 422 442	0		7 138 647	26 006 156	358 594	36 182 036

表 10-62

项目	中国ABC	河南ABC	山东ABC	湖北ABC	合计
销售商品、提供劳务收到的现金			294 635		294 635
收到的其他与经营活动有关的现金		990	300		1 290
购买商品、接受劳务支付的现金					0
支付的其他与经营活动有关的现金					0
收回投资收到的现金					0
取得投资收益所收到的现金			4 844		4 844
处理固定资产、无形资产和其他长期资产收回的现金净额			5 355		5 355
处置子公司及其他营业单位收到的现金净额					0
收到的其他与投资活动有关的现金					0
购建固定资产、无形资产和其他长期资产支付的现金					0
投资支付的现金					0
取得子公司及其他营业单位支付的现金净额					0
支付的其他与投资活动有关的现金					0
吸收投资所收到的现金					0
取得借款收到的现金					0
收到的其他与筹资活动有关的现金					0
分配股利、利润和偿付利息支付的现金					0
支付其他与筹资活动有关的现金					0
合计		990	305 134	0	306 124

表 10-63

项目	中国ABC	河南ABC	山东ABC	湖北ABC	合计
销售商品、提供劳务收到的现金				15 426	15 426
收到的其他与经营活动有关的现金					0
购买商品、接受劳务支付的现金					0
支付的其他与经营活动有关的现金	990				990
收回投资收到的现金					0
取得投资收益所收到的现金					0
处理固定资产、无形资产和其他长期资产收回的现金净额					0
处置子公司及其他营业单位收到的现金净额					0

(续)

项目	中国 ABC	河南 ABC	山东 ABC	湖北 ABC	合计
收到的其他与投资活动有关的现金					0
购建固定资产、无形资产和其他长期资产支付的现金					0
投资支付的现金					0
取得子公司及其他营业单位支付的现金净额					0
支付的其他与投资活动有关的现金					0
吸收投资所收到的现金					0
取得借款收到的现金					0
收到的其他与筹资活动有关的现金					0
分配股利、利润和偿付利息支付的现金					0
支付其他与筹资活动有关的现金					0
合计	990	0	0	15 426	16 416

表 10-64

项目	中国 ABC	河南 ABC	山东 ABC	湖北 ABC	合计
销售商品、提供劳务收到的现金					0
收到的其他与经营活动有关的现金					0
购买商品、接受劳务支付的现金	294 635				294 635
支付的其他与经营活动有关的现金	300				300
收回投资收到的现金					0
取得投资收益所收到的现金					0
处理固定资产、无形资产和其他长期资产收回的现金净额					0
处置子公司及其他营业单位收到的现金净额					0
收到的其他与投资活动有关的现金					0
购建固定资产、无形资产和其他长期资产支付的现金	5 355				5 355
投资支付的现金					0
取得子公司及其他营业单位支付的现金净额					0
支付的其他与投资活动有关的现金					0
吸收投资所收到的现金					0
取得借款收到的现金					0
收到的其他与筹资活动有关的现金					0

(续)

项目	中国ABC	河南ABC	山东ABC	湖北ABC	合计
分配股利、利润和偿付利息支付的现金	4 844				4 844
支付其他与筹资活动有关的现金					0
合计	305 134	0	0	0	305 134

湖北 ABC 酒业有限公司填写的合并辅助资料如表 10-65 所示。

表 10-65

项目	中国ABC	河南ABC	山东ABC	湖北ABC	合计
销售商品、提供劳务收到的现金					0
收到的其他与经营活动有关的现金					0
购买商品、接受劳务支付的现金		15 426			15 426
支付的其他与经营活动有关的现金					0
收回投资收到的现金					0
取得投资收益所收到的现金					0
处理固定资产、无形资产和其他长期资产收回的现金净额					0
处置子公司及其他营业单位收到的现金净额					0
收到的其他与投资活动有关的现金					0
购建固定资产、无形资产和其他长期资产支付的现金					0
投资支付的现金					0
取得子公司及其他营业单位支付的现金净额					0
支付的其他与投资活动有关的现金					0
吸收投资所收到的现金					0
取得借款收到的现金					0
收到的其他与筹资活动有关的现金					0
分配股利、利润和偿付利息支付的现金					0
支付其他与筹资活动有关的现金					0
合计		15 426	0	0	15 426

上述公司之间数据核对相符。根据上述辅助资料,采用七步法编制合并现金流量表。

第一步,将合并主体的利润表过入工作底稿,如表 10-66 所示。

表 10-66　合并现金流量表工作底稿

货币单位：人民币千元

项目	中国 ABC	河南 ABC	山东 ABC	湖北 ABC	合计金额	调整 借方	调整 贷方	合并金额
一、经营活动产生的现金流量								
销售商品、提供劳务收到的现金	5 227 380	75 713	95 513	36 080	5 434 686			5 434 686
收到的税费返还				0	0			0
收到的其他与经营活动有关的现金	1 531	28 829	11 463	311	42 134			42 134
经营活动现金流入小计	5 228 911	104 542	106 976	36 391	5 476 820	0	0	5 476 820
购买商品、接受劳务支付的现金	821 362	82 236	22 649	48 672	974 919			974 919
支付给职工以及为职工支付的现金	914 453	7 582	9 365	−101	931 299			931 299
支付的各种税费	1 813 702	12 981	33 394	−10 993	1 849 084			1 849 084
支付的其他与经营活动有关的现金	183 924	7 335	17 865	−38 139	170 985			170 985
经营活动现金流出小计	3 733 441	110 134	83 273	−561	3 926 287	0	0	3 926 287
经营活动产生的现金流量净额	1 495 470	−5 592	23 703	36 952	1 550 533	0	0	1 550 533
二、投资活动产生的现金流量								
收回投资收到的现金					0			0
取得投资收益所收到的现金	4 844				4 844			4 844
处置固定资产、无形资产和其他长期资产收回的现金净额	5 355				5 355			5 355
处置子公司及其他营业单位收到的现金净额					0			0
收到的其他与投资活动有关的现金	132				132			132
投资活动现金流入小计	10 331	0	0	0	10 331	0	0	10 331

项目	母公司	子公司A	子公司B	合计	抵销	合并
购建固定资产、无形资产和其他长期资产支付的现金	244 404			255 226		255 226
投资支付的现金				0		0
取得子公司及其他营业单位支付的现金净额						0
支付的其他与投资活动有关的现金	85 236			185 210		185 210
投资活动现金流出小计	329 640	624	10 198	99 974	0	440 436
投资活动产生的现金流量净额	−319 309	−624	−10 198	−99 974	0	−430 105
三、筹资活动产生的现金流量						0
吸收投资所收到的现金						0
取得借款收到的现金	71 292					71 292
收到的其他与筹资活动有关的现金	47 964	1 201				49 165
筹资活动现金流入小计	119 256	1 201			0	120 457
偿还债务所支付的现金	108 798			48 000		156 798
分配股利、利润和偿付利息支付的现金		6 055				6 055
支付其他与筹资活动有关的现金	66 448			857		67 305
筹资活动现金流出小计	66 448	6 055		48 857		230 158
筹资活动产生的现金流量净额	−66 448	−4 854		−48 857		−109 701
四、汇率变动对现金的影响						0
五、现金及现金等价物净增加额	1 109 713	4 242	8 651	−111 879	0	1 010 727
加：期初现金及现金等价物余额	15 403 456	498	62 327	191 326	0	15 657 607
六、期末现金及现金等价物余额	16 513 169	4 740	70 978	79 447	0	16 668 334

第二步,在"抵销3"(即合并现金流量表抵销分录列表)中编制抵销分录,如表10-67所示。

表 10-67

	合计		321 550	321 550	
序号	摘要	报表项目	借方金额	贷方金额	关联公司
1	中国ABC对河南ABC现金抵销	支付的其他与经营活动有关的现金	990		中国ABC&河南ABC
2		收到的其他与经营活动有关的现金		990	中国ABC&河南ABC
3	中国ABC对山东ABC现金抵销	购买商品、接受劳务支付的现金	294 635		中国ABC&山东ABC
4		销售商品、提供劳务收到的现金		294 635	中国ABC&山东ABC
5		支付的其他与经营活动有关的现金	300		中国ABC&山东ABC
6		收到的其他与经营活动有关的现金		300	中国ABC&山东ABC
7		分配股利、利润和偿付利息支付的现金	4 844		中国ABC&山东ABC
8		取得投资收益所收到的现金		4 844	中国ABC&山东ABC
9		购建固定资产、无形资产和其他长期资产支付的现金	5 355		中国ABC&山东ABC
10		处理固定资产、无形资产和其他长期资产收回的现金净额		5 355	中国ABC&山东ABC
11	河南ABC对湖北ABC现金抵销	购买商品、接受劳务支付的现金	15 426		河南ABC&湖北ABC
12		销售商品、提供劳务收到的现金		15 426	河南ABC&湖北ABC

第三步,检查抵销分录借贷方金额合计数是否相等。本例中借贷方金额的合计数均为321 550千元,验证通过。

第四步,全部选定抵销分录列表,按照"报表项目"列排序,排序后的结果如表10-68所示。

表 10-68

序号	摘要	报表项目	借方金额	贷方金额	关联公司
		合计	321 550	321 550	
10		处理固定资产、无形资产和其他长期资产收回的现金净额		5 355	中国 ABC&山东 ABC
7		分配股利、利润和偿付利息支付的现金	4 844		中国 ABC&山东 ABC
9		购建固定资产、无形资产和其他长期资产支付的现金	5 355		中国 ABC&山东 ABC
3	中国 ABC 对山东 ABC 现金抵销	购买商品、接受劳务支付的现金	294 635		中国 ABC&山东 ABC
11	河南 ABC 对湖北 ABC 现金抵销	购买商品、接受劳务支付的现金	15 426		河南 ABC&湖北 ABC
8		取得投资收益所收到的现金		4 844	中国 ABC&山东 ABC
2		收到的其他与经营活动有关的现金		990	中国 ABC&河南 ABC
6		收到的其他与经营活动有关的现金		300	中国 ABC&山东 ABC
4		销售商品、提供劳务收到的现金		294 635	中国 ABC&山东 ABC
12		销售商品、提供劳务收到的现金		15 426	河南 ABC&湖北 ABC
1	中国 ABC 对河南 ABC 现金抵销	支付的其他与经营活动有关的现金	990		中国 ABC&河南 ABC
5		支付的其他与经营活动有关的现金	300		中国 ABC&山东 ABC

第五步，分类汇总。分类字段选择"报表项目"，汇总方式选择"求和"，选定汇总项为"借方金额"与"贷方金额"，进行分类汇总。汇总后的结果如表 10-69 所示。

为了避免数据干扰，我们选择只显示汇总项，即分类汇总后点击 Excel 左上角的数字"2"，得到的结果如表 10-70 所示。

第六步，把汇总的报表项目数据，分别过入合并工作底稿对应的调整单元格内，即可完成利润表合并工作，如表 10-71 所示。

表 10-69

序号	摘要	报表项目	借方金额	贷方金额	关联公司
10		处理固定资产、无形资产和其他长期资产收回的现金净额		5 355	中国 ABC&山东 ABC
		处理固定资产、无形资产和其他长期资产收回的现金净额汇总	0	5 355	
7		分配股利、利润和偿付利息支付的现金	4 844		中国 ABC&山东 ABC
		分配股利、利润和偿付利息支付的现金汇总	4 844	0	
9		购建固定资产、无形资产和其他长期资产支付的现金	5 355		中国 ABC&山东 ABC
		购建固定资产、无形资产和其他长期资产支付的现金汇总	5 355	0	
3	中国 ABC 对山东 ABC 现金抵销	购买商品、接受劳务支付的现金	15 426		中国 ABC&山东 ABC
11	河南 ABC 对湖北 ABC 现金抵销	购买商品、接受劳务支付的现金	294 635		河南 ABC&湖北 ABC
		购买商品、接受劳务支付的现金汇总	310 061	0	
8		取得投资收益所收到的现金		4 844	中国 ABC&山东 ABC
		取得投资收益所收到的现金汇总	0	4 844	
2		收到的其他与经营活动有关的现金		990	中国 ABC&河南 ABC
6		收到的其他与经营活动有关的现金		300	中国 ABC&山东 ABC
		收到的其他与经营活动有关的现金汇总	0	1 290	
4		销售商品、提供劳务收到的现金		294 635	中国 ABC&山东 ABC

（续）

序号	摘要	报表项目	借方金额	贷方金额	关联公司
12		销售商品、提供劳务收到的现金		15 426	河南 ABC&湖北 ABC
		销售商品、提供劳务收到的现金汇总	0	310 061	
1	中国 ABC 对河南 ABC 现金抵销	支付的其他与经营活动有关的现金	990		中国 ABC&河南 ABC
5		支付的其他与经营活动有关的现金	300		中国 ABC&山东 ABC
		支付的其他与经营活动有关的现金汇总	1 290	0	
		总计	321 550	321 550	

表 10-70

序号	摘要	报表项目	借方金额	贷方金额	关联公司
		处理固定资产、无形资产和其他长期资产收回的现金净额汇总	0	5 355	
		分配股利、利润和偿付利息支付的现金汇总	4 844	0	
		购建固定资产、无形资产和其他长期资产支付的现金汇总	5 355	0	
		购买商品、接受劳务支付的现金汇总	310 061	0	
		取得投资收益所收到的现金汇总	0	4 844	
		收到的其他与经营活动有关的现金汇总	0	1 290	
		销售商品、提供劳务收到的现金汇总	0	310 061	
		支付的其他与经营活动有关的现金汇总	1 290	0	
		总计	321 550	321 550	

表 10-71 合并现金流量表工作底稿

货币单位：人民币千元

项目	中国ABC	河南ABC	山东ABC	湖北ABC	合计金额	调整 借方	调整 贷方	合并金额
一、经营活动产生的现金流量								
销售商品、提供劳务收到的现金	5 227 380	75 713	95 513	36 080	5 434 686		310 061	5 124 625
收到的税费返还			0	0	0			0
收到的其他与经营活动有关的现金	1 531	28 829	11 463	311	42 134		1 290	40 844
经营活动现金流入小计	5 228 911	104 542	106 976	36 391	5 476 820		311 351	5 165 469
购买商品、接受劳务支付的现金	821 362	82 236	22 649	48 672	974 919	310 061		664 858
支付给职工以及为职工支付的现金	914 453	7 582	9 365	−101	931 299			931 299
支付的各种税费	1 813 702	12 981	33 394	−10 993	1 849 084			1 849 084
支付的其他与经营活动有关的现金	183 924	7 335	17 865	−38 139	170 985	1 290		169 695
经营活动产生的现金流出小计	3 733 441	110 134	83 273	−561	3 926 287	311 351		3 614 936
经营活动产生的现金流量净额	1 495 470	−5 592	23 703	36 952	1 550 533	−311 351	311 351	1 550 533
二、投资活动产生的现金流量								
收回投资收到的现金					0			0
取得投资收益所收到的现金	4 844				4 844		4 844	0
处理固定资产、无形资产和其他长期资产收回的现金净额	5 355				5 355		5 355	0
处置子公司及其他营业单位收到的现金净额					0			0
收到的其他与投资活动有关的现金	132				132			132
投资活动现金流入小计	10 331	0	0	0	10 331	0	10 199	132

项目								
购建固定资产、无形资产和其他长期资产支付的现金	244 404	624	10 198		255 226	5 355		249 871
投资支付的现金					0			0
取得子公司及其他营业单位支付的现金净额					0			0
支付的其他与投资活动有关的现金	85 236			99 974	185 210			185 210
投资活动现金流出小计	329 640	624	10 198	99 974	440 436	5 355	0	435 081
投资活动产生的现金流量净额	−319 309	−624	−10 198	−99 974	−430 105	−5 355	10 199	−434 949
三、筹资活动产生的现金流量								
吸收投资所收到的现金					0			0
取得借款所收到的现金		71 292			71 292			71 292
收到的其他与筹资活动有关的现金	47 964		1 201		49 165			49 165
筹资活动现金流入小计	0	119 256	1 201	0	120 457	0	0	120 457
偿还债务所支付的现金	108 798			48 000	156 798			156 798
分配股利、利润和偿付利息支付的现金			6 055		6 055	4 844		1 211
支付其他与筹资活动有关的现金	66 448			857	67 305			67 305
筹资活动现金流出小计	66 448	108 798	6 055	48 857	230 158	4 844	0	225 314
筹资活动产生的现金流量净额	−66 448	10 458	−4 854	−48 857	−109 701	−4 844	0	−104 857
四、汇率变动对现金的影响					0			0
五、现金及现金等价物净增加额	1 109 713	4 242	8 651	−111 879	1 010 727	−321 550	321 550	1 010 727
加：期初现金及现金等价物余额	15 403 456	498	62 327	191 326	15 657 607			15 657 607
六、期末现金及现金等价物余额	16 513 169	4 740	70 978	79 447	16 668 334	−321 550	321 550	16 668 334

第七步，把抵销分录的列表的分类汇总删除，并按照序号升序排列，还原成最初的抵销状态，便于以后数据查询和检查。还原后的数据此处不再演示了。

此时，2×10年度的财务合并基础工作已经全部完成，接下来要做的就是把合并后的数据过入正式的文件中。

10.7.2.9 正式合并财务报表

1. 合并资产负债表

合并资产负债表如表10-72所示。

我们来回顾一下合并范围增加时如何编制合并资产负债表：

因非同一控制下企业合并或其他方式增加的子公司以及业务，编制合并资产负债表时，不应当调整合并资产负债表的期初数。

编制合并资产负债表时，以本期取得的子公司在合并资产负债表日的资产负债表为基础编制。对于本期投资或者追加投资取得的子公司，不需要调整合并资产负债表的期初数。但为了提高会计信息的可比性，应当在财务报表附注中披露本期取得的子公司对合并财务报表的财务状况的影响，即披露本期取得的子公司在购买日的资产和负债金额，包括流动资产、长期股权投资、固定资产、无形资产及其他资产、流动负债、长期负债等的金额。

本例中，投资方中国ABC酒业有限公司，与被投资方河南ABC酒业有限公司、山东ABC酒业有限公司和湖北ABC酒业有限公司为非同一控制下的增加子公司，所以合并数据的取数基础如下：

2×10年合并年初数，取自投资方中国ABC酒业有限公司单体资产负债表的年初数，因为本次投资为非同一控制下的增加子公司，所以不能调整合并资产负债表的年初数。

2×10年9月30日的合并数，以母公司中国ABC酒业有限公司与子公司河南ABC酒业有限公司、山东ABC酒业有限公司和湖北ABC酒业有限公司2×10年9月30日的单体资产负债表期末数为基础合并抵销得出。

2×10年12月31日的合并数，以母公司中国ABC酒业有限公司与子公司河南ABC酒业有限公司、山东ABC酒业有限公司和湖北ABC酒业有限公司2×10年12月31日的单体资产负债表期末数为基础合并抵销得出。

表 10-72　合并资产负债表　　　单位：人民币千元

编制单位：中国 ABC 酒业有限公司　　　编制日期：2×10 年 12 月 31 日

项目	年初数	9月	12月
资产			
流动资产：			
货币资金	15 052 964	15 657 607	16 668 334
以公允价值计量且其变动计入当期损益的金融资产		0	0
应收票据及应收账款	162 200	550 245	-464 303
预付账款	1 274 390	1 213 424	831 758
其他应收款	532 698	973 314	1 051 803
持有待售资产			
存货	18 230 583	19 592 145	20 963 179
一年内到期的非流动资产		0	49 500
其他流动资产		0	5 350
流动资产合计	35 252 835	37 986 735	39 105 621
非流动资产：			
可供出售金融资产			
持有至到期投资			
长期应收款			
长期股权投资		0	0
投资性房地产			
固定资产	10 926 517	11 312 094	14 504 457
在建工程	4 894 659	5 552 966	2 741 342
生产性生物资产	3 581 598	3 738 611	0
油气资产		0	0
无形资产	272 072	0	3 904 405
开发支出	197 500	195 637	0
商誉		205 689	147 309
长期待摊费用		147 428	103 043
递延所得税资产		0	0
其他非流动资产		0	0
非流动资产合计	19 872 346	21 152 425	21 400 556
资产总计	55 125 181	59 139 160	60 506 177
流动负债：			
短期借款		236 660	139 660
以公允价值计量且其变动计入当期损益的金融负债			
衍生金融负债			
应付票据及应付账款	890 861	256 713	-117 189
预收款项	17 988 300	20 831 420	18 103 226

(续)

编制单位：中国 ABC 酒业有限公司　　　　　　　　编制日期：2×10 年 12 月 31 日

项目	年初数	9 月	12 月
应付职工薪酬	965 772	427 669	1 608 187
应交税费	284 820	558 308	2 516 603
其他应付款	676 569	1 810 887	2 030 309
持有待售负债			
一年内到期的非流动负债		0	0
其他流动负债		3 026	0
流动负债合计	20 806 322	24 124 683	24 280 796
非流动负债：			
长期借款		4 300	4 300
应付债券		0	0
其中：优先股			
永续债			
长期应付款		0	0
预计负债		789	789
递延收益			
递延所得税负债		0	0
其他非流动负债	15 570	97 383	38 256
非流动负债合计	15 570	102 472	43 345
负债合计	20 821 892	24 227 155	24 324 141
实收资本（或股本）	1 256 197	1 256 197	1 256 197
其他权益工具			
其中：优先股			
永续债			
资本公积	1 374 303	1 374 303	1 422 442
减：库存股			
其他综合收益			
盈余公积	6 210 524	7 083 825	7 138 647
未分配利润	25 462 265	24 839 086	26 006 156
归属于母公司所有者权益合计	34 303 289	34 553 411	35 823 442
少数股东权益		358 594	358 594
所有者权益（或股东权益）合计	34 303 289	34 912 005	36 182 036
负债和所有者权益（或股东权益）总计	55 125 181	59 139 160	60 506 177

合并资产负债表这样按照不同的时间段列示，可以尽最大的可能满足报表阅读者的数据需求。在实务中若有可能，最好是按月编制并列示，每月编制合并财务报表有困难的，至少要按照季度编制并列示。因为股东或者其他

报表阅读者至少每个季度，都要查看合并财务数据，按照月度列示，可以随时合成各个季度的合并资产负债表，如果报表阅读者需要月份数据，我们也能及时提供。

2. 合并利润表

合并利润表如表10-73所示。

我们来回顾一下合并范围增加时如何编制合并资产负债表：

编制合并利润表时，应当以本期取得的子公司自取得控制权日起至本期期末为会计期间的财务报表为基础编制，将本期取得的子公司自取得控制权日起至本期期末的收入、费用和利润通过合并，纳入合并财务报表之中。同时，为了提高会计信息的可比性，应在财务报表附注中披露本期取得的子公司对合并财务报表经营成果的影响，以及对前期相关金额的影响，即披露本期取得的子公司自取得控制权日至本期期末止的经营成果，包括营业收入、营业利润、利润总额、所得税费用和净利润等。

在本例中，合并数据的取数基础如下：

2×10年1～9月数据，取自母公司中国ABC酒业有限公司单体利润表数据。因为在此期间并没有取得对子公司的控制权。

2×10年10～12月数据，以母公司中国ABC酒业有限公司与子公司河南ABC酒业有限公司、山东ABC酒业有限公司和湖北ABC酒业有限公司2×10年10～12月的单体利润表数据为基础合并抵销得出。

在本例中的数据是按照季度编制并列示的，在实务中若有可能，最好是按月编制并列示，每月编制合并财务报表有困难，至少要按照季度编制并列示，这样可以随时合成各个季度的合并利润表。

3. 合并现金流量表

合并现金流量表如表10-74所示。

我们来回顾一下合并范围增加时如何编制合并现金流量表：

编制合并现金流量表时，应当将本期取得子公司自取得控制权日起至本期期末止的现金流量信息纳入合并现金流量表，并将取得子公司所支付的现金扣除子公司于购买日持有的现金及现金等价物后的净额，在有关投资活动类的"取得子公司及其他营业单位所支付的现金"项目反映。

表 10-73　合并利润表　　　货币单位：人民币千元

编制单位：中国 ABC 酒业有限公司　　　　　　　日期：2×10 年 12 月

项目	1～9月	10～12月	本年累计
一、营业收入	5 430 883	6 248 321	11 679 204
减：营业成本	2 174 026	580 483	2 754 509
减：税金及附加	3 195 716	2 788 815	5 984 531
销售费用	20 185	214 071	234 256
管理费用	2 264 086	1 201 624	3 465 710
研发费用			
财务费用	−302 115	6 998	−295 117
其中：利息费用			
利息收入			
资产减值损失	323	203 598	203 921
加：其他收益	0	0	0
投资收益	9 637 078	0	9 637 078
其中：对联营企业和合营企业的投资收益			
公允价值变动收益			
资产处置收益	0	0	0
二、营业利润	7 715 740	1 252 732	8 968 472
加：营业外收入	2 575	158 212	160 787
减：营业外支出	7 679	701	8 380
三、利润总额	7 710 636	1 410 243	9 120 879
减：所得税费用	−291 492	241 962	−49 530
四、净利润	8 002 128	1 168 281	9 170 409
（一）持续经营净利润（净亏损以"−"号填列）	8 002 128	1 168 281	9 170 409
（二）终止经营净利润（净亏损以"−"号填列）			
五、其他综合收益的税后净利润	8 002 128	1 168 281	9 170 409
（一）不能重分类进损益的其他综合收益			
1. 重新计量设定受益计划变动额			
2. 权益法下不能转损益的其他综合收益			
（二）将重分类进损益的其他综合收益			
1. 权益法下可转损益的其他综合收益			
2. 可供出售金融资产公允价值变动损益			
3. 持有至到期投资重分类为可供出售金融资产损益			
4. 现金流量套期损益的有效部分			
5. 外币财务报表折算差额			
六、综合收益总额	8 002 128	1 168 281	9 170 409
归属于母公司所有者综合收益总额			
归属于少数股东的综合收益总额			
七、每股收益			
（一）基本每股收益			
（二）稀释每股收益			

表 10-74 合并现金流量表

编制单位：中国 ABC 酒业有限公司
日期：2×10 年 12 月
货币单位：人民币千元

项目	1～9 月	10～12 月	本年累计
一、经营活动产生的现金流量			
销售商品、提供劳务收到的现金	8 739 809	5 124 625	13 864 434
收到的税费返还	0	0	0
收到的其他与经营活动有关的现金	159 257	40 844	200 101
经营活动现金流入小计	8 899 066	5 165 469	14 064 535
购买商品、接受劳务支付的现金	1 552 939	664 858	2 217 797
支付给职工以及为职工支付的现金	3 512 503	931 299	4 443 802
支付的各种税费	3 464 956	1 849 084	5 314 040
支付的其他与经营活动有关的现金	155 750	169 695	325 445
经营活动现金流出小计	8 686 148	3 614 936	12 301 084
经营活动产生的现金流量净额	212 918	1 550 533	1 763 451
二、投资活动产生的现金流量			
收回投资收到的现金	9 637 078	0	9 637 078
取得投资收益所收到的现金	0	0	0
处置固定资产、无形资产和其他长期资产收回的现金净额	74	0	74
处置子公司及其他营业单位收到的现金净额	0	0	0
收到的其他与投资活动有关的现金	5 447	132	5 579
投资活动现金流入小计	9 642 599	132	9 642 731
购建固定资产、无形资产和其他长期资产支付的现金	0	249 871	249 871

编制单位：中国ABC酒业有限公司　　　　日期：2×10年12月　　　　货币单位：人民币千元

（续）

项目	1～9月	10～12月	本年累计
投资支付的现金	0	0	0
取得子公司及其他营业单位支付的现金净额	1 498 877		1 498 877
支付的其他与投资活动有关的现金	0	185 210	185 210
投资活动现金流出小计	1 498 877	435 081	1 933 958
投资活动产生的现金流量净额	8 143 722	-434 949	7 708 773
三、筹资活动产生的现金流量			
吸收投资所收到的现金		0	0
取得借款收到的现金		71 292	71 292
收到的其他与筹资活动有关的现金		49 165	49 165
筹资活动现金流入小计	0	120 457	120 457
偿还债务所支付的现金	0	156 798	156 798
分配股利、利润和偿付利息支付的现金	7 751 997	1 211	7 753 208
支付的其他与筹资活动有关的现金	0	67 305	67 305
筹资活动现金流出小计	7 751 997	225 314	7 977 311
筹资活动产生的现金流量净额	-7 751 997	-104 857	-7 856 854
四、汇率变动对现金的影响			
五、现金及现金等价物净增加额	604 643	1 010 727	1 615 370
加：期初现金及现金等价物余额	15 052 964	15 657 607	15 052 964
六、期末现金及现金等价物余额	15 657 607	16 668 334	16 668 334

在本例中，合并数据的取数基础如下：

2×10年1～9月数据，以母公司中国ABC酒业有限公司单体现金流量表数据为基础，指"取得子公司及其他营业单位所支付的现金"项目，扣除了子公司河南ABC酒业有限公司、山东ABC酒业有限公司和湖北ABC酒业有限公司于购买日（2×10年9月30日）持有的现金及现金等价物后的净额。

2×10年10～12月数据，以母公司中国ABC酒业有限公司与子公司河南ABC酒业有限公司、山东ABC酒业有限公司和湖北ABC酒业有限公司2×10年10～12月的单体现金流量表期数为基础合并抵销得出。

本例中的数据是按照季度编制并列示的，在实务中若有可能，最好按月编制并列示，每月编制合并财务报表有困难的，至少要按照季度编制并列示，这样可以随时合成各个季度的合并现金流量表。

4. 合并所有者权益变动表

合并所有者权益变动表如表10-75所示。

本表是截至2×10年12月31日的累计数，其他期间的数据要用不同的文件区分，以便于按照不同报表阅读者的需求提供数据。

5. 合并财务报表之间的勾稽关系

（1）合并资产负债表与合并利润表的勾稽关系。

$$\begin{pmatrix}\text{"未分配利润"}\\ \text{项目期末数}\end{pmatrix} - \text{年初数} + \begin{pmatrix}\text{本期利润}\\ \text{分配数}\end{pmatrix}\begin{pmatrix}\text{指提取盈余公积、}\\ \text{向外部股东分配股利等}\end{pmatrix}$$

$$= \begin{pmatrix}\text{"未分配利润"项目期末数}\\ 26\,006\,156\end{pmatrix} - \begin{pmatrix}\text{年初数}\\ 25\,462\,265\end{pmatrix}$$

$$+ \begin{pmatrix}\text{本期利润}\\ \text{分配数}\end{pmatrix}\begin{pmatrix}\text{提取盈余公积}\\ 873\,301\end{pmatrix} + \begin{pmatrix}\text{中国ABC向外部}\\ \text{股东分配股利}\\ 7\,752\,006\end{pmatrix} + \begin{pmatrix}\text{山东ABC向外部}\\ \text{少数股东分配股利}\\ 1\,211\end{pmatrix}$$

= 9 170 409（千元）

合并利润表本年累计的"净利润" = 9 170 409（千元）

验证结果证明，在合并范围增加时，连续编制合并财务报表时，上述等式是成立的。

合并范围减少时这个等式是否依然成立，我们将在接下来的内容中用数据来验证。

表 10-75 合并所有者权益变动表

编制单位：中国 ABC 酒业有限公司
日期：2X10 年 12 月 31 日
货币单位：人民币千元

项目	行次	本年金额								
		实收资本（或股本）	其他权益工具			资本公积	减：库存股	其他综合收益	盈余公积	未分配利润	少数股东权益	所有者权益合计
			优先股	永续债	其他							
一、上年末余额	1	1 256 197				1 374 303			6 210 524	25 462 265		34 303 289
加：会计政策变更	2											0
前期差错更正	3											0
其他	4											
二、本年年初余额（5=1+2+3+4）	5	1 256 197				1 374 303	0		6 210 524	25 462 265	0	34 303 289
三、本年增减变动金额（减少以"-"号填列）(6=7+8+13+17)	6	0				48 139	0		928 123	543 891	358 594	1 878 747
（一）综合收益总额	7									9 170 409		9 170 409
（二）所有者投入和减少资本（8=9+10+11+12）	8	0				48 139	0		0	0	358 594	406 733
1. 所有者投入的普通股	9											0
2. 其他权益工具持有者投入资本	10											0
3. 股份支付计入所有者权益的金额	11											0
4. 其他	12					48 139					358 594	406 733
（三）利润分配（13=14+15+16）	13	0				0	0		928 123	-8 626 518	0	-7 698 395
1. 提取盈余公积	14								873 301	-873 301		0
2. 对所有者（或股东）的分配	15									-7 753 217		-7 753 217
3. 其他	16								54 822			54 822
（四）所有者权益内部结转（17=18+19+20+21+22）	17	0				0	0		0	0	0	0
1. 资本公积转增资本（或股本）	18											0
2. 盈余公积转增资本（或股本）	19											0
3. 盈余公积弥补亏损	20											0
4. 设定受益计划变动额结转留存收益	21											0
5. 其他	22											0
四、本年年末余额（23=5+6）	23	1 256 197				1 422 442	0		7 138 647	26 006 156	358 594	36 182 036

(2)合并所有者权益变动表与合并资产负债表、合并利润表的勾稽关系。

首先,所有者权益变动表中所有者权益各项目的上年末余额,一定等于资产负债表的本年年初余额,并且本年末余额一定等于资产负债表的本年期末余额。

其次,表 10-75 中"(一)净利润"的"未分配利润"列指向的单元格数据,一定等于利润表的本年累计净利润。

本例是合并范围增加,连续编制合并财务报表,数据验证正确。当合并范围减少时这个条件是否成立,我们将在接下来的内容中用数据来验证。

(3)合并资产负债表与合并现金流量表的勾稽关系。

连续编制财务报表时,单体资产负债表与现金流量表的勾稽关系为:

$$\text{资产负债表中的"货币资金"项目期末数} - \text{期初数} = \text{可比期间现金流量表的"现金及现金等价物净增加额"项目}$$

合并范围增加,初次编制、连续编制合并财务报表时,上述等式是成立的。合并范围减少时这个等式是否成立,我们将在接下来的内容中用数据来验证。

10.7.3 跨越会计年度的连续合并

跨越会计年度连续编制合并财务报表时,因为资产负债表项目具有延续性,所以对合并资产负债表的编制影响较大,对合并利润表可能会有一定的影响,对合并所有者权益变动表与合并现金流量表没有任何影响。所以跨越会计年度连续编制合并财务报表时,我们要重点关注上一会计年度的内部交易,对本年度合并资产负债表与合并利润表项目的抵销处理。

10.7.3.1 需要连续抵销的业务类型

跨越会计年度,需要连续抵销处理的业务共有以下两类:

一是母公司对合并范围内主体的长期股权投资成本的抵销,是指母公司的长期股权投资与子公司的所有者权益项目抵销。这类型的抵销业务从编制合并财务报表时起就一直存在,直到所有的子公司都从合并范围中消失。这是每次编制合并财务报表时,必须首先要进行抵销的报表项目。

二是上年末的资产或者负债金额中,包含有上个会计年度累计未实现的内部销售利润。

在合并财务报表编制的过程中，只是进行了报表项目的调整，并没有调整合并范围内各主体的账面记录。合并范围内各主体的账面记录中包含的上个会计年度累计未实现的内部销售利润依然存在，根据账面记录结果编制的单体财务报表的期末数仍然包含上个会计年度累计未实现的内部销售利润，如果不先进行抵销处理，会导致合并资产负债表期末的"未分配利润"项目以及与之对应的资产或者负债项目数据失真，某些情况下甚至会导致合并利润表的部分项目失真，同时会造成本年以及以后年度合并资产负债表与合并利润表的勾稽关系错乱。因为合并资产负债表的年初数就是上个会计年度的年末数，已经进行了抵销处理。

这种类型的抵销可能会有，也可能不会有，要根据上个会计年度合并主体内部交易的类型及结果而定。例如前例中的存货、资产减值损失、固定资产与无形资产内部销售、承担总部管理费都可以归入这个类型。

接下来我们用数据来验证年初资产或者负债金额中包含的上年度累计未实现内部销售利润，连续编制抵销前后的数据变化。

10.7.3.2 跨年度连续编制合并财务报表辅助资料

【案例10-3】2×11年3月，中国ABC酒业有限公司、河南ABC酒业有限公司、山东ABC酒业有限公司和湖北ABC酒业有限公司各自提交的合并辅助资料如下。

1. 长期股权投资

中国ABC酒业有限公司备查账记录如表10-76所示。

2. 内部债权债务

中国ABC酒业有限公司提交的合并辅助资料如表10-77所示。

河南ABC酒业有限公司提交的合并辅助资料如表10-78所示。

山东ABC酒业有限公司提交的合并辅助资料如表10-79所示。

湖北ABC酒业有限公司提交的合并辅助资料如表10-80所示。

3. 内部购销

山东ABC酒业有限公司提交的合并辅助资料如表10-81所示。

表 10-76 中国 ABC 备查账

被投资方	投资日期	投资成本	持股比例	是否并表	实收资本	资本公积	盈余公积	未分配利润	所有者权益合计	商誉	投资收益	上年末累计投资收益
河南 ABC	2×100930	1	100.00%	是	177 408	257 935	5 861	-445 386	-4 182	4 183		
山东 ABC	2×100930	1 254 600	80.00%	是	324 929	1 161 260	129 354	177 427	1 792 970	-179 776		4 844
湖北 ABC	2×100930	498 427	100.00%	是	263 758	24 060	51 035	159 574	498 427	0		

表 10-77 中国 ABC

项目	应收票据及应收账款		其他应收款		应付票据及应付账款		其他应付款		余额合计 应收+/应付−	对方余额	差额	核对结果
	借方	贷方	借方	贷方	借方	贷方	借方	贷方				
中国 ABC												OK
河南 ABC								990	-990	0	-990	NO
山东 ABC	1 199 253								1 199 253	-1 199 253		NO
湖北 ABC												OK

表 10-78 河南 ABC

项目	应收票据及应收账款		其他应收款		应付票据及应付账款		其他应付款		余额合计 应收+/应付−	对方余额	差额	核对结果	资产减值损失		
	借方	贷方	借方	贷方	借方	贷方	借方	贷方					本年新增	上年累计	年末余额
中国 ABC										-990	-990	NO			
河南 ABC												OK			
山东 ABC												OK		11 993	11 993
湖北 ABC	87 417								87 417	-87 417		OK		1 311	1 311

表 10-79　山东 ABC

项目	其他应收款 借方	其他应收款 贷方	应收票据及应收账款 借方	应收票据及应收账款 贷方	其他应付款 借方	其他应付款 贷方	应付票据及应付账款 借方	应付票据及应付账款 贷方	余额合计 应收+/应付-	对方余额	核对结果差额	资产减值损失 本年新增	资产减值损失 上年累计	资产减值损失 年末余额
中国 ABC								1 199 253	−1 199 253	1 199 253	OK			
河南 ABC											OK			
山东 ABC											OK			
湖北 ABC											OK			

表 10-80　湖北 ABC

项目	其他应收款 借方	其他应收款 贷方	应收票据及应收账款 借方	应收票据及应收账款 贷方	其他应付款 借方	其他应付款 贷方	应付票据及应付账款 借方	应付票据及应付账款 贷方	余额合计 应收+/应付-	对方余额	核对结果差额	资产减值损失 本年新增	资产减值损失 上年累计	资产减值损失 年末余额
中国 ABC								87 417	−87 417	87 417	OK			
河南 ABC											OK			
山东 ABC											OK			
湖北 ABC											OK			

表 10-81

开票月份	销售单位	收入金额	成本	购买单位	购入金额	入账月份	已累计实现对外销售	尚未实现对外销售	减值损失余额	上年未实现对外销售	上年计提减值损失
2×10Q4	中国 ABC	1 276 927	751 557	山东 ABC	1 276 927	2×10Q3	1 160 509	116 418	14 018	116 418	14 018

4. 固定资产

山东 ABC 酒业有限公司提交的合并辅助资料如表 10-82 所示。

5. 无形资产

山东 ABC 酒业有限公司提交的合并辅助资料如表 10-83 所示。

6. 特殊业务

河南 ABC 酒业有限公司提交的合并辅助资料如表 10-84 所示。

山东 ABC 酒业有限公司提交的合并辅助资料如表 10-85 所示。

除上述资料外，没有其他需要抵销的业务。对比上述辅助资料可以发现，除了上年度内部固定资产交易计提了一个季度的累计折旧和内部无形资产摊销了一个季度的数据外，2×11 年 1～3 月合并主体之间没有发生新的内部交易，也没有内部资金的流动。这样处理是为了便于计算下面两种数据处理方式的差异。

10.7.3.3 数据验证 1：不抵销年初资产或者负债金额中包含的上年度累计未实现内部销售利润

根据前述合并辅助资料，编制的抵销分录如下所示。

"抵销 1"表（即合并资产负债表的抵销分录列表）如表 10-86 所示。

"抵销 2"表（即合并利润表的抵销分录列表）如表 10-87 所示。

我们还是采用七步法编制合并财务报表，略去编制过程，得到的结果如表 10-88 和表 10-89 所示。

接下来我们进行数据验证：

$$\text{"未分配利润"项目期末数} - \text{年初数} + \text{本期利润分配数（指提取盈余公积、向外部股东分配股利等）}$$

$$= \text{"未分配利润"项目期末数} - \text{年初数} + \text{本期利润分配数}$$

$$= 27\,055\,698 - 26\,006\,156 + 0$$

$$= 1\,049\,542 \text{（千元）}$$

≠ 合并利润表本年累计的"净利润"1 029 760（千元）

单体资产负债表与单体利润表的勾稽关系验证没有问题，抵销分录也没有问题。由于上年度未实现内部销售利润对资产、负债及利润表项目的影响没有抵销处理，合并财务报表与合并利润表间的勾稽关系出现错误。

表 10-82

销售月份	销售单位	固定资产原值	累计折旧	销售金额	购买单位	入账月份	购入金额	本期折旧	费用入账科目	购入后累计计提	购入后上年末累计计提
2×10010	中国 ABC	500	95	455	山东 ABC	2×10010	455	27	管理费用	45	18

表 10-83

资产名称	销售月份	销售单位	无形资产原值	累计摊销	销售金额	购买单位	入账月份	购入金额	本期摊销	费用入账科目	购入后累计摊销	购入后上年末累计摊销
商标	2×10010	中国 ABC	5 000	250	4 900	山东 ABC	2×10010	4 900	65	销售费用	130	65

表 10-84

业务期间	业务描述	收款单位	入账科目	借方金额	付款单位	入账科目	贷方金额	上年末累计发生金额
	承担总公司管理费	中国 ABC	银行存款 其他应付款		河南 ABC	管理费用 银行存款		990

表 10-85

业务期间	业务描述	收款单位	入账科目	借方金额	付款单位	入账科目	贷方金额	上年末累计发生金额
	收费使用无形资产	中国 ABC	银行存款 营业外收入		山东 ABC	管理费用 银行存款		300

表 10-86

合计			3 398 292	3 398 292	
序号	摘要	报表项目	借方金额	贷方金额	关联公司
1	中国 ABC 对河南 ABC 长期股权投资抵销	实收资本	177 408		中国 ABC& 河南 ABC
2		资本公积	257 935		中国 ABC& 河南 ABC
3		盈余公积	5 861		中国 ABC& 河南 ABC
4		未分配利润	-445 386		中国 ABC& 河南 ABC
5		商誉	4 183		中国 ABC& 河南 ABC
6		长期股权投资		1	中国 ABC& 河南 ABC
7	中国 ABC 对山东 ABC 长期股权投资抵销	实收资本	324 929		中国 ABC& 山东 ABC
8		资本公积	1 161 260		中国 ABC& 山东 ABC
9		盈余公积	129 354		中国 ABC& 山东 ABC
10		未分配利润	177 427		中国 ABC& 山东 ABC
11		商誉	-179 776		中国 ABC& 山东 ABC
12		长期股权投资		1 254 600	中国 ABC& 山东 ABC
13		少数股东权益		358 594	中国 ABC& 山东 ABC
14	中国 ABC 对湖北 ABC 长期股权投资抵销	实收资本	263 758		中国 ABC& 湖北 ABC
15		资本公积	24 060		中国 ABC& 湖北 ABC
16		盈余公积	51 035		中国 ABC& 湖北 ABC
17		未分配利润	159 574		中国 ABC& 湖北 ABC
18		长期股权投资		498 427	中国 ABC& 湖北 ABC
19	中国 ABC 对山东 ABC 债权债务抵销	应付票据及应付账款	1 199 253		中国 ABC& 山东 ABC
20		应收票据及应收账款		1 199 253	中国 ABC& 山东 ABC
21	河南 ABC 对湖北 ABC 债权债务抵销	应付票据及应付账款	87 417		河南 ABC& 湖北 ABC
22		应收票据及应收账款		87 417	河南 ABC& 湖北 ABC

表 10-87

序号	摘要	报表项目	借方	贷方	关联公司
	合计		3 398 292	3 398 292	
1	中国 ABC 对山东 ABC 本期内部固定资产交易计提的折旧中包含的未实现利润抵销	固定资产	3		中国 ABC&山东 ABC
2		管理费用		3	中国 ABC&山东 ABC
3	中国 ABC 对山东 ABC 本期内部无形资产交易摊销的金额中包含的未实现利润抵销	无形资产	2		中国 ABC&山东 ABC
4		销售费用		2	中国 ABC&山东 ABC

10.7.3.4 数据验证 2：抵销年初资产或者负债金额中包含的上年度累计未实现内部销售利润

统一在"抵销 1"表（即合并资产负债表的抵销分录列表）补充编制上年度累计未实现内部销售利润对本年度合并数据的影响，编制后的结果如表 10-90 所示。

表 10-90 中灰底单元格部分，即为补充编制的上年度累计未实现内部销售利润对本年度有影响的项目的抵销分录，其中此处的"未分配利润"项目，就是有些教材中抵销分录所提到的"年初未分配利润"项目，也是本书前面章节中所用的"未分配利润（年初数）"项目。

依然采用七步法编制合并财务报表，略去编制过程，得到的结果如表 10-91～表 10-94 所示。

验证结果：勾稽关系一致。

10.7.4 合并范围减少

10.7.4.1 按照准则编制合并财务报表：勾稽异常

【案例 10-4】2×11 年 6 月，中国 ABC 酒业有限公司的长期股权投资备查账记录如表 10-95 所示。

表 10-88 合并资产负债表工作底稿

货币单位：人民币千元

项目	中国ABC	河南ABC	山东ABC	湖北ABC	合计	调整 借方	调整 贷方	合并金额	年初合并金额
资产									
流动资产：									
货币资金	14 076 485	40	40 603	48 515	14 165 643			14 165 643	16 668 334
以公允价值计量且其变动计入当期损益的金融资产					0			0	0
应收票据及应收账款	1 380 633	11 184	369 121		1 760 938		1 286 670	474 268	−464 303
预付账款	814 037	3 829	1 982	334	820 182			820 182	831 758
其他应收款	878 128	1 681	280 910		1 160 719			1 160 719	1 051 803
存货	19 940 910	164 340	692 716	806 845	21 604 811			21 604 811	20 963 179
持有待售资产					0			0	0
一年内到期的非流动资产					0			0	49 500
其他流动资产	10 518		48		10 566			10 566	5 350
流动资产合计	37 100 711	181 074	1 385 380	855 694	39 522 859	0	1 286 670	38 236 189	39 105 621
非流动资产：									
可供出售金融资产									
持有至到期投资									
长期应收款									
长期股权投资	1 753 028				1 753 028		1 753 028	0	0
投资性房地产					0			0	0
固定资产	14 708 390	102 696	423 965		15 235 051	3		15 235 054	14 504 457
在建工程	2 070 289		6 181		2 076 470			2 076 470	2 741 342
生产性生物资产					0			0	0

(续)

项目	中国ABC	河南ABC	山东ABC	湖北ABC	合计	调整借方	调整贷方	合并金额	年初合并金额
油气资产					0			0	0
无形资产	3 506 203	89 791	94 585		3 690 579	2		3 690 581	3 904 405
开发支出					0			0	0
商誉	310 195		12 707		322 902		−175 593	147 309	147 309
长期待摊费用	185 000		102 581		287 581			287 581	103 043
递延所得税资产					0			0	0
其他非流动资产					0			0	0
非流动资产合计	22 533 105	192 487	640 019		23 365 611	−175 588	1 753 028	21 436 995	21 400 556
资产总计	59 633 816	373 561	2 025 399	855 694	62 888 470	−175 588	3 039 698	59 673 184	60 506 177
流动负债:									
短期借款		46 660		108 000	154 660			154 660	139 660
以公允价值计量且其变动计入当期损益的金融负债					0			0	
衍生金融负债									
应付票据及应付账款	805 262	40 195	11 797	2 581	859 835	1 286 670		−426 835	−117 189
预收款项	18 569 535	68 799	50		18 638 384			18 638 384	18 103 226
应付职工薪酬	298 034	5 377	11 983		315 394			315 394	1 608 187
应交税费	1 314 214	32 039	35 585	2 974	1 384 812			1 384 812	2 516 603
其他应付款	1 804 735	145 561	131 058	250 724	2 332 078		0	2 332 078	2 030 309
持有待售负债					0			0	0
一年内到期的非流动负债					0			0	0
其他流动负债									
流动负债合计	22 791 780	338 631	190 473	364 279	23 685 163	1 286 670	0	22 398 493	24 280 796

项目										
非流动负债:										
长期借款					4 300			4 300		4 300
应付债券					0			0		0
其中: 优先股										
永续债										
长期应付款					0			0		0
预计负债					789			789		789
递延收益					0			0		0
递延所得税负债	15 570	16 124			38 024		38 024	38 256
其他非流动负债	15 570	16 124	6 330		43 113	0	43 113	43 345
非流动负债合计	22 807 350	354 755	196 803	369 368	23 728 276	1 286 670	22 441 606	24 324 141
负债合计	1 256 197	177 408	324 929	263 758	2 022 292	766 095	1 256 197	1 256 197
实收资本										
其他权益工具										
其中: 优先股										
永续债										
资本公积	1 426 127	306 074	1 164 258	24 060	2 920 519	1 443 255	1 477 264	1 477 264
减: 库存股					0		0	
其他综合收益										
盈余公积	7 083 825	5 861	129 354	51 035	7 270 075	186 250	7 083 825	7 083 825
未分配利润	27 060 317	−470 537	210 055	147 473	26 947 308	−108 385	27 055 698	26 006 156
归属于母公司所有者权益合计	36 826 466	18 806	1 828 596	486 326	39 160 194	2 287 215	36 872 984	35 823 442
少数股东权益					0	5	358 594	358 594
所有者权益合计	36 826 466	18 806	1 828 596	486 326	39 160 194	2 287 215	37 231 578	36 182 036
负债和所有者权益总计	59 633 816	373 561	2 025 399	855 694	62 888 470	3 573 885	59 673 184	60 506 177

表 10-89 合并利润表工作底稿

货币单位：人民币千元

项目	中国ABC	河南ABC	山东ABC	湖北ABC	合计	调整借方	调整贷方	合并金额
一、营业收入	4 992 936	13 756	103 651	33 026	5 143 369			5 143 369
减：营业成本	1 121 644	9 844	18 800	33 011	1 183 299			1 183 299
减：税金及附加	1 825 308	3 294	27 296		1 855 898			1 855 898
销售费用	2 541		1 248		3 789		2	3 787
管理费用	780 438	8 012	16 932	712	806 094		3	806 091
研发费用								
财务费用	-103 945	1 459	-334	574	-102 246			-102 246
其中：利息费用								
利息收入			101		101			101
加：资产减值损失					0			0
其他收益					0			0
投资收益								
其中：对联营企业和合营企业的投资收益								
公允价值变动收益								
资产处置收益								
二、营业利润	1 366 950	-8 853	39 608	-1 271	1 396 434	0	-5	1 396 439
加：营业外收入	1 275	12	126		1 413			1 413
减：营业外支出	3 000	9 991		3 375	16 366			16 366

项目								
三、利润总额	1 365 225	-18 832	39 734	-4 646	1 381 481	0	-5	1 381 486
减：所得税费用	341 306		10 420		351 726			351 726
四、净利润	1 023 919	-18 832	29 314	-4 646	1 029 755	0	-5	1 029 760
（一）持续经营净利润（净亏损以"-"号填列）	1 023 919	-18 832	29 314	-4 646	1 029 755	0	-5	1 029 760
（二）终止经营净利润（净亏损以"-"号填列）								0
五、其他综合收益的税后净利润	1 023 919	-18 832	29 314	-4 646	1 029 755	0	-5	1 029 760
（一）不能重分类进损益的其他综合收益								
1. 重新计量设定受益计划变动额								
2. 权益法下不能转损益的其他综合收益								
（二）将重分类进损益的其他综合收益								
1. 权益法下可转损益的其他综合收益								
2. 可供出售金融资产公允价值变动损益								
3. 持有至到期投资重分类为可供出售金融资产损益								
4. 现金流量套期损益的有效部分								
5. 外币财务报表折算差额								
六、综合收益总额	1 023 919	-18 832	29 314	-4 646	1 029 755	0	-5	1 029 760
归属于母公司所有者综合收益总额								
归属于少数股东的综合收益总额								
七、每股收益								
（一）基本每股收益								
（二）稀释每股收益								

表 10-90

序号	摘要	报表项目	借方金额	贷方金额	关联公司
	合计		3 474 706	3 474 706	
1	中国 ABC 对河南 ABC 长期股权投资抵销	实收资本	177 408		中国 ABC & 河南 ABC
2		资本公积	257 935		中国 ABC & 河南 ABC
3		盈余公积	5 861		中国 ABC & 河南 ABC
4		未分配利润	−445 386		中国 ABC & 河南 ABC
5		商誉	4 183		中国 ABC & 河南 ABC
6		长期股权投资		1	中国 ABC & 河南 ABC
7	中国 ABC 对山东 ABC 长期股权投资抵销	实收资本	324 929		中国 ABC & 山东 ABC
8		资本公积	1 161 260		中国 ABC & 山东 ABC
9		盈余公积	129 354		中国 ABC & 山东 ABC
10		未分配利润	177 427		中国 ABC & 山东 ABC
11		商誉	−179 776		中国 ABC & 山东 ABC
12		长期股权投资		1 254 600	中国 ABC & 山东 ABC
13		少数股东权益		358 594	中国 ABC & 山东 ABC
14	中国 ABC 对湖北 ABC 长期股权投资抵销	实收资本	263 758		中国 ABC & 湖北 ABC
15		资本公积	24 060		中国 ABC & 湖北 ABC

	项目	借方	贷方	对象
16	盈余公积	51 035		中国 ABC& 湖北 ABC
17	未分配利润	159 574		中国 ABC& 湖北 ABC
18	长期股权投资		498 427	中国 ABC& 湖北 ABC
19	应付票据及应付账款 中国 ABC 对山东 ABC 债权债务抵销	1 199 253	1 199 253	中国 ABC& 山东 ABC
20	应收票据及应收账款			中国 ABC& 山东 ABC
21	应付票据及应付账款 河南 ABC 对湖北 ABC 债权债务抵销	87 417	87 417	河南 ABC& 湖北 ABC
22	应收票据及应收账款			河南 ABC& 湖北 ABC
23	应收票据及应收账款 中国 ABC 对山东 ABC 上年度应收项目累计计提减值损失抵销	11 993	11 993	中国 ABC& 山东 ABC
24	未分配利润			中国 ABC& 山东 ABC
25	应收票据及应收账款 河南 ABC 对湖北 ABC 上年度应收项目累计计提减值损失抵销	1 311	1 311	河南 ABC& 湖北 ABC
26	未分配利润			河南 ABC& 湖北 ABC
27	未分配利润 中国 ABC 对山东 ABC 上年度未实现内部购销抵销	47 898	47 898	中国 ABC& 山东 ABC
28	存货			中国 ABC& 山东 ABC
29	存货 中国 ABC 对山东 ABC 上年度未实现内部购销资产累计减值损失抵销	14 018	14 018	中国 ABC& 山东 ABC
30	未分配利润			中国 ABC& 山东 ABC

(续)

序号	摘要	报表项目	借方金额	贷方金额	关联公司
	合计		3 474 706	3 474 706	
33	中国 ABC 对山东 ABC 上年度固定资产交易内包含的未实现内部抵销	未分配利润	50		中国 ABC& 山东 ABC
34	中国 ABC 对山东 ABC 上年度内部固定资产交易计提的折旧中包含的未实现利润抵销	固定资产		50	中国 ABC& 山东 ABC
35		固定资产	2		中国 ABC& 山东 ABC
36		未分配利润		2	中国 ABC& 山东 ABC
37	中国 ABC 对山东 ABC 上年度累计内部无形资产交易中包含的未实现利润抵销	未分配利润	150		中国 ABC& 山东 ABC
38		无形资产		150	中国 ABC& 山东 ABC
39	中国 ABC 对山东 ABC 上年度摊销的无形资产交易金额中包含的未实现利润抵销	无形资产	2		中国 ABC& 山东 ABC
40		未分配利润		2	中国 ABC& 山东 ABC
41	中国 ABC 对河南 ABC 上年度累计待殊业务抵销	其他应付款	990		中国 ABC& 河南 ABC
42		未分配利润		990	中国 ABC& 河南 ABC

表 10-91 合并资产负债表工作底稿

单位：人民币千元

项目	中国ABC	河南ABC	山东ABC	湖北ABC	合计	调整 借方	调整 贷方	合并金额	年初合并金额
资产									
流动资产：									
货币资金	14 076 485	40	40 603	48 515	14 165 643			14 165 643	16 668 334
以公允价值计量且其变动计入当期损益的金融资产					0			0	0
应收票据及应收账款	1 380 633	11 184	369 121		1 760 938	13 304	1 286 670	487 572	−464 303
预付账款	814 037	3 829	1 982	334	820 182			820 182	831 758
其他应收款	878 128	1 681	280 910		1 160 719			1 160 719	1 051 803
存货	19 940 910	164 340	692 716	806 845	21 604 811	14 018	47 898	21 570 931	20 963 179
持有待售资产					0			0	
一年内到期的非流动资产					0			0	49 500
其他流动资产	10 518		48		10 566			10 566	5 350
流动资产合计	37 100 711	181 074	1 385 380	855 694	39 522 859	27 322	1 334 568	38 215 613	39 105 621
非流动资产：									
可供出售金融资产									
持有至到期投资									
长期应收款									
长期股权投资	1 753 028				1 753 028		1 753 028	0	0
投资性房地产					0			0	
固定资产	14 708 390	102 696	423 965		15 235 051	5	50	15 235 006	14 504 457
在建工程	2 070 289		6 181		2 076 470			2 076 470	2 741 342
生产性生物资产					0			0	0

(续)

项目	中国ABC	河南ABC	山东ABC	湖北ABC	合计	调整 借方	调整 贷方	合并金额	年初合并金额
油气资产					0			0	0
无形资产	3 506 203	89 791	94 585		3 690 579	4	150	3 690 433	3 904 405
开发支出					0			0	0
商誉	310 195		12 707		322 902	−175 593		147 309	147 309
长期待摊费用	185 000		102 581		287 581			287 581	103 043
递延所得税资产					0			0	0
其他非流动资产					0			0	0
非流动资产合计	22 533 105	192 487	640 019	0	23 365 611	−175 584	1 753 228	21 436 799	21 400 556
资产总计	59 633 816	373 561	2 025 399	855 694	62 888 470	−148 262	3 087 796	59 652 412	60 506 177
流动负债:									
短期借款		46 660		108 000	154 660			154 660	139 660
以公允价值计量且其变动计入当期损益的金融负债									
衍生金融负债									
应付票据及应付账款	805 262	40 195	11 797	2 581	859 835	1 286 670		−426 835	−117 189
预收款项	18 569 535	68 799	50		18 638 384			18 638 384	18 103 226
应付职工薪酬	298 034	5 377	11 983		315 394			315 394	1 608 187
应交税费	1 314 214	32 039	35 585	2 974	1 384 812			1 384 812	2 516 603
其他应付款	1 804 735	145 561	131 058	250 724	2 332 078	990	0	2 331 088	2 030 309
持有待售负债					0			0	0
一年内到期的非流动负债					0			0	0
其他流动负债									
流动负债合计	22 791 780	338 631	190 473	364 279	23 685 163	1 287 660	0	22 397 503	24 280 796

项目							
非流动负债:							
长期借款					4 300	4 300	4 300
应付债券					0	0	0
其中: 优先股							
永续债							
长期应付款					0	0	0
预计负债					789	789	789
递延收益							
递延所得税负债	15 570	16 124		6 330	0	0	0
其他非流动负债	15 570	16 124		6 330	38 024	38 024	38 256
非流动负债合计	354 755	177 408	196 803	5 089	43 113	43 113	43 345
负债合计	22 807 350		369 368	23 728 276	1 287 660	22 440 616	24 324 141
实收资本	1 256 197	324 929	263 758	2 022 292	766 095	1 256 197	1 256 197
其他权益工具							
其中: 优先股							
永续债							
资本公积	1 426 127	306 074	1 164 258	24 060	2 920 519	1 443 255	1 477 264	1 422 442
减: 库存股						0	
其他综合收益	7 083 825	5 861	129 354	51 035	7 270 075	186 250	7 083 825	7 138 647
盈余公积	27 060 317	−470 537	210 055	147 473	26 947 308	−60 287	27 035 916	26 006 156
未分配利润	36 826 466	18 806	1 828 596	486 326	39 160 194	2 335 313	28 321	36 853 202	35 823 442
归属于母公司所有者权益合计							28 321	
少数股东权益							358 594	358 594	358 594
所有者权益合计	36 826 466	18 806	1 828 596	486 326	39 160 194	2 335 313	386 915	37 211 796	36 182 036
负债和所有者权益总计	59 633 816	373 561	2 025 399	855 694	62 888 470	3 622 973	386 915	59 652 412	60 506 177

表 10-92 合并利润表工作底稿

货币单位：人民币千元

项目	中国ABC	河南ABC	山东ABC	湖北ABC	合计	调整 借方	调整 贷方	合并金额
一、营业收入	4 992 936	13 756	103 651	33 026	5 143 369	0	0	5 143 369
减：营业成本	1 121 644	9 844	18 800	33 011	1 183 299			1 183 299
减：税金及附加	1 825 308	3 294	27 296		1 855 898			1 855 898
销售费用	2 541		1 248		3 789		2	3 787
管理费用	780 438	8 012	16 932	712	806 094		3	806 091
研发费用								
财务费用	−103 945	1 459	−334	574	−102 246			−102 246
其中：利息费用								
利息收入			101		101			101
资产减值损失					0			0
加：其他收益					0			0
投资收益								
其中：对联营企业和合营企业的投资收益								
公允价值变动收益								
资产处置收益								
二、营业利润	1 366 950	−8 853	39 608	−1 271	1 396 434	−5		1 396 439
加：营业外收入	1 275	12	126		1 413			1 413
减：营业外支出	3 000	9 991	3 375		16 366			16 366

三、利润总额	1 365 225	−18 832	39 734	−4 646	1 381 481	−5	1 381 486
减：所得税费用	341 306		10 420		351 726		351 726
四、净利润	1 023 919	−18 832	29 314	−4 646	1 029 755	−5	1 029 760
（一）持续经营净利润（净亏损以"−"号填列）	1 023 919	−18 832	29 314	−4 646	1 029 755	−5	1 029 760
（二）终止经营净利润（净亏损以"−"号填列）							0
五、其他综合收益的税后净利润	1 023 919	−18 832	29 314	−4 646	1 029 755	−5	1 029 760
（一）不能重分类进损益的其他综合收益							
1. 重新计量设定受益计划变动额							
2. 权益法下不能转损益的其他综合收益							
（二）将重分类进损益的其他综合收益							
1. 权益法下可转损益的其他综合收益							
2. 可供出售金融资产公允价值变动损益							
3. 持有至到期投资重分类为可供出售金融资产损益							
4. 现金流量套期损益的有效部分							
5. 外币财务报表折算差额							
六、综合收益总额	1 023 919	−18 832	29 314	−4 646	1 029 755	−5	1 029 760
归属于母公司所有者综合收益总额							
归属于少数股东的综合收益总额							
七、每股收益							
（一）基本每股收益							
（二）稀释每股收益							

表 10-93 合并所有者

项目	行次	本年金额									
		实收资本（或股本）	其他权益工具			资本公积	减：库存股	其他综合收益	盈余公积	未分配利润	少数股东权益	所有者权益合计
			优先股	永续债	其他							
一、上年年末余额	1	1 256 197				1 477 264	0		7 083 825	26 006 156	358 594	36 182 036
加：会计政策变更	2											0
前期差错更正	3											0
其他	4											
二、本年年初余额（5=1+2+3+4）	5	1 256 197				1 477 264	0		7 083 825	26 006 156	358 594	36 182 036
三、本年增减变动金额（减少以"－"号填列）(6=7+8+13+17)	6	0				0	0		0	1 029 760	0	1 029 760
（一）综合收益总额	7									1 029 760		1 029 760
（二）所有者投入和减少资本（8=9+10+11+12）	8	0				0	0		0	0	0	0
1.所有者投入的普通股	9											0
2.其他权益工具持有者投入资本	10											0
3.股份支付计入所有者权益的金额	11											0
4.其他	12											0
（三）利润分配（13=14+15+16）	13	0				0	0		0	0	0	0
1.提取盈余公积	14											0
2.对所有者（或股东）的分配	15											0
3.其他	16											0
（四）所有者权益内部结转（17=18+19+20+21+22）	17	0				0	0		0	0	0	0
1.资本公积转增资本（或股本）	18											0
2.盈余公积转增资本（或股本）	19											0
3.盈余公积弥补亏损	20											0
4.设定受益计划变动额结转留存收益	21											0
5.其他	22											
四、本年年末余额（23=5+6）	23	1 256 197				1 477 264	0		7 083 825	27 035 916	358 594	37 211 796

权益变动表　　　　　　　　　　　　　　　　　　　　　　　　货币单位：人民币千元

实收资本（或股本）	其他权益工具			资本公积	减：库存股	其他综合收益	盈余公积	未分配利润	少数股东权益	所有者权益合计
	优先股	永续债	其他							
					上年金额					
1 256 197				1 374 303	0		6 210 524	25 462 265		34 303 289
										0
										0
1 256 197				1 374 303	0		6 210 524	25 462 265	0	34 303 289
0				102 961	0		873 301	543 891	358 594	1 878 747
								9 170 409		9 170 409
0				48 139	0		0	0	358 594	406 733
										0
										0
										0
				48 139					358 594	406 733
0				0	0		928 123	−8 626 518	0	−7 698 395
							873 301	−873 301		0
								−7 753 217		−7 753 217
							54 822			54 822
0				0	0		0	0	0	0
										0
										0
										0
										0
1 256 197				1 477 264	0		7 083 825	26 006 156	358 594	36 182 036

表 10-94 合并现金流量表工作底稿

货币单位：人民币千元

项目	中国 ABC	河南 ABC	山东 ABC	湖北 ABC	合计金额	调整 借方	调整 贷方	合并金额
一、经营活动产生的现金流量								
销售商品、提供劳务收到的现金	5 511 269	9 443	23 652	38 628	5 582 992			5 582 992
收到的税费返还					0			0
收到的其他与经营活动有关的现金	34 913	26 141	6 666	154 916	222 636			222 636
经营活动现金流入小计	5 546 182	35 584	30 318	193 544	5 805 628	0	0	5 805 628
购买商品、接受劳务支付的现金	1 339 724	12 742	21 154	38 559	1 412 179			1 412 179
支付给职工以及为职工支付的现金	2 292 207	2 858	25 714	825	2 321 604			2 321 604
支付的各种税费	3 969 826	3 083	49 879	7	4 022 795			4 022 795
支付的其他与经营活动有关的现金	69 192	20 920	9 838	505	100 455			100 455
经营活动产生现金流出小计	7 670 949	39 603	106 585	39 896	7 857 033	0	0	7 857 033
经营活动产生的现金流量净额	−2 124 767	−4 019	−76 267	153 648	−2 051 405	0	0	−2 051 405
二、投资活动产生的现金流量								
收回投资收到的现金					0			0
取得投资收益所收到的现金					0			0
处置固定资产、无形资产和其他长期资产收回的现金净额		319			319			319
投资活动现金流入小计	1 363	319	49 500		50 863	0	0	50 863
购建固定资产、无形资产和其他长期资产支付的现金	1 363		49 500	3 608	51 182			51 182
投资支付的现金					0			0
取得子公司及其他营业单位支付的现金净额	306 973				310 581			310 581

项目						
支付的其他与投资活动有关的现金		6 307			206 307	206 307
投资活动现金流出小计	313 280	0	3 608	200 000	516 888	516 888
投资活动产生的现金流量净额	−311 917	319	45 892	−200 000	−465 706	−465 706
三、筹资活动产生的现金流量						
吸收投资所收到的现金					0	0
取得借款所收到的现金				68 000	68 000	68 000
收到其他与筹资活动有关的现金					0	0
筹资活动现金流入小计	0	0		68 000	68 000	68 000
偿还债务所支付的现金	0	1 000	52 000		53 000	53 000
分配股利、利润和偿付利息支付的现金			580		580	580
支付其他与筹资活动有关的现金					0	0
筹资活动现金流出小计	0	1 000	52 580		53 580	53 580
筹资活动产生的现金流量净额	0	−1 000	15 420		14 420	14 420
四、汇率变动对现金的影响					0	0
五、现金及现金等价物净增加额	−2 436 684	−4 700	−30 375	−30 932	−2 502 691	−2 502 691
加:期初现金及现金等价物余额	16 513 169	4 740	70 978	79 447	16 668 334	16 668 334
六、期末现金及现金等价物余额	14 076 485	40	40 603	48 515	14 165 643	14 165 643

表 10-95

被投资方	投资日期	投资成本	持股比例	是否并表	实收资本	资本公积	盈余公积	未分配利润	所有者权益合计	商誉	投资收益	上年末累计投资收益
河南 ABC	2×100930	1	100.00%	是	177 408	257 935	5 861	−445 386	−4 182	4 183		
山东 ABC	2×100930	1 254 600	80.00%	是	324 929	1 161 260	129 354	177 427	1 792 970	−179 776	398 400	4 844
山东 ABC	2×110401	−1 653 000	0.00%	否	324 929	1 161 260	132 352	210 055	1 828 596			
湖北 ABC	2×100930	498 427	100.00%	是	263 758	24 060	51 035	159 574	498 427	0		

除此之外，中国 ABC 酒业有限公司本期没有与剩余两个子公司之间产生任何的关联交易，两个子公司之间也没有产生任何的关联交易。与 2×11 年 3 月的合并辅助资料相比，只是合并主体减少 1 个子公司山东 ABC 酒业有限公司。

我们先来回顾一下合并范围增加时如何编制合并资产负债表：

第三十三条 母公司在报告期内处置子公司以及业务，编制合并资产负债表时，不应当调整合并资产负债表的期初数。

2018 年度注册会计师全国统一考试辅导教材《会计》第 626 页：

二、处置对子公司投资的会计处理

…………

（三）本期减少子公司时如何编制合并财务报表

在本期出售转让子公司部分或全部股份，丧失对子公司的控制权而使其成为非子公司的情况下，应当将其排除在合并财务报表的合并范围之外。

在编制合并资产负债表时，不需要对该出售转让股份而成为非子公司的资产负债表进行合并。但为了提高会计信息的可比性，应当在财务报表附注中披露该子公司成为非子公司对合并财务报表财务状况以及对前期相关金额的影响，即披露该子公司在丧失控制权日以及该子公司在上年年末的资产和负债金额，具体包括流动资产、长期股权投资、固定资产、无形资产及其他资产、流动负债、长期负债等的金额。

编制合并利润表时，应当以该子公司自期初至丧失控制权成为非子公司之日止的利润表为基础，将该子公司自期初至丧失控制权之日止的收入、费用、利润纳入合并利润表。同时为提高会计信息的可比性，在财务报表附注中披露该子公司成为非子公司对合并财务报表的经营成果以及对前期相关金额的影响，即披露该子公司自期初至丧失控制权日的经营成果以及上年度的经营成果，具体包括营业收入、营业利润、利润总额、所得税费用和净利润等。

在编制现金流量表时，应将该子公司自期初至丧失控制权之日止的现金流量信息纳入合并现金流量表，并将出售该子公司所收到的现金扣除子公司持有的现金和现金等价物以及相关处置费用后的净额，在有关投资活动类的"处置子公司及其他营业单位所收到的现金"项目反映。

…………

根据会计准则的要求以及注册会计师考试辅导教材的讲解,我们把上期(即 2×11 年 3 月)抵销分录列表中与减少的子公司山东 ABC 酒业有限公司有关的抵销分录全部删除后,就是本期的抵销数据。本期"抵销 1"表(即合并资产负债表的抵销分录列表)如表 10-96 所示。

表 10-96

序号	摘要	报表项目	借方金额	贷方金额	关联公司
	合计		588 146	588 146	
1	中国 ABC 对河南 ABC 长期股权投资抵销	实收资本	177 408		中国 ABC& 河南 ABC
2		资本公积	257 935		中国 ABC& 河南 ABC
3		盈余公积	5 861		中国 ABC& 河南 ABC
4		未分配利润	−445 386		中国 ABC& 河南 ABC
5		商誉	4 183		中国 ABC& 河南 ABC
6		长期股权投资		1	中国 ABC& 河南 ABC
14	中国 ABC 对湖北 ABC 长期股权投资抵销	实收资本	263 758		中国 ABC& 湖北 ABC
15		资本公积	24 060		中国 ABC& 湖北 ABC
16		盈余公积	51 035		中国 ABC& 湖北 ABC
17		未分配利润	159 574		中国 ABC& 湖北 ABC
18		长期股权投资		498 427	中国 ABC& 湖北 ABC
21	河南 ABC 对湖北 ABC 债权债务抵销	应付票据及应付账款	87 417		河南 ABC& 湖北 ABC
22		应收票据及应收账款		87 417	河南 ABC& 湖北 ABC
25	河南 ABC 对湖北 ABC 上年度应收项目累计计提减值损失抵销	应收票据及应收账款	1 311		河南 ABC& 湖北 ABC
26		未分配利润		1 311	河南 ABC& 湖北 ABC
41	中国 ABC 对河南 ABC 上年度累计特殊业务抵销	其他应付款	990		中国 ABC& 河南 ABC
42		未分配利润		990	中国 ABC& 河南 ABC

表 10-96 中的序号空缺行,就是上期与山东 ABC 酒业有限公司有关的抵销分录行。"抵销 2"表(即合并利润表的抵销分录列表)与"抵销 3"表(即合并现金流量表抵销分录列表)则无任何数据。可以采用七步法编制合并财务报表,略去编制过程,得到的结果如表 10-97～表 10-100 所示。

表 10-97 合并资产负债表工作底稿

日期：2×11 年 6 月 30 日

货币单位：人民币千元

项目	中国 ABC	河南 ABC	湖北 ABC	合计	调整 借方	调整 贷方	合并金额	年初合并金额
资产								
流动资产：								
货币资金	14 558 953	17	314	14 559 284			14 559 284	16 668 334
以公允价值计量且其变动计入当期损益的金融资产				0			0	0
应收票据及应收账款	2 815 894	11 605		2 827 499	1 311	87 417	2 741 393	−464 303
预付账款	764 691	1 036	64	765 791			765 791	831 758
其他应收款	767 479	911		768 390			768 390	1 051 803
存货	27 193 574	160 807	804 270	28 158 651			28 158 651	20 963 179
持有待售资产				0			0	49 500
一年内到期的非流动资产								
其他流动资产	11 847			11 847			11 847	5 350
流动资产合计	46 112 438	174 376	804 648	47 091 462	1 311	87 417	47 005 356	39 105 621
非流动资产：								
可供出售金融资产								
持有至到期投资								
长期应收款								
长期股权投资	498 428			498 428		498 428	0	0
投资性房地产				0			0	
固定资产	14 527 910	100 118		14 628 028			14 628 028	14 504 457
在建工程	2 178 741			2 178 741			2 178 741	2 741 342
生产性生物资产				0			0	0

项目	列1	列2	列3	列4	列5	列6	列7
油气资产	0				0		0
无形资产	3 486 219	89 132	43		3 575 394		3 904 405
开发支出							0
商誉	334 609			4 183	338 792		147 309
长期待摊费用	182 500				182 500		103 043
递延所得税资产							0
其他非流动资产							0
非流动资产合计	21 208 407	189 250	43	4 183	20 903 455	498 428	21 400 556
资产总计	67 320 845	363 626	804 691	5 494	67 908 811	585 845	60 506 177
流动负债:							
短期借款		46 660	100 000		146 660		139 660
以公允价值计量且其变动计入当期损益的金融负债							
衍生金融负债							
应付票据及应付账款	827 995	47 981	2 482	87 417	878 458		-117 189
预收款项	20 253 395	37 140			20 290 535		18 103 226
应付职工薪酬	391 119	5 883	94		397 096		1 608 187
应交税费	541 192	34 084	2 925		578 201		2 516 603
其他应付款	9 046 966	146 987	213 613	990	9 406 576		2 030 309
持有待售负债					0		0
一年内到期的非流动负债					0		0
其他流动负债							
流动负债合计	31 060 667	318 735	319 114	88 407	31 698 516	0	24 280 796
非流动负债:			4 300		4 300		4 300
长期借款							

(续)

货币单位：人民币千元

日期：2×11年6月30日

项目	中国ABC	河南ABC	湖北ABC	合计	调整借方	调整贷方	合并金额	年初合并金额
应付债券				0			0	0
其中：优先股								
永续债								
长期应付款			789	789			789	789
预计负债				0			0	0
递延收益								
递延所得税负债	15 570	39 488		55 058			55 058	38 256
其他非流动负债	15 570	39 488	5 089	60 147	0	0	60 147	43 345
非流动负债合计	31 076 237	358 223	324 203	31 758 663	88 407	0	31 670 256	24 324 141
负债合计	1 256 197	177 408	263 758	1 697 363	441 166	0	1 256 197	1 256 197
实收资本	1 426 127	306 074	24 060	1 756 261	281 995	0	1 474 266	1 477 264
其他权益工具				0			0	0
其中：优先股								
永续债								
资本公积	7 980 613	5 861	51 035	8 037 509	56 896		7 980 613	7 083 825
减：库存股								
其他综合收益	25 581 671	−483 940	141 635	25 239 366	−285 812	2 301	25 527 479	26 006 156
盈余公积	36 244 608	5 403	480 488	36 730 499	494 245	2 301	36 238 555	35 823 442
未分配利润				0			0	358 594
归属于母公司所有者权益合计	36 244 608	5 403	480 488	36 730 499	494 245	2 301	36 238 555	36 182 036
少数股东权益								
所有者权益合计	36 244 608	5 403	480 488	36 730 499	494 245	2 301	36 238 555	36 182 036
负债和所有者权益总计	67 320 845	363 626	804 691	68 489 162	582 652	2 301	67 908 811	60 506 177

表 10-98 合并利润表工作底稿

期间：2×11 年 4～6 月

货币单位：人民币千元

项目	中国ABC	河南ABC	湖北ABC	合计	调整借方	调整贷方	合并金额
一、营业收入	13 211 574	17 274	8 840	13 237 688			13 237 688
减：营业成本	3 312 948	13 217	11 922	3 338 087			3 338 087
税金及附加	1 307 478	3 919	0	1 311 397			1 311 397
销售费用	34 641	2 541		37 182			37 182
管理费用	826 548	7 425	2 209	836 182			836 182
研发费用							
财务费用	−98 945	3 575	547	−94 823			−94 823
其中：利息费用							
利息收入							
资产减值损失				0			0
加：其他收益				0			0
投资收益	398 400			398 400			398 400
其中：对联营企业和合营企业的投资收益				0			0
公允价值变动收益							
资产处置收益							
二、营业利润	8 227 304	−13 403	−5 838	8 208 063	0	0	8 208 063
加：营业外收入		0		0			0
减：营业外支出							
三、利润总额	8 227 304	−13 403	−5 838	8 208 063	0	0	8 208 063
减：所得税费用	283 350			283 350			283 350

(续)

期间：2×11年4~6月
货币单位：人民币千元

项目	中国ABC	河南ABC	湖北ABC	合计	调整借方	调整贷方	合并金额
四、净利润	7 943 954	-13 403	-5 838	7 924 713	0	0	7 924 713
（一）持续经营净利润（净亏损以"-"号填列）	7 943 954	-13 403	-5 838	7 924 713	0	0	7 924 713
（二）终止经营净利润（净亏损以"-"号填列）							
五、其他综合收益的税后净利润		-13 403	-5 838		0		
（一）不能重分类进损益的其他综合收益							
1. 重新计量设定受益计划变动额							
2. 权益法下不能转损益的其他综合收益							
（二）将重分类进损益的其他综合收益							
1. 权益法下可转损益的其他综合收益							
2. 可供出售金融资产公允价值变动损益							
3. 持有至到期投资重分类为可供出售金融资产损益							
4. 现金流量套期损益的有效部分							
5. 外币财务报表折算差额							
六、综合收益总额	7 943 954	-13 403	-5 838	7 924 713		0	7 924 713
归属于母公司所有者综合收益总额							
归属于少数股东的综合收益总额							
七、每股收益							
（一）基本每股收益							
（二）稀释每股收益							

表 10-99 合并所有者权益变动表

日期：2X11 年 6 月 30 日

货币单位：人民币千元

项目	行次	本年金额									
		实收资本（或股本）| 其他权益工具			资本公积	减：库存股	其他综合收益	盈余公积	未分配利润	少数股东权益	所有者权益合计
			优先股	永续债	其他							
一、上年末余额	1	1 256 197				1 477 264	0		7 083 825	26 006 156	358 594	36 182 036
加：会计政策变更	2											0
前期差错更正	3											0
其他	4											
二、本年初余额（5=1+2+3+4）| 5	1 256 197				1 477 264	0		7 083 825	26 006 156	358 594	36 182 036
三、本年增减变动金额（减少以"—"号填列）(6=7+8+13+17)	6	0				–2 998	0		896 788	–468 127	–358 594	67 069
（一）综合收益总额	7									8 954 473		8 954 473
（二）所有者投入和减少资本（8=9+10+11+12）| 8	0				–2 998	0		0		0	–2 998
1. 所有者投入的普通股	9											0
2. 其他权益工具持有者投入资本	10											0
3. 股份支付计入所有者权益的金额	11					–2 998						–2 998
4. 其他	12											
（三）利润分配（13=14+15+16）| 13	0					0		896 788	–9 422 600	–358 594	–8 884 406
1. 提取盈余公积	14								896 788	–896 788		0
2. 对所有者（或股东）的分配	15									–8 525 812		–8 525 812
3. 其他	16										–358 594	–358 594
（四）所有者权益内部结转（17=18+19+20+21+22）| 17	0				0	0		0	0	0	0
1. 资本公积转增资本（或股本）| 18											0
2. 盈余公积转增资本（或股本）| 19											0
3. 盈余公积弥补亏损	20											0
4. 设定受益计划变动额结转留存收益	21											0
5. 其他	22											
四、本年末余额（23=5+6）| 23	1 256 197				1 474 266	0		7 980 613	25 538 029	0	36 249 105

表 10-100 合并现金流量表工作底稿

期间：2×11 年 4～6 月　　　　　　　　　　　　　　　　　　货币单位：人民币千元

项目	中国 ABC	河南 ABC	湖北 ABC	合计金额	调整 借方	调整 贷方	合并金额
一、经营活动产生的现金流量							
销售商品、提供劳务收到的现金	5 128 087	5 885	13 953	5 147 925			5 147 925
收到的税费返还	0	0	0	0			0
收到的其他与经营活动有关的现金	158 949	1 817		160 766			160 766
经营活动现金流入小计	5 287 036	7 702	13 953	5 308 691	0	0	5 308 691
购买商品、接受劳务支付的现金	735 833	1 274	6 047	743 154			743 154
支付给职工以及为职工支付的现金	868 394	3 450	187	872 031			872 031
支付的各种税费	2 820 586	2 514	8 027	2 831 127			2 831 127
支付的其他与经营活动有关的现金	211 054	1 168		212 222			212 222
经营活动现金流出小计	4 635 867	7 238	15 429	4 658 534	0	0	4 658 534
经营活动产生的现金流量净额	651 169	464	−1 476	650 157	0	0	650 157
二、投资活动产生的现金流量							
收回投资收到的现金				0			0
取得投资收益所收到的现金				0			0
处置固定资产、无形资产和其他长期资产收回的现金净额				0			0
处置子公司及其他营业单位收到的现金净额	1 653 000			1 653 000			1 653 000

项目							
收到的其他与投资活动有关的现金	5 171 710				5 171 710		5 171 710
投资活动现金流入小计	6 824 710		0		6 824 710	0	6 824 710
购建固定资产、无形资产和其他长期资产支付的现金	171 942		487		172 429		172 429
投资支付的现金	0				0		0
取得子公司及其他营业单位支付的现金净额	0				0		0
支付的其他与投资活动有关的现金	819				819		819
投资活动现金流出小计	172 761		487		173 248	0	173 248
三、投资活动产生的现金流量净额	6 651 949		−487		6 651 462		6 651 462
筹资活动产生的现金流量							
吸收投资所收到的现金					0		0
取得借款收到的现金			32 000		32 000		32 000
收到的其他与筹资活动有关的现金			32		32		32
筹资活动现金流入小计	0		32 032		32 032	0	32 032
偿还债务所支付的现金			40 000		40 000		40 000
分配股利、利润和偿付利息支付的现金	6 820 650		2 897		6 823 547		6 823 547
支付的其他与筹资活动有关的现金			35 860		35 860		35 860
筹资活动现金流出小计	6 820 650		78 757		6 899 407	0	6 899 407
筹资活动产生的现金流量净额	−6 820 650		−46 725		−6 867 375		−6 867 375
四、汇率变动对现金的影响		−23			0		0
五、现金及现金等价物净增加额	482 468		−48 201		434 244	0	434 244
加：期初现金及现金等价物余额	14 076 485	40	48 515		14 125 040	0	14 125 040
六、期末现金及现金等价物余额	14 558 953	17	314		14 559 284	0	14 559 284

上述编制过程完全遵照会计准则的要求，但是却出现勾稽关系异常。

1. 合并资产负债表与合并利润表勾稽关系验证

"未分配利润"项目期末数 25 527 479 − 年初数 26 006 156 + 本期利润分配数 9 422 600 ⎫通过中国 ABC 财务报表数据的变化即可获得⎬

= 8 943 923（千元）

≠ 合并利润表本年累计的"净利润"8 954 473（=1 029 760+7 924 713）（千元）

2. 合并所有者权益变动表与合并资产负债表、合并利润表勾稽关系验证

合并所有者权益变动表（表10-99）"（一）净利润"行与"未分配利润"列共同指向的单元格数据取自合并利润表累计数 8 954 473（=1 029 760+7 924 713）千元。

合并所有者权益变动表的"未分配利润"项目本年末余额 25 538 029 千元，与资产负债表"未分配利润"项目合并期末数 25 527 479 千元不相符。

此处的勾稽关系异常，是合并资产负债表与合并利润表勾稽关系不一致造成的。

3. 合并现金流量表与合并资产负债表勾稽关系验证

合并资产负债表"货币资金"期末数 − 年初数
= 14 559 284 − 16 668 334 = −2 109 050（千元）
≠ 合并现金流量表本年累计"现金及现金等价物净增加额"项目
−2 068 447（=−2 502 691+434 244）（千元）

差额 = 40 603（千元）

结论：合并范围减少时，完全照搬会计准则的规定，编制的合并财务报表勾稽关系异常，必须进行调整。

10.7.4.2 勾稽关系调整

调整勾稽关系时，合并资产负债表数据保持不变，只是调整合并利润表与合并现金流量表个别项目数据，进而调整合并所有者权益变动表，以达到勾稽关系平衡。

1. 合并利润表与合并所有者权益变动表调整

如果合并资产负债表与合并利润表勾稽关系异常，主要原因是：被处置子公司资产负债表期末数为零，而利润表数据则为处置前的实际发生数，逻辑关系不一致。我们用利润分配表，调整利润表项目，使合并资产负债表与合并利润表勾稽关系一致。

首先，计算得出不包含被处置子公司的"未分配利润"项目 2×11 年的合并年初数据，和 2×11 年 $1 \sim 6$ 月净利润合并数据，视同被处置子公司从来就没有被纳入到合并范围的数据。

其次，编制与被处置子公司之间的调整分录，使年初未分配利润数据，与处置子公司前的年初合并数据相符，进而使合并利润表与合并资产负债表的勾稽关系达成一致。

最后，调整合并利润表数据。

就本例而言，需要编制的与被处置子公司之间的抵销分录如下。

（1）抵销年初存货中包含的未实现内部销售利润。

借：年初未分配利润

　　　　33 880（= 未实现利润 47 898 - 资产减值损失 14 018）

　　贷：投资收益　　　　　　　　　　　　　　　　　33 880

此处用"投资收益"项目，而不是"存货"项目，是因为内部交易形成的存货在被处置的子公司，期末不纳入合并范围。

（2）抵销年初固定资产价值中包含的未实现内部销售利润。

借：年初未分配利润　　48（= 未实现利润 50 - 已计提折旧 2）

　　贷：投资收益　　　　　　48

此处用"投资收益"项目，而不是"固定资产"项目，是因为内部交易形成的固定资产在被处置的子公司，期末不纳入合并范围。

（3）抵销年初无形资产价值中包含的未实现内部销售利润。

借：年初未分配利润　　148（= 未实现利润 150 - 已累计摊销 2）

　　贷：投资收益　　　　　　148

此处用"投资收益"项目，而不是"无形资产"项目，是因为内部交易形成的无形资产在被处置的子公司，期末不纳入合并范围。

（4）抵销年初应收账款计提的资产减值损失。

借：资产减值损失　　　　　　　　　　　　11 993

　　贷：年初未分配利润　　　　　　　　　　　　　11 993

年初抵销的内部应收资产减值损失，随着对方单位被处置不再纳入合并范围，本年度无须抵销，在调整时恢复。

（5）权益法调整截至上年度累计实现利润应享有的份额。

借：投资收益　　　2 651（＝截至年初累计实现利润 9 369×80%－

收到的现金分红 4 844）

贷：净利润　　　　2 651

（6）冲减母公司投资收益中已经包含的本期利润。

借：投资收益　　　　　　　　　　　　　　　23 451

（＝年初至处置前子公司实现利润 29 314×80%）

少数股东损益　　　　　　　　　　　　5 863

（＝年初至处置前子公司实现利润 29 314×20%）

净利润　　　　　　　　　　　　　　　3 314

（＝截至年初累计实现利润 9 369－累计现金分红 6 055）

贷：利润分配——其他　　　　　　　　　　32 628

将上述数据过入利润分配表，可得到如表 10-101 所示的结果。

表 10-101

项目	调整前合并数	山东 ABC	抵销	调整后合并数
净利润	① 8 925 154	③ 29 314	⑤ －4 682	8 949 786
归属于母公司净利润	8 925 154	29 314	⑥ －10 545	8 943 923
少数股东损益			5 863	5 863
年初未分配利润	② 26 024 925	④ 3 314	⑦ －22 083	26 006 156
利润分配				
提取盈余公积				0
其他		⑧ －32 628	⑨ 32 628	0

表 10-101 中项目说明如下：

"调整前合并数"列，填写中国 ABC 酒业有限公司、河南 ABC 酒业有限公司和湖北 ABC 酒业有限公司合并报表个别项目合并金额。

"山东 ABC"列，山东 ABC 酒业有限公司被处置前的单体报表项目金额，其中"净利润"项填写单体报表金额；"年初未分配利润"填写自被纳入合并范围时起，至被处置期的年初累计增加额。

"抵销"列，填写抵销分录汇总金额。

"调整后合并数"列，公式列，金额等于上述三列数据相加。

金额计算过程如下：

① 8 925 154：中国 ABC 酒业有限公司、河南 ABC 酒业有限公司和湖北 ABC 酒业有限公司单体财务报表 2×11 年 1～6 月净利润合计金额，没有合并抵销事项。

② 26 024 925＝中国 ABC 酒业有限公司、河南 ABC 酒业有限公司和湖北 ABC 酒业有限公司单体财务报表 2×11 年年初合计 25 736 812－投资成本中已包含的未分配利润（－445 386+159 574）+应收减值损失调整 1 311+特殊业务对利润的影响 990。

③ 29 314＝山东 ABC 酒业有限公司 2×11 年 1～3 月净利润 29 314。

④ 3 314＝山东 ABC 酒业有限公司 2×11 年年初金额 180 741－投资成本中已包含的未分配利润 177 427。

⑤ －4 682＝33 880+48+148－11 993+2 651－2 651－23 451－3 314，数据来源于调整分录。

⑥ －10 545＝⑤－少数股东损益 5 863。

⑦ －22 083＝－33 880－148－48+11 993，数据来源于调整分录。

⑧ －32 628＝－（③ 29 314+④ 3 314），目的是清零山东 ABC 酒业有限公司期末所有者权益项目。

⑨ 32 628：数据来源于调整分录。

调整之后的合并 4～6 月利润表如表 10-102 所示。

说明：

"投资收益"项目调减金额⑩ 4 687＝净利润的调减金额⑤ 4 682+2×11 年 1～3 月内部交易固定资产折旧调增净利润金额 3+2×11 年 1～3 月内部交易无形资产摊销调增净利润金额 2。

正式的合并利润表如表 10-103 所示。

调整之后的合并所有者权益变动表如表 10-104 所示。

经过上述调整后，合并资产负债表与合并利润表的勾稽关系一致，与合并范围保持不变的取数不同的是，此处的"净利润"项目数据，取自"归属于母公司所有者的净利润"本年累计数，而不是"净利润"项目本年累计数。

表 10-102 合并利润表工作底稿

期间：2×11 年 4~6 月

货币单位：人民币千元

项目	中国 ABC	河南 ABC	湖北 ABC	合计	调整 借方	调整 贷方	合并金额
一、营业收入	13 211 574	17 274	8 840	13 237 688			13 237 688
减：营业成本	3 312 948	13 217	11 922	3 338 087			3 338 087
减：税金及附加	1 307 478	3 919	0	1 311 397			1 311 397
销售费用	34 641	2 541		37 182			37 182
管理费用	826 548	7 425	2 209	836 182			836 182
研发费用							
财务费用	−98 945	3 575	547	−94 823			−94 823
其中：利息费用							
利息收入				0			0
资产减值损失				0			0
加：其他收益							
投资收益	398 400			398 400		⑩ 4 687	393 713
其中：对联营企业和合营企业的投资收益				0			0
公允价值变动收益							
资产处置收益							
二、营业利润	8 227 304	−13 403	−5 838	8 208 063	4 687		8 203 376
加：营业外收入				0			0
减：营业外支出				0			0

项目							
三、利润总额	8 227 304	-13 403	-5 838	8 208 063	4 687	0	8 203 376
减：所得税费用	283 350			283 350			283 350
四、净利润	7 943 954	-13 403	-5 838	7 924 713	4 687	0	7 920 026
（一）持续经营净利润（净亏损以"-"号填列）	7 943 954	-13 403	-5 838	7 924 713			7 920 026
（二）终止经营净利润（净亏损以"-"号填列）							
五、其他综合收益的税后净利润	7 943 954	-13 403	-5 838	7 924 713	4 687		7 920 026
（一）不能重分类进损益的其他综合收益							
1. 重新计量设定受益计划变动额							
2. 权益法下不能转损益的其他综合收益							
（二）将重分类进损益的其他综合收益							
1. 权益法下可转损益的其他综合收益							
2. 可供出售金融资产公允价值变动损益							
3. 持有至到期投资重分类为可供出售金融资产损益							
4. 现金流量套期损益的有效部分							
5. 外币财务报表折算差额							
六、综合收益总额	7 943 954	-13 403	-5 838	7 924 713	4 687		7 920 026
归属于母公司所有者综合收益总额							7 914 163
归属于少数股东的综合收益总额							5 863
七、每股收益							
（一）基本每股收益							
（二）稀释每股收益							

表 10-103　合并利润表

编制单位：中国 ABC 酒业有限公司　　日期：2×11 年 6 月　　货币单位：人民币千元

项目	1~3月	4~6月	7~9月	10~12月	本年累计
一、营业收入	5 095 471	13 237 688			18 333 159
减：营业成本	1 135 401	3 338 087			4 473 488
税金及附加	1 855 898	1 311 397			3 167 295
销售费用	3 787	37 182			40 969
管理费用	806 091	836 182			1 642 273
研发费用					
财务费用	−102 246	−94 823			−197 069
其中：利息费用					
利息收入	101	0			101
资产减值损失					
加：其他收益	0	0			0
投资收益	0	393 713			393 713
其中：对联营企业和合营企业的投资收益	0	0			0
公允价值变动收益					
资产处置收益					
二、营业利润	1 396 439	8 203 376	0	0	9 599 815
加：营业外收入	1 413				1 413
减：营业外支出	16 366				16 366
三、利润总额	1 381 486	8 203 376			9 584 862
减：所得税费用	351 726	283 350			635 076

项目	母公司	子公司	抵销	合并
四、净利润	1 029 760	7 920 026	0	8 949 786
（一）持续经营净利润（净亏损以"-"号填列）	1 029 760	7 920 026	0	8 949 786
（二）终止经营净利润（净亏损以"-"号填列）				
五、其他综合收益的税后净额	1 029 760	7 920 026	0	8 949 786
（一）不能重分类进损益的其他综合收益				
1. 重新计量设定受益计划变动额				
2. 权益法下不能转损益的其他综合收益				
（二）将重分类进损益的其他综合收益				
1. 权益法下可转损益的其他综合收益				
2. 可供出售金融资产公允价值变动损益				
3. 持有至到期投资重分类为可供出售金融资产损益				
4. 现金流量套期损益的有效部分				
5. 外币财务报表折算差额				
六、综合收益总额	1 029 760	7 920 026	0	8 949 786
归属于母公司所有者综合收益总额	1 029 760	7 914 163		8 943 923
归属于少数股东的综合收益总额		5 863		5 863
七、每股收益				
（一）基本每股收益				
（二）稀释每股收益				

表 10-104　合并所有者权益变动表

日期：2×11 年 6 月 30 日

货币单位：人民币千元

项目	行次	实收资本（或股本）	其他权益工具			资本公积	减:库存股	其他综合收益	盈余公积	未分配利润	少数股东权益	所有者权益合计
			优先股	永续债	其他							
一、上年末余额	1	1 256 197				1 477 264	0		7 083 825	26 006 156	358 594	36 182 036
加：会计政策变更	2											0
前期差错更正	3											0
其他	4											
二、本年年初余额（5=1+2+3+4）	5	1 256 197				1 477 264	0		7 083 825	26 006 156	358 594	36 182 036
三、本年增减变动金额（减少以"一"号填列）(6=7+8+13+17)	6	0				-2 998	0		896 788	-478 677	-358 594	56 519
（一）综合收益总额	7									8 943 923	5 863	8 949 786
（二）所有者投入和减少资本（8=9+10+11+12）	8	0				-2 998	0			0	0	-2 998
1.所有者投入的普通股	9											0
2.其他权益工具持有者投入资本	10											0
3.股份支付计入所有者权益的金额	11											0

项目	№							
4. 其他	12		−2 998					−2 998
(三) 利润分配 (13=14+15+16)	13	0	0	896 788	−9 422 600	0	0	−8 890 269
1. 提取盈余公积	14		0	896 788	−896 788			0
2. 对所有者（或股东）的分配	15				−8 525 812			−8 525 812
3. 其他	16		0			−364 457		−364 457
(四) 所有者权益内部结转 (17=18+19+20+21+22)	17	0	0	0	0	0	0	0
1. 资本公积转增资本（或股本）	18							
2. 盈余公积转增资本（或股本）	19							
3. 盈余公积弥补亏损	20							
4. 设定受益计划变动额结转留存收益	21							
5. 其他	22							
四、本年年末余额 (23=5+6)	23	1 256 197	1 474 266	7 980 613	25 527 479	0	0	36 238 555

2. 合并现金流量表调整

合并资产负债表与合并现金流量表勾稽关系异常，是因为母公司单体现金流量表中"处置子公司及其他营业单位收到的现金净额"项目的金额，已经包含了被处置的子公司在处置日的"货币资金"项目金额，需要进行调整处理。就本例而言，调整的过程及结果如表 10-105 所示。

正式的合并现金流量表如表 10-106 所示。

经过调整后，合并现金流量表与合并资产负债表勾稽关系一致。

合并范围减少后，为了能使合并财务报表之间的勾稽关系一致，本书对合并后的数据进行了调整，调整的方法仅供实务工作者参考，并非标准答案。

10.8 本章总结：未雨绸缪，才能游刃有余

要想能游刃有余地编制合并财务报表，必须未雨绸缪：在事情未发生之前，就要做好充分的准备。有了这些准备，正式编制合并财务报表过程中，遇到问题，就可以通过熟练的技术、丰富的经验等，轻松应对。这些准备工作包括：

（1）并表知识。包括合并范围的确定、如何编制抵销分录、合并范围发生变化与跨年度连续编制合并财务报表时如何保持勾稽关系一致、Excel 的分类汇总功能、财务软件的操作等。

合并范围增加时，母公司现金流量表中"取得子公司及其他营业单位支付的现金净额"项目的金额，已经包含了子公司"货币资金"项目的期末余额，若子公司此时的"货币资金"项目余额不为零，就会出现勾稽关系异常，要进行调整处理。

合并范围减少时，母公司的"投资收益"项目中包含了子公司被处置前的当年实现的净利润，可以通过利润分配表把合并利润表与合并资产负债表、合并所有者权益变动表之间数据勾稽关系调整为一致。母公司单体现金流量表中"处置子公司及其他营业单位收到的现金净额"项目的金额，包含了处置时被处置子公司的"货币资金"期末金额，要进行调整，这样才能保持合并现金流量表与合并资产负债表勾稽关系一致。

表 10-105　合并现金流量表工作底稿

货币单位：人民币千元

项目	中国ABC	河南ABC	湖北ABC	合计金额	调整		合并金额
					借方	贷方	
一、经营活动产生的现金流量							
销售商品、提供劳务收到的现金	5 128 087	5 885	13 953	5 147 925			5 147 925
收到的税费返还	0	0	0	0			0
收到的其他与经营活动有关的现金	158 949	1 817		160 766			160 766
经营活动现金流入小计	5 287 036	7 702	13 953	5 308 691	0	0	5 308 691
购买商品、接受劳务支付的现金	735 833	1 274	6 047	743 154			743 154
支付给职工以及为职工支付的现金	868 394	3 450	187	872 031			872 031
支付的各种税费	2 820 586	2 514	8 027	2 831 127			2 831 127
支付的其他与经营活动有关的现金	211 054		1 168	212 222			212 222
经营活动产生现金流出小计	4 635 867	7 238	15 429	4 658 534	0	0	4 658 534
经营活动产生的现金流量净额	651 169	464	−1 476	650 157	0	0	650 157
二、投资活动产生的现金流量							
收回投资收到的现金				0			0
取得投资收益所收到的现金				0			0
处置固定资产、无形资产和其他长期资产收回的现金净额			0	0			0
处置子公司及其他营业单位收到的现金净额	1 653 000			1 653 000		40 603	1 612 397
收到的其他与投资活动有关的现金	5 171 710			5 171 710			5 171 710
投资活动现金流入小计	6 824 710	0	0	6 824 710	0	40 603	6 784 107
购建固定资产、无形资产和其他长期资产支付的现金	171 942	487		172 429			172 429

(续)

项目	中国ABC	河南ABC	湖北ABC	合计金额	调整借方	调整贷方	合并金额
投资支付的现金	0			0			0
取得子公司及其他营业单位支付的现金净额	0			0			0
支付的其他与投资活动有关的现金	819			819			819
投资活动现金流出小计	172 761	487	0	173 248		0	173 248
投资活动产生的现金流量净额	6 651 949	−487	0	6 651 462	0	40 603	6 610 859
三、筹资活动产生的现金流量							
吸收投资所收到的现金			0	0			0
取得借款收到的现金			32 000	32 000			32 000
收到的其他与筹资活动有关的现金			32	32			32
筹资活动现金流入小计	0	0	32 032	32 032			32 032
偿还债务所支付的现金			40 000	40 000			40 000
分配股利、利润和偿付利息支付的现金	6 820 650		2 897	6 823 547			6 823 547
支付其他与筹资活动有关的现金			35 860	35 860			35 860
筹资活动现金流出小计	6 820 650	0	78 757	6 899 407		0	6 899 407
筹资活动产生的现金流量净额	−6 820 650	0	−46 725	−6 867 375	0		−6 867 375
四、汇率变动对现金的影响			0	0			0
五、现金及现金等价物净增加额	482 468	−23	−48 201	434 244	0	40 603	393 641
加：期初现金及现金等价物余额	14 076 485	40	48 515	14 125 040	40 603		14 165 643
六、期末现金及现金等价物余额	14 558 953	17	314	14 559 284	40 603	40 603	14 559 284

表 10-106　合并现金流量表

编制单位：中国 ABC 酒业有限公司　　日期：2×11年6月　　货币单位：人民币千元

项目	1～3月	4～6月	7～9月	10～12月	本年累计
一、经营活动产生的现金流量					
销售商品、提供劳务收到的现金	5 582 992	5 147 925			10 730 917
收到的税费返还	0	0			0
收到的其他与经营活动有关的现金	222 636	160 766			383 402
经营活动现金流入小计	5 805 628	5 308 691	0		11 114 319
购买商品、接受劳务支付的现金	1 412 179	743 154			2 155 333
支付给职工以及为职工支付的现金	2 321 604	872 031			3 193 635
支付的各种税费	4 022 795	2 831 127			6 853 922
支付的其他与经营活动有关的现金	100 455	212 222			312 677
经营活动现金流出小计	7 857 033	4 658 534	0	0	12 515 567
经营活动产生的现金流量净额	−2 051 405	650 157	0	0	−1 401 248
二、投资活动产生的现金流量					
收回投资收益所收到的现金	0	0			0
取得投资收益所收到的现金	0	0			0
处理固定资产、无形资产和其他长期资产收回的现金净额	319	0			319
处置子公司及其他营业单位收到的现金净额	0	1 612 397			1 612 397
收到的其他与投资活动有关的现金	50 863	5 171 710			5 222 573
投资活动现金流入小计	51 182	6 784 107	0	0	6 835 289
购建固定资产、无形资产和其他长期资产支付的现金	310 581	172 429			483 010

(续)

编制单位：中国ABC酒业有限公司　　　　　日期：2×11年6月　　　　　货币单位：人民币千元

项目	1～3月	4～6月	7～9月	10～12月	本年累计
投资支付的现金	0	0			0
取得子公司及其他营业单位支付的现金净额	0	0			0
支付的其他与投资活动有关的现金	206 307	819			207 126
投资活动现金流出小计	516 888	173 248	0	0	690 136
投资活动产生的现金流量净额	−465 706	6 610 859	0	0	6 145 153
三、筹资活动产生的现金流量					
吸收投资所收到的现金	0	0			0
取得借款收到的现金	68 000	32 000			100 000
收到的其他与筹资活动有关的现金	0	32			32
筹资活动现金流入小计	68 000	32 032	0	0	100 032
偿还债务所支付的现金	53 000	40 000			93 000
分配股利、利润和偿付利息支付的现金	580	6 823 547			6 824 127
支付的其他与筹资活动有关的现金	0	35 860			35 860
筹资活动现金流出小计	53 580	6 899 407	0	0	6 952 987
筹资活动产生的现金流量净额	14 420	−6 867 375	0	0	−6 852 955
四、汇率变动对现金等价物的影响					
五、现金及现金等价物净增加额	−2 502 691	393 641	0	0	−2 109 050
加：期初现金及现金等价物余额	16 668 334	14 165 643			16 668 334
六、期末现金及现金等价物余额	14 165 643	14 559 284			14 559 284

跨越会计年度连续合并时，抵销上年度累计未实现利润对本期资产、负债的影响，才能保持合并利润表与合并资产负债表、合并所有者权益变动表之间的勾稽关系一致。

（2）操作规程。团队的组建、职责分工、培训以及如何紧密协作；备查账、辅助资料的填报；单体财务报表勾稽关系一致性检查、内部交易的核对等。

（3）文件。合并工作底稿、抵销分录列表、正式合并财务报表等文件的格式、填写方法等。

第 11 章

合并工作底稿不同格式的运用

在实务中,财务人员要针对不同的报表阅读者,编制并报送各种格式的财务报表。例如有报送给政府部门如证监会、税务机关、统计部门的报表,有报送给投资者的报表,还有报送给公司管理层的报表等。

随着形势的发展,报表的格式也在不断演变。例如,财政部于 2018 年 6 月 15 日发布了《关于修订印发 2018 年度一般企业财务报表格式的通知》(财会〔2018〕15 号)文件,以下简称《通知》,文件中公布了两种新的报表格式:适用于尚未执行新金融准则和新收入准则的企业和适用于已经执行新金融准则和新收入准则的企业。

管理层在企业的不同发展阶段,重点关注的数据信息略有不同。当管理层提出新的数据需求时,管理报表的格式也要更新。

财务报表的合并抵销,就是合并范围内单体报表项目之间的抵销。报表格式改变了,合并工作底稿必须进行相应的调整。本书第 1~10 章的内容,是以"尚未执行新金融准则"的报表格式展开的。接下来将分别以《通知》中的两种报表格式和管理层要求的报表格式为例,来演示合并工作底稿的调整。

11.1 尚未执行新金融准则和新收入准则的企业的报表

11.1.1 资产负债表

1. 报表格式

报表格式如表 11-1 所示。

表 11-1　资产负债表

资产	期末余额	年初余额	负债和所有者权益（或股东权益）	期末余额	年初余额
流动资产：			流动负债：		
货币资金			短期借款		
以公允价值计量且其变动计入当期损益的金融资产			以公允价值计量且其变动计入当期损益的金融负债		
应收票据及应收账款			衍生金融负债		
预付账款			应付票据及应付账款		
其他应收款			预收款项		
存货			应付职工薪酬		
持有待售资产			应交税费		
一年内到期的非流动资产			其他应付款		
其他流动资产			持有待售负债		
流动资产合计			一年内到期的非流动负债		
非流动资产：			其他流动负债		
可供出售金融资产			流动负债合计		
持有至到期投资			非流动负债：		
长期应收款			长期借款		
长期股权投资			应付债券		
投资性房地产			其中：优先股		
固定资产			永续债		
在建工程			长期应付款		
生产性生物资产			预计负债		
油气资产			递延收益		
无形资产			递延所得税负债		
开发支出			其他非流动负债		
商誉			非流动负债合计		
长期待摊费用			负债合计		
递延所得税资产			实收资本（或股本）		
其他非流动资产			其他权益工具		
非流动资产合计			其中：优先股		
			永续债		
			资本公积		
			减：库存股		
			其他综合收益		
			盈余公积		
			未分配利润		
			所有者权益（或股东权益）合计		
资产总计			负债和所有者权益（或股东权益）总计		

2. 修订新增项目说明

（1）"应收票据及应收账款"行项目，反映资产负债表日以摊余成本计量的，企业因销售商品、提供服务等经营活动应收取的款项，以及收到的商业汇票，包括银行承兑汇票和商业承兑汇票。该项目应根据"应收票据"和"应收账款"科目的期末余额，减去"坏账准备"科目中相关坏账准备期末余额后的金额填列。

（2）"其他应收款"行项目，应根据"应收利息""应收股利"和"其他应收款"科目的期末余额合计数，减去"坏账准备"科目中相关坏账准备期末余额后的金额填列。

（3）"持有待售资产"行项目，反映资产负债表日划为持有待售类别的非流动资产及划为持有待售类别的处置组中的流动资产和非流动资产的期末账面价值。该项目应根据"持有待售资产"科目的期末余额，减去"持有待售资产减值准备"科目的期末余额后的金额填列。

（4）"固定资产"行项目，反映资产负债表日企业固定资产的期末账面价值和企业尚未清理完毕的固定资产清理净损益。该项目应根据"固定资产"科目的期末余额，减去"累计折旧"和"固定资产减值准备"科目的期末余额后的金额，以及"固定资产清理"科目的期末余额填列。

（5）"在建工程"行项目，反映资产负债表日企业尚未达到预定可使用状态的在建工程的期末账面价值和企业为在建工程准备的各种物资的期末账面价值。该项目应根据"在建工程"科目的期末余额，减去"在建工程减值准备"科目的期末余额后的金额，以及"工程物资"科目的期末余额，减去"工程物资减值准备"科目的期末余额后的金额填列。

（6）"应付票据及应付账款"行项目，反映资产负债表日企业因购买材料、商品和接受服务等经营活动应支付的款项，以及开出、承兑的商业汇票，包括银行承兑汇票和商业承兑汇票。该项目应根据"应付票据"科目的期末余额，以及"应付账款"和"预付账款"科目所属的相关明细科目的期末贷方余额合计数填列。

（7）"其他应付款"行项目，应根据"应付利息""应付股利"和"其他应付款"科目的期末余额合计数填列。

（8）"持有待售负债"行项目，反映资产负债表日处置组中与划为持有待售类别的资产直接相关的负债的期末账面价值。该项目应根据"持有待售负债"科目的期末余额填列。

(9)"长期应付款"行项目，反映资产负债表日企业除长期借款和应付债券以外的其他各种长期应付款项的期末账面价值。该项目应根据"长期应付款"科目的期末余额，减去相关的"未确认融资费用"科目的期末余额后的金额，以及"专项应付款"科目的期末余额填列。

3. 合并工作底稿

合并工作底稿如表 11-2 所示。

表 11-2 合并资产负债表工作底稿

项目	母公司	子公司 1	子公司 2	……	合计金额	调整		合并金额
						借方	贷方	
资产								
流动资产：								
货币资金								
以公允价值计量且其变动计入当期损益的金融资产								
应收票据及应收账款								
预付账款								
其他应收款								
存货								
持有待售资产								
一年内到期的非流动资产								
其他流动资产								
流动资产合计								
非流动资产：								
可供出售金融资产								
持有至到期投资								
长期应收款								
长期股权投资								
投资性房地产								
固定资产								
在建工程								
生产性生物资产								
油气资产								
无形资产								

(续)

项目	母公司	子公司1	子公司2	……	合计金额	调整借方	调整贷方	合并金额
开发支出								
商誉								
长期待摊费用								
递延所得税资产								
其他非流动资产								
非流动资产合计								
资产总计								
流动负债:								
短期借款								
以公允价值计量且其变动计入当期损益的金融负债								
衍生金融负债								
应付票据及应付账款								
预收款项								
应付职工薪酬								
应交税费								
其他应付款								
持有待售负债								
一年内到期的非流动负债								
其他流动负债								
流动负债合计								
非流动负债:								
长期借款								
应付债券								
其中：优先股								
永续债								
长期应付款								
预计负债								
递延收益								
递延所得税负债								
其他非流动负债								
非流动负债合计								
负债合计								
实收资本（或股本）								
其他权益工具								

(续)

项目	母公司	子公司1	子公司2	……	合计金额	调整借方	调整贷方	合并金额
其中：优先股								
永续债								
资本公积								
减：库存股								
其他综合收益								
盈余公积								
未分配利润								
归属于母公司所有者权益合计								
少数股东权益								
所有者权益（或股东权益）合计								
负债和所有者权益（或股东权益）总计								

11.1.2 利润表

1. 报表格式

报表格式如表 11-3 所示。

2. 修订新增项目说明

（1）"研发费用"行项目，反映企业进行研究与开发过程中发生的费用化支出。该项目应根据"管理费用"科目下的"研发费用"明细科目的发生额分析填列。

（2）"其中：利息费用"行项目，反映企业为筹集生产经营所需资金等而发生的应予费用化的利息支出。该项目应根据"财务费用"科目的相关明细科目的发生额分析填列。

（3）"利息收入"行项目，反映企业确认的利息收入。该项目应根据"财务费用"科目的相关明细科目的发生额分析填列。

（4）"其他收益"行项目，反映计入其他收益的政府补助等。该项目应根据"其他收益"科目的发生额分析填列。

（5）"资产处置收益"行项目，反映企业出售划为持有待售的非流动资产（金融工具、长期股权投资和投资性房地产除外）或处置组（子公司和

表 11-3　利润表

项目	本期金额	上期金额
一、营业收入		
减：营业成本		
税金及附加		
销售费用		
管理费用		
研发费用		
财务费用		
其中：利息费用		
利息收入		
资产减值损失		
加：其他收益		
投资收益		
其中：对联营企业和合营企业的投资收益		
公允价值变动收益		
资产处置收益		
二、营业利润		
加：营业外收入		
减：营业外支出		
三、利润总额		
减：所得税费用		
四、净利润		
（一）持续经营净利润（净亏损以"-"号填列）		
（二）终止经营净利润（净亏损以"-"号填列）		
五、其他综合收益的税后净利润		
（一）不能重分类进损益的其他综合收益		
1.重新计量设定受益计划变动额		
2.权益法下不能转损益的其他综合收益		
……		
（二）将重分类进损益的其他综合收益		
1.权益法下可转损益的其他综合收益		
2.可供出售金融资产公允价值变动损益		
3.持有至到期投资重分类为可供出售金融资产损益		
4.现金流量套期损益的有效部分		
5.外币财务报表折算差额		
……		
六、综合收益总额		
七、每股收益		
（一）基本每股收益		
（二）稀释每股收益		

业务除外）时确认的处置利得或损失，以及处置未划为持有待售的固定资产、在建工程、生产性生物资产及无形资产而产生的处置利得或损失。债务重组中因处置非流动资产产生的利得或损失和非货币性资产交换中换出非流动资产产生的利得或损失也包括在本项目内。该项目应根据"资产处置损益"科目的发生额分析填列；如为处置损失，以"-"号填列。

（6）"营业外收入"行项目，反映企业发生的除营业利润以外的收益，主要包括债务重组利得、与企业日常活动无关的政府补助、盘盈利得、捐赠利得（企业接受股东或股东的子公司直接或间接的捐赠，经济实质属于股东对企业的资本性投入的除外）等。该项目应根据"营业外收入"科目的发生额分析填列。

（7）"营业外支出"行项目，反映企业发生的除营业利润以外的支出，主要包括债务重组损失、公益性捐赠支出、非常损失、盘亏损失、非流动资产毁损报废损失等。该项目应根据"营业外支出"科目的发生额分析填列。

（8）"（一）持续经营净利润"和"（二）终止经营净利润"行项目，分别反映净利润中与持续经营相关的净利润和与终止经营相关的净利润；如为净亏损，以"-"号填列。该两个项目应按照《企业会计准则第42号——持有待售的非流动资产、处置组和终止经营》的相关规定分别列报。

3. 合并工作底稿

合并工作底稿如表11-4所示。

11.1.3 所有者权益变动表与现金流量表

1. 所有者权益变动表

单体所有者权益变动表的格式如表11-5所示。

合并所有者权益变动表的格式如表11-6所示。

与单体所有者权益变动表相比，合并所有者权益变动表只是在"所有者权益合计"项目前增加一列"少数股东权益"，其他格式完全相同。

合并所有者权益变动表是根据合并资产负债表与合并利润表填列的，不需要独立的合并工作底稿。

2. 现金流量表

现金流量表格式没有变化，这里就不做列示了。

表 11-4　合并利润表工作底稿

项目	母公司	子公司 1	子公司 2	……	合计金额	调整		合并金额
						借方	贷方	
一、营业收入								
减：营业成本								
税金及附加								
销售费用								
管理费用								
研发费用								
财务费用								
其中：利息费用								
利息收入								
资产减值损失								
加：其他收益								
投资收益								
其中：对联营企业和合营企业的投资收益								
公允价值变动收益								
资产处置收益								
二、营业利润								
加：营业外收入								
减：营业外支出								

三、利润总额								
减:所得税费用								
四、净利润								
(一)持续经营净利润(净亏损以"-"号填列)								
(二)终止经营净利润(净亏损以"-"号填列)								
五、其他综合收益的税后净利润								
(一)不能重分类进损益的其他综合收益								
1.重新计量设定受益计划变动额								
2.权益法下不能转损益的其他综合收益								
(二)将重分类进损益的其他综合收益								
1.权益法下可转损益的其他综合收益								
2.可供出售金融资产公允价值变动损益								
3.持有至到期投资重分类为可供出售金融资产损益								
4.现金流量套期损益的有效部分								
5.外币财务报表折算差额								
六、综合收益总额								
归属于母公司所有者综合收益总额								
归属于少数股东的综合收益总额								
七、每股收益								
(一)基本每股收益								
(二)稀释每股收益								

表 11-5 所有者权益变动表

项目	行次	本年金额									上年金额								
		实收资本（或股本）	其他权益工具			资本公积	减：库存股	其他综合收益	盈余公积	未分配利润	所有者权益合计	实收资本（或股本）	其他权益工具			资本公积	减：库存股	其他综合收益	盈余公积	未分配利润	所有者权益合计
			优先股	永续债	其他								优先股	永续债	其他						
一、上年末余额	1																			
加：会计政策变更	2																			
前期差错更正	3																			
其他	4																			
二、本年初余额（5=1+2+3+4）	5																			
三、本年增减变动金额（减少以"-"号填列）（6=7+8+13+17）	6																			
（一）综合收益总额	7																			
（二）所有者投入和减少资本（8=9+10+11+12）	8																			
1. 所有者投入的普通股	9																			
2. 其他权益工具持有者投入资本	10																			

3. 股份支付计入所有者权益的金额	11								
4. 其他	12								
(三) 利润分配 (13=14+15+16)	13								
1. 提取盈余公积	14								
2. 对所有者 (或股东) 的分配	15								
3. 其他	16								
(四) 所有者权益内部结转 (17=18+19+20+21+22)	17								
1. 资本公积转增资本 (或股本)	18								
2. 盈余公积转增资本 (或股本)	19								
3. 盈余公积弥补亏损	20								
4. 设定受益计划变动额结转留存收益	21								
5. 其他	22								
四、本年年末余额 (23=5+6)	23								

表 11-6 合并所有者权益变动表

项目	行次	本年金额											上年金额										
		实收资本（或股本）	其他权益工具			资本公积	减：库存股	其他综合收益	盈余公积	未分配利润	少数股东权益	所有者权益合计	实收资本（或股本）	其他权益工具			资本公积	减：库存股	其他综合收益	盈余公积	未分配利润	少数股东权益	所有者权益合计
			优先股	永续债	其他									优先股	永续债	其他							
一、上年年末余额	1																						
加：会计政策变更	2																						
前期差错更正	3																						
其他	4																						
二、本年年初余额（5=1+2+3+4）	5																						
三、本年增减变动金额（减少以"—"号填列）(6=7+8+13+17)	6																						
（一）综合收益总额	7																						
（二）所有者投入和减少资本（8=9+10+11+12）	8																						
1.所有者投入的普通股	9																						
2.其他权益工具持有者投入资本	10																						
3.股份支付计入所有者权益的金额	11																						
4.其他	12																						
（三）利润分配（13=14+15+16）	13																						
1.提取盈余公积	14																						
2.对所有者（或股东）的分配	15																						
3.其他	16																						
（四）所有者权益内部结转（17=18+19+20+21+22）	17																						
1.资本公积转增资本（或股本）	18																						
2.盈余公积转增资本（或股本）	19																						
3.盈余公积弥补亏损	20																						
4.设定受益计划变动额结转留存收益	21																						
5.其他	22																						
四、本年年末余额（23=5+6）	23																						

11.2 已执行新金融准则和新收入准则的企业的报表

11.2.1 资产负债表

1. 报表格式

报表格式如表 11-7 所示。

2. 修订新增项目说明

（1）"交易性金融资产"行项目，反映资产负债表日企业分类为以公允价值计量且其变动计入当期损益的金融资产，以及企业持有的直接指定为以公允价值计量且其变动计入当期损益的金融资产的期末账面价值。该项目应根据"交易性金融资产"科目的相关明细科目期末余额分析填列。自资产负债表日起超过一年到期且预期持有超过一年的以公允价值计量且其变动计入当期损益的非流动金融资产的期末账面价值，在"其他非流动金融资产"行项目反映。

（2）"债权投资"行项目，反映资产负债表日企业以摊余成本计量的长期债权投资的期末账面价值。该项目应根据"债权投资"科目的相关明细科目期末余额，减去"债权投资减值准备"科目中相关减值准备的期末余额后的金额分析填列。自资产负债表日起一年内到期的长期债权投资的期末账面价值，在"一年内到期的非流动资产"行项目反映。企业购入的以摊余成本计量的一年内到期的债权投资的期末账面价值，在"其他流动资产"行项目反映。

（3）"其他债权投资"行项目，反映资产负债表日企业分类为以公允价值计量且其变动计入其他综合收益的长期债权投资的期末账面价值。该项目应根据"其他债权投资"科目的相关明细科目期末余额分析填列。自资产负债表日起一年内到期的长期债权投资的期末账面价值，在"一年内到期的非流动资产"行项目反映。企业购入的以公允价值计量且其变动计入其他综合收益的一年内到期的债权投资的期末账面价值，在"其他流动资产"行项目反映。

（4）"其他权益工具投资"行项目，反映资产负债表日企业指定为以公允价值计量且其变动计入其他综合收益的非交易性权益工具投资的期末账面价值。该项目应根据"其他权益工具投资"科目的期末余额填列。

表 11-7 资产负债表

资产	期末余额	年初余额	负债和所有者权益（或股东权益）	期末余额	年初余额
流动资产：			流动负债：		
货币资金			短期借款		
交易性金融资产			交易性金融负债		
应收票据及应收账款			衍生金融负债		
预付账款			应付票据及应付账款		
其他应收款			预收款项		
存货			合同负债		
合同资产			应付职工薪酬		
持有待售资产			应交税费		
一年内到期的非流动资产			其他应付款		
其他流动资产			持有待售负债		
流动资产合计			一年内到期的非流动负债		
非流动资产：			其他流动负债		
债权投资			流动负债合计		
其他债权投资			非流动负债：		
长期应收款			长期借款		
长期股权投资			应付债券		
其他权益工具投资			其中：优先股		
其他非流动金融资产			永续债		
投资性房地产			长期应付款		
固定资产			预计负债		
在建工程			递延收益		
生产性生物资产			递延所得税负债		
油气资产			其他非流动负债		
无形资产			非流动负债合计		
开发支出			负债合计		
商誉			实收资本（或股本）		
长期待摊费用			其他权益工具		
递延所得税资产			其中：优先股		
其他非流动资产			永续债		
非流动资产合计			资本公积		
			减：库存股		
			其他综合收益		
			盈余公积		
			未分配利润		
			所有者权益（或股东权益）合计		
资产总计			负债和所有者权益（或股东权益）总计		

（5）"交易性金融负债"行项目，反映资产负债表日企业承担的交易性金融负债，以及企业持有的直接指定为以公允价值计量且其变动计入当期损益的金融负债的期末账面价值。该项目应根据"交易性金融负债"科目的相关明细科目期末余额填列。

（6）"合同资产"和"合同负债"行项目。企业应按照《企业会计准则第14号——收入》（2017年修订）的相关规定，根据本企业履行履约义务与客户付款之间的关系在资产负债表中列示合同资产或合同负债。"合同资产"项目、"合同负债"项目，应分别根据"合同资产"科目、"合同负债"科目的相关明细科目期末余额分析填列，同一合同下的合同资产和合同负债应当以净额列示，其中净额为借方余额的，应当根据其流动性在"合同资产"或"其他非流动资产"项目中填列，已计提减值准备的，还应减去"合同资产减值准备"科目中相关的期末余额后的金额填列；其中净额为贷方余额的，应当根据其流动性在"合同负债"或"其他非流动负债"项目中填列。

（7）按照《企业会计准则第14号——收入》（2017年修订）的相关规定确认为资产的合同取得成本，应当根据"合同取得成本"科目的明细科目初始确认时摊销期限是否超过一年或一个正常营业周期，在"其他流动资产"或"其他非流动资产"项目中填列，已计提减值准备的，还应以减去"合同取得成本减值准备"科目中相关的期末余额后的金额填列。

（8）按照《企业会计准则第14号——收入》（2017年修订）的相关规定确认为资产的合同履约成本，应当根据"合同履约成本"科目的明细科目初始确认时摊销期限是否超过一年或一个正常营业周期，在"存货"或"其他非流动资产"项目中填列，已计提减值准备的，还应以减去"合同履约成本减值准备"科目中相关的期末余额后的金额填列。

（9）按照《企业会计准则第14号——收入》（2017年修订）的相关规定确认为资产的应收退货成本，应当根据"应收退货成本"科目是否在一年或一个正常营业周期内出售，在"其他流动资产"或"其他非流动资产"项目中填列。

（10）按照《企业会计准则第14号——收入》（2017年修订）的相关规定确认为预计负债的应付退货款，应当根据"预计负债"科目下的"应付退货款"明细科目是否在一年或一个正常营业周期内清偿，在"其他流动负债"

或"预计负债"项目中填列。

3. 合并工作底稿

合并工作底稿如表 11-8 所示。

11.2.2 利润表

1. 报表格式

报表格式如表 11-9 所示。

2. 修订新增项目说明

（1）"信用减值损失"行项目，反映企业按照《企业会计准则第 22 号——金融工具确认和计量》（2017 年修订）的要求计提的各项金融工具减值准备所形成的预期信用损失。该项目应根据"信用减值损失"科目的发生额分析填列。

（2）"净敞口套期收益"行项目，反映净敞口套期下被套期项目累计公允价值变动转入当期损益的金额或现金流量套期储备转入当期损益的金额。该项目应根据"净敞口套期损益"科目的发生额分析填列；如为套期损失，以"–"号填列。

（3）"其他权益工具投资公允价值变动"行项目，反映企业指定为以公允价值计量且其变动计入其他综合收益的非交易性权益工具投资发生的公允价值变动。该项目应根据"其他综合收益"科目的相关明细科目的发生额分析填列。

（4）"企业自身信用风险公允价值变动"行项目，反映企业指定为以公允价值计量且其变动计入当期损益的金融负债，由企业自身信用风险变动引起的公允价值变动而计入其他综合收益的金额。该项目应根据"其他综合收益"科目的相关明细科目的发生额分析填列。

（5）"其他债权投资公允价值变动"行项目，反映企业分类为以公允价值计量且其变动计入其他综合收益的债权投资发生的公允价值变动。企业将一项以公允价值计量且其变动计入其他综合收益的金融资产重分类为以摊余成本计量的金融资产，或重分类为以公允价值计量且其变动计入当期损益的金融资产时，之前计入其他综合收益的累计利得或损失从其他综合收益中转出的金额作为该项目的减项。该项目应根据"其他综合收益"科目下的相关明细科目的发生额分析填列。

表 11-8 合并资产负债表工作底稿

项目	母公司	子公司 1	子公司 2	……	合计金额	调整 借方	调整 贷方	合并金额
资产								
流动资产:								
货币资金								
交易性金融资产								
应收票据及应收账款								
预付账款								
其他应收款								
存货								
合同资产								
持有待售资产								
一年内到期的非流动资产								
其他流动资产								
流动资产合计								
非流动资产:								
债权投资								
其他债权投资								
长期应收款								
长期股权投资								
其他权益工具投资								
其他非流动金融资产								
投资性房地产								
固定资产								
在建工程								
生产性生物资产								

(续)

项目	母公司	子公司1	子公司2	……	合计金额	调整		合并金额
						借方	贷方	
油气资产								
无形资产								
开发支出								
商誉								
长期待摊费用								
递延所得税资产								
其他非流动资产								
非流动资产合计								
资产总计								
负债和所有者权益（或股东权益）								
流动负债：								
短期借款								
交易性金融负债								
衍生金融负债								
应付票据及应付账款								
预收款项								
合同负债								
应付职工薪酬								
应交税费								
其他应付款								
持有待售负债								
一年内到期的非流动负债								
其他流动负债								
流动负债合计								

非流动负债:												
长期借款												
应付债券												
其中：优先股												
永续债												
长期应付款												
预计负债												
递延收益												
递延所得税负债												
其他非流动负债												
非流动负债合计												
负债合计												
实收资本（或股本）												
其他权益工具												
其中：优先股												
永续债												
资本公积												
减：库存股												
其他综合收益												
盈余公积												
未分配利润												
归属于母公司所有者权益合计												
少数股东权益												
所有者权益（或股东权益）合计												
负债和所有者权益（或股东权益）总计												

表 11-9　利润表

项目	本期金额	上期金额
一、营业收入		
减：营业成本		
减：税金及附加		
销售费用		
管理费用		
研发费用		
财务费用		
其中：利息费用		
利息收入		
资产减值损失		
信用减值损失		
加：其他收益		
投资收益		
其中：对联营企业和合营企业的投资收益		
净敞口套期收益（损失以"-"号填列）		
公允价值变动收益		
资产处置收益		
二、营业利润		
加：营业外收入		
减：营业外支出		
三、利润总额		
减：所得税费用		
四、净利润		
（一）持续经营净利润（净亏损以"-"号填列）		
（二）终止经营净利润（净亏损以"-"号填列）		
五、其他综合收益的税后净利润		
（一）不能重分类进损益的其他综合收益		
1.重新计量设定受益计划变动额		
2.权益法下不能转损益的其他综合收益		
3.其他权益工具投资公允价值变动		
4.企业自身信用风险公允价值变动		
……		
（二）将重分类进损益的其他综合收益		

(续)

项目	本期金额	上期金额
1.权益法下可转损益的其他综合收益		
2.其他权益工具投资公允价值变动		
3.金融资产重分类计入其他综合收益的金额		
4.其他债权投资信用减值准备		
5.现金流量套期储备		
6.外币财务报表折算差额		
……		
六、综合收益总额		
七、每股收益		
（一）基本每股收益		
（二）稀释每股收益		

（6）"金融资产重分类计入其他综合收益的金额"行项目，反映企业将一项以摊余成本计量的金融资产重分类为以公允价值计量且其变动计入其他综合收益的金融资产时，计入其他综合收益的原账面价值与公允价值之间的差额。该项目应根据"其他综合收益"科目下的相关明细科目的发生额分析填列。

（7）"其他债权投资信用减值准备"行项目，反映企业按照《企业会计准则第 22 号——金融工具确认和计量》（2017 年修订）第十八条分类为以公允价值计量且其变动计入其他综合收益的金融资产的损失准备。该项目应根据"其他综合收益"科目下的"信用减值准备"明细科目的发生额分析填列。

（8）"现金流量套期储备"行项目，反映企业套期工具产生的利得或损失中属于套期有效的部分。该项目应根据"其他综合收益"科目下的"套期储备"明细科目的发生额分析填列。

3. 合并工作底稿

合并工作底稿如表 11-10 所示。

11.2.3　所有者权益变动表与现金流量表

1. 所有者权益变动表

单体所有者权益变动表的格式如表 11-11 所示。

表 11-10 合并利润表工作底稿

项目	母公司	子公司1	子公司2	……	合计金额	调整		合并金额
						借方	贷方	
一、营业收入								
减：营业成本								
税金及附加								
销售费用								
管理费用								
研发费用								
财务费用								
其中：利息费用								
利息收入								
资产减值损失								
信用减值损失								
加：其他收益								
投资收益								
其中：对联营企业和合营企业的投资收益								
净敞口套期收益（损失以"-"号填列）								
公允价值变动收益								
资产处置收益								
二、营业利润								
加：营业外收入								
减：营业外支出								
三、利润总额								

减:所得税费用							
四、净利润							
（一）持续经营净利润（净亏损以"-"号填列）							
（二）终止经营净利润（净亏损以"-"号填列）							
五、其他综合收益的税后净利润							
（一）不能重分类进损益的其他综合收益							
1. 重新计量设定受益计划变动额							
2. 权益法下不能转损益的其他综合收益							
3. 其他权益工具投资公允价值变动							
4. 企业自身信用风险公允价值变动							
……							
（二）将重分类进损益的其他综合收益							
1. 权益法下可转损益的其他综合收益							
2. 其他债权投资公允价值变动							
3. 金融资产重分类计入其他综合收益的金额							
4. 其他债权投资信用减值准备							
5. 现金流量套期储备							
6. 外币财务报表折算差额							
……							
六、综合收益总额							
归属于母公司所有者综合收益总额							
归属于少数股东的综合收益总额							
七、每股收益							
（一）基本每股收益							
（二）稀释每股收益							

表 11-11 所有者权益变动表

项目	行次	本年金额									上年金额								
		实收资本（或股本）	其他权益工具			资本公积	减：库存股	其他综合收益	盈余公积	未分配利润	所有者权益合计	实收资本（或股本）	其他权益工具			资本公积	减：库存股	其他综合收益	盈余公积	未分配利润	所有者权益合计
			优先股	永续债	其他								优先股	永续债	其他						
一、上年年末余额	1																				
加：会计政策变更	2																				
前期差错更正	3																				
其他	4																				
二、本年年初余额（5=1+2+3+4）	5																				
三、本年增减变动金额（减少以"-"号填列）(6=7+8+13+17)	6																				
（一）综合收益总额	7																				
（二）所有者投入和减少资本（8=9+10+11+12）	8																				
1.所有者投入的普通股	9																				
2.其他权益工具持有者投入资本	10																				

3. 股份支付计入所有者权益的金额	11											
4. 其他	12											
(三) 利润分配 (13=14+15+16)	13											
1. 提取盈余公积	14											
2. 对所有者 (或股东) 的分配	15											
3. 其他	16											
(四) 所有者权益内部结转 (17=18+19+20+21+22+23)	17											
1. 资本公积转增资本 (或股本)	18											
2. 盈余公积转增资本 (或股本)	19											
3. 盈余公积弥补亏损	20											
4. 设定受益计划变动额结转留存收益	21											
5. 其他综合收益结转留存收益	22											
6. 其他	23											
四、本年年末余额 (24=5+6)	24											

"其他综合收益结转留存收益"行项目，主要反映：

（1）企业指定为以公允价值计量且其变动计入其他综合收益的非交易性权益工具投资终止确认时，之前计入其他综合收益的累计利得或损失从其他综合收益中转入留存收益的金额。

（2）企业指定为以公允价值计量且其变动计入当期损益的金融负债终止确认时，之前由企业自身信用风险变动引起而计入其他综合收益的累计利得或损失从其他综合收益中转入留存收益的金额等。该项目应根据"其他综合收益"科目的相关明细科目的发生额分析填列。

合并所有者权益变动表的格式如表11-12所示。

与单体所有者权益变动表相比，合并所有者权益变动表只是在"所有者权益合计"项目前增加一列"少数股东权益"，其他格式完全相同。

合并所有者权益变动表是根据合并资产负债表与合并利润表填列的，不需要独立的合并工作底稿。

2. 现金流量表

现金流量表格式没有变化，这里就不做列示了。

11.3 管理报表

管理报表主要是为了满足管理层的数据需求而编制的，主表包括资产负债表、利润表和现金流量表，有的公司还要编制所有者权益变动表。报表的格式，可以与11.1节或者11.2节的格式相同，也可以不同。接下来将用内部管理报表来演示合并工作底稿的格式。

11.3.1 资产负债表

【案例11-1】某集团公司内部资产负债表格式如表11-13所示，为编制管理用合并资产负债表而设计的合并工作底稿格式如表11-14所示。

11.3.2 利润表

【案例11-2】某钢铁贸易集团公司内部利润表格式如表11-15所示，为编制管理用合并利润表而设计的合并工作底稿格式如表11-16所示。

表 11-12 合并所有者权益变动表

项目	行次	本年金额									上年金额								
		实收资本（或股本）	其他权益工具			资本公积	减：库存股	其他综合收益	盈余公积	未分配利润	少数股东权益	所有者权益合计	实收资本（或股本）	其他权益工具			资本公积	减：库存股	其他综合收益	盈余公积	未分配利润	少数股东权益	所有者权益合计
			优先股	永续债	其他									优先股	永续债	其他							
一、上年年末余额	1																						
加：会计政策变更	2																						
前期差错更正	3																						
其他	4																						
二、本年年初余额（5=1+2+3+4）	5																						
三、本年增减变动金额（减少以"-"号填列）(6=7+8+13+17)	6																						
（一）综合收益总额	7																						
（二）所有者投入和减少资本（8=9+10+11+12）	8																						
1.所有者投入的普通股	9																						
2.其他权益工具持有者投入资本	10																						
3.股份支付计入所有者权益的金额	11																						
4.其他	12																						

(续)

项目	行次	本年金额											上年金额										
		实收资本（或股本）	其他权益工具			资本公积	减：库存股	其他综合收益	盈余公积	未分配利润	少数股东权益	所有者权益合计	实收资本（或股本）	其他权益工具			资本公积	减：库存股	其他综合收益	盈余公积	未分配利润	少数股东权益	所有者权益合计
			优先股	永续债	其他									优先股	永续债	其他							
(三) 利润分配（13=14+15+16）	13																						
1. 提取盈余公积	14																						
2. 对所有者（或股东）的分配	15																						
3. 其他	16																						
(四) 所有者权益内部结转（17=18+19+20+21+22+23）	17																						
1. 资本公积转增资本（或股本）	18																						
2. 盈余公积转增资本（或股本）	19																						
3. 盈余公积弥补亏损	20																						
4. 设定受益计划变动额结转留存收益	21																						
5. 其他综合收益结转留存收益	22																						
6. 其他	23																						
四、本年年末余额（24=5+6）	24																						

表 11-13 资产负债表

资产	期末余额	年初余额	负债及股东权益	期末余额	年初余额
货币资金			短期借款		
交易性金融资产			应付票据		
应收票据			应付账款		
应收账款			预收款项		
短期贷款（小贷用）			应付职工薪酬		
预付款项			应交税费		
应收利息			应付利息		
其他应收款			其他应付款		
存货					
其他流动资产					
流动资产合计	—	—	流动负债合计	—	—
长期应收款			长期借款		
长期股权投资			其他非流动负债		
投资性房地产					
固定资产原值					
减：累计折旧			非流动负债合计	—	—
固定资产现值			负债合计	—	—
无形资产			实收资本		
在建工程			资本公积		
工程物资			盈余公积		
长期待摊费用			往年未分配利润		
其他长期资产			本年利润		
非流动资产合计	—	—	股东权益合计	—	—
资产总计	—	—	负债和股东权益总计	—	—

【案例 11-3】某批发零售连锁集团公司内部利润表格式如表 11-17 所示，为编制管理用合并利润表而设计的合并工作底稿格式如表 11-18 所示。

11.3.3 现金流量表

【案例 11-4】某钢铁贸易集团公司内部现金流量表格式如表 11-19 所示，为编制管理用合并现金流量表而设计的合并工作底稿格式如表 11-20 所示。

表 11-14　合并资产负债表工作底稿

项目	母公司	子公司1	子公司2	……	合计金额	调整 借方	调整 贷方	合并金额
货币资金								
交易性金融资产								
应收票据								
应收账款								
短期贷款(小贷用)								
预付款项								
应收利息								
其他应收款								
存货								
其他流动资产								
流动资产合计								
长期应收款								
长期股权投资								
投资性房地产								
固定资产原值								
减：累计折旧								
固定资产现值								
无形资产								
在建工程								
工程物资								
长期待摊费用								
其他长期资产								

	非流动资产合计	资产总计	短期借款	应付票据	应付账款	预收款项	应付职工薪酬	应交税费	应付利息	其他应付款	流动负债合计	长期借款	其他非流动负债	非流动负债合计	负债合计	实收资本	资本公积	盈余公积	往年未分配利润	本年利润	归属于母公司所有者权益合计	少数股东权益	所有者权益合计	负债和所有者权益总计

表 11-15 利润表

项目	本期金额	本年累计
一、主营业务收入	—	—
包含：1. 内销收入		—
2. 外销收入		—
3. 钢坯收入		—
4. 合金收入		—
5. 废品收入		—
6. 加工收入		—
减：主营业务成本	—	—
包含：1. 内销成本		—
2. 外销成本		—
3. 钢坯成本		—
4. 结算价差		—
5. 加工费用		—
6. 合金成本		—
7. 加工损耗		—
8. 品质折让		—
9. 核心客户价差		—
10. 运输装卸费用		—
11. 钢卷加工费用		—
12. 销售返利		—
13. 托盘费用		—
14. 生产成本		
二、毛利润	—	—
减：各项税费		
销售费用		
管理费用		
财务费用		
三、经营利润	—	—
加：投资收益		—
出口退税		—
以前年度损益调整		—
其他收入		—
减：其他支出		—
四、利润总额	—	—
减：所得税费用		
五、税后利润		

表 11-16　合并利润表工作底稿

项目	母公司	子公司1	子公司2	……	合计金额	调整 借方	调整 贷方	合并金额
一、主营业务收入								
包含：1. 内销收入								
2. 外销收入								
3. 钢坯收入								
4. 合金收入								
5. 废品收入								
6. 加工收入								
减：主营业务成本								
包含：1. 内销成本								
2. 外销成本								
3. 钢坯成本								
4. 结算价差								
5. 加工费用								
6. 合金成本								
7. 加工损耗								
8. 品质折让								
9. 核心客户价差								
10. 运输装卸费用								
11. 钢卷加工费用								
12. 销售返利								
13. 托盘费用								
14. 生产成本								
二、毛利润								
减：各项税费								
销售费用								
管理费用								
财务费用								
三、经营利润								
加：投资收益								
出口退税								
以前年度损益调整								
其他收入								
减：其他支出								
四、利润总额								
减：所得税费用								
五、税后利润								
归属于母公司所有者的净利润								
少数股东损益								

表 11-17 利润表

项目	本期数	本年累计
一、营业收入		
商品销售收入		
代销商品收入		
其他业务收入		
营业外收入		
二、营业成本		
商品销售成本		
代销商品成本		
其他业务支出		
营业外支出		
三、税费		
增值税		
营业税		
城建税		
教育费附加		
地方教育费附加		
印花税		
所得税		
工会经费		
垃圾处理费		
四、费用		
工资		
福利费		
办公费		
社保费		
公积金		
业务招待费		
房租物管水电		
车辆费用		
折旧摊销		
银行财务费用		
五、净利润		

表 11-18　合并利润表工作底稿

项目	母公司	子公司1	子公司2	……	合计金额	调整借方	调整贷方	合计金额
一、营业收入								
商品销售收入								
代销商品收入								
其他业务收入								
营业外收入								
二、营业成本								
商品销售成本								
代销商品成本								
其他业务支出								
营业外支出								
三、税费								
增值税								
营业税								
城建税								
教育费附加								
地方教育费附加								
印花税								
所得税								
工会经费								
垃圾处理费								
四、费用								
工资								
福利费								
办公费								
社保费								
公积金								
业务招待费								
房租物管水电								
车辆费用								
折旧摊销								
银行财务费用								
五、净利润								
归属于母公司所有者的净利润								
少数股东损益								

表 11-19　现金流量表

项目	本期金额	本年累计	项目	本期金额	本年累计
月初资金余额			二、投资活动现金流量		
			收回投资		
一、经营活动现金流量			投资收益		
钢卷外销收款			其他投资收款		
钢卷内销收款			小计		
关联销售收款			购建固定资产付款		
其他销售收款			对外投资		
来料加工收款			其他投资付款		
出口退税收款			小计		
利息收款			三、筹资活动现金流量		
佣金收款			关联计息往来收款		
手续费收款			关联不计息往来收款		
收到客户偿还贷款			吸收投资		
处置抵债资产收到的现金			取得借款		
其他经营收款			取得银行利息		
小计			取得理财利息		
购买原料支出			其他筹资收款		
购买辅助材料支出			小计		
关联方货款支出			关联计息往来付款		
发放客户贷款			关联不计息往来付款		
缴纳的增值税			偿还债务		
缴纳的所得税			偿还利息		
缴纳的其他税款			分红支出		
支付的渠道费			其他筹资付款		
支付的委外加工费			小计		
支付的运输装卸费			四、其他流动		
支付的业务返利			其他往来收款		
支付的出口费用			私户收款		
其他销售费用			走票收款		
支付的银行手续费			小计		
其他财务费用			其他往来付款		
支付的职工薪酬			私户付款		
支付的管理费用			走票付款		
支付的营业费用			小计		
其他经营付款			汇兑损益		
小计			月末资金余额		

表 11-20 合并现金流量表工作底稿

项目	母公司	子公司1	子公司2	……	合计金额	调整借方	调整贷方	合并金额
月初资金余额								
一、经营活动产生的现金流量								
钢卷外销收款								
钢卷内销收款								
关联销售收款								
其他销售收款								
来料加工收款								
出口退税收款								
利息收款								
佣金收款								
手续费收款								
收到客户偿还贷款								
处置抵债资产收到的现金								
其他经营收款								
经营活动现金流入小计								
购买原料支出								
购买辅助材料支出								
关联方货款支出								
发放客户贷款								
缴纳的增值税								
缴纳的所得税								
缴纳的其他税款								
支付的渠道费								
支付的委外加工费								
支付的运输装卸费								
支付的业务返利								
支付的出口费用								
其他销售费用								
支付的银行手续费								
其他财务费用								
支付的职工薪酬								
支付的管理费用								
支付的营业费用								
其他经营付款								
经营活动现金流出小计								
二、投资活动产生的现金流量								

(续)

项目	母公司	子公司1	子公司2 ……	合计金额	调整 借方	调整 贷方	合并金额
收回投资							
投资收益							
其他投资收款							
投资活动现金流入小计							
购建固定资产付款							
对外投资							
其他投资付款							
投资活动现金流出小计							
三、筹资活动产生的现金流量							
关联计息往来收款							
关联不计息往来收款							
吸收投资							
取得借款							
取得银行利息							
取得理财利息							
其他筹资收款							
筹资活动现金流入小计							
关联计息往来付款							
关联不计息往来付款							
偿还债务							
偿还利息							
分红支出							
其他筹资付款							
筹资活动现金流出小计							
四、其他流动							
其他往来收款							
私户收款							
走票收款							
其他流入小计							
其他往来付款							
私户付款							
走票付款							
其他流出小计							
汇兑损益							
月末资金余额							

11.3.4 所有者权益变动表

所有者权益变动表很少用于管理报表。管理层若有需要，在单体所有者权益"所有者权益合计"项目前，增加一列"少数股东权益"就是合并所有者权益变动表，根据合并资产负债表与合并利润表分析填列。

11.4 本章总结：主、辅要明确

财务报表的合并抵销，是报表项目的抵销，在整个合并过程中，只调整报表，而不调整账面记录。财务报表是主体，合并工作底稿、合并辅助资料等是工具，严重依赖于其主体——财务报表的格式和报表项目。当财务报表的格式或者报表项目发生变化时，合并工作底稿、合并辅助资料等必须随之变化，这样工具才能继续有用。

在本章的案例演示中，财务报表的格式和报表项目，与前述第 1 ～ 10 章的内容略有不同。财务报表从诞生之初到现在，经历过无数次的演变，未来也会不断变化。如果只是财务报表的格式或者报表项目发生改变，只需要调整合并工作底稿、合并辅助资料等工具的格式，并且调整"抵销分录列表"中相应的抵销项目，而报表合并的原理、合并前后财务指标的利好与利空临界值、汇总抵销与 Excel 的分类汇总功能依然有效，这才是本书的价值。

后记

合并报表核心事项总结

一、熟知合并原理，应对复杂的抵销业务

财务报表合并，就是抵销"虚拟"的业务。两个条件同时具备时，合并抵销才有意义。

一是业务类型"虚拟"：参与交易的主体必须都在合并范围内。合并主体之间的内部交易，从法律层面上看是真实的业务，从合并报表层面上看就是"虚拟"的业务，具有待抵销的基因。

二是业务数据"虚拟"：交易中有利润产生。

同时符合这两个条件的业务，必须进行抵销处理。如果只符合其中一个条件，一般不需要抵销处理，特殊业务除外。

例如，账面价值销售固定资产、无形资产或者存货给合并范围的另一方时，业务类型符合了，但是业务数据不符合，无须进行抵销处理；向合并范围外销售产品时，交易中有利润产生，业务数据符合了，但是业务类型不符合，不能进行抵销处理。

二、汇总抵销，提高工作效率

相同交易主体之间同类型的业务汇总抵销，可以减少编制抵销分录的工作量。

相同报表项目抵销数据分类汇总，可以减少从抵销分录到工作底稿过数的工作量。

工作量减少带来的最直接好处是工作效率大幅度提高，间接的好处是数据的准确性得到了保证，工作量少，出错的机会就少了，即使出现异常情况，也能快速查找原因并修正。

三、建立操作规程，做好充足的合并辅助资料准备

通过分工与合作，可以使合并财务报表的工作由团队来完成。未雨绸缪，资料准备充分了，才能游刃有余。

四、跨越会计年度连续合并时，抵销上年度累计未实现利润对本期资产、负债的影响

除了母公司长期股权投资的成本与子公司所有者权益项目的常规抵销外，上年末的资产或者负债中包含的未实现利润也要进行抵销处理，调整交易主体单体资产负债表中"未分配利润"项目的年初余额，而不是调整合并资产负债表"未分配利润"项目的年初余额。

五、合并范围增加时，关注合并现金流量表与合并资产负债表勾稽关系一致性

合并范围增加时，合并资产负债表与合并利润表、合并所有者权益变动表之间的勾稽关系是一致的。容易被忽略的是合并现金流量表与合并资产负债表勾稽关系的一致性，因为子公司被纳入合并范围时，母公司现金流量表中"取得子公司及其他营业单位支付的现金净额"项目的金额，已经包含了子公司"货币资金"项目的期末余额，若子公司此时的"货币资金"项目余额不为零，就会出现勾稽关系异常，要进行调整处理。

六、合并范围减少时，合并利润表勾稽项目发生了变化

合并范围减少时，合并资产负债表的年初数不做调整，期末数合并范围

减少了，而合并利润表与合并现金流量表却包含处置前的当期发生额，逻辑关系不一致很可能导致报表之间的勾稽关系不一致，可以通过利润分配表进行数据调整。如果处置前有内部交易未实现的利润，必须进行终止计量，并按照被处置子公司的实现利润情况，权益法确认投资收益和少数股东损益。此时，合并利润表与合并资产负债表有勾稽关系的项目，由原来的合并"净利润"项目本年累计数，变更为合并后"归属于母公司所有者的净利润"项目本年累计数，合并所有者权益变动表"净利润"本年增减变动金额数据，也来自于合并后"归属于母公司所有者的净利润"项目本年累计数。

合并现金流量表中，母公司单体现金流量表中"处置子公司及其他营业单位收到的现金净额"项目的金额，包含了处置时被处置子公司的"货币资金"期末金额，必须进行调整，这样才能保持合并现金流量表与合并资产负债表勾稽关系一致。

参 考 资 料

[1] 中国注册会计师协会.会计（2016年度注册会计师全国统一考试辅导教材）[M].北京：中国财政经济出版社，2016.
[2] 程嘉源，丁静.报告期内处置子公司的合并报表会计处理的两种方案例解[J].财会月刊，2016（34）：52-55.
[3] 张国永.议报告期内处置子公司相关内部交易的终止计量问题[J].财会月刊，2017（13）：63-66.

财务知识轻松学

书号	书名	定价	作者	特点
45115	IPO财务透视：方法、重点和案例	39.00	叶金福	大华会计师事务所合伙人经验作品，书中最大的特点就是干货多
58925	从报表看舞弊：财务报表分析与风险识别	49.00	叶金福	从财务舞弊和盈余管理的角度，融合工作实务中的体会、总结和思考，提供全新的报表分析思维和方法，黄世忠、夏草、梁春、苗润生、徐珊推荐阅读
49495	500强企业财务分析实务：一切为经营管理服务	49.00	李燕翔	作者将其在外企工作期间积攒下的财务分析方法倾囊而授，被业界称为最实用的管理会计书
54616	十年涨薪30倍：财务职场透视	39.00	李燕翔	实录500强企业工作经验，透视职场江湖，分享财务技能，让涨薪、让升职，变为现实
58449	财务报告与分析：一种国际化视角（第2版）	129.00	丁远	作者是中欧商学院的明星教授，从信息使用者角度解读；大量应用练习
37852	财务诡计：揭秘财务史上13大骗术44种手段	49.80	霍华德 M·施利特 等	财务名著，告诉你如何通过财务报告发现会计造假和欺诈
35946	全面预算管理：案例与实务指引（附光盘）	68.00	龚巧莉	权威预算专家，精心总结多年工作经验/基本理论、实用案例、执行要点，一册讲清/大量现成的制度、图形、表单等工具，即改即用
47755	玩转全面预算魔方（实例+图解版）	69.00	邹志英	作者原为默克中国CFO，书中有许多作者亲手操作过的预算案例，大量实用工具
50885	全面预算管理实践	49.00	贾卒	不仅介绍原理和方法，更有59个案例示范如何让预算真正落地，附赠完整的全面预算管理表格和"经营业绩考评会"表格模板
49792	零基础学内部审计	39.00	郑智园	内审达人经验总结，通俗讲解内审实务技能，贴心提示职业规划和审计思路
50602	增值：集团公司内部审计实务与技巧	49.00	梁雄	国内某大集团内审总监经验之作，十几年的经验无私分享，几百份实用工具免费下载
36351	公司内部审计（第2版）	49.00	叶陈云	最新的国际内部审计理论与实践方面的热点/精编内部审计实践的成功与失败案例/大量关于公司内部审计实务工作指南与工具
42845	财务是个真实的谎言（珍藏版）	30.00	钟文庆	被读者誉为最生动易懂的财务书；作者是沃尔沃财务总监
58202	上市公司财务报表解读：从入门到精通（第3版）	35.00	景小勇	以万科公司财报为例，详细介绍分析财报必须了解的各项基本财务知识
34618	财务报表阅读与信贷分析实务	48.00	崔宏	重点介绍商业银行授信风险管理工作中如何使用和分析财务信息
50412	中小企业融资：案例与实务指引（第2版）	59.00	吴瑕	融资专家解答8大融资专题；更有32个融资案例，快速搞通融资问题
48216	采购成本控制与供应商管理（第2版）	59.00	周云	用实际经验剖析采购成本控制与供应商管理的关键，新增大量案例和实用工具；作者是著名生产与采购专家
53498	营改增实战：增值税从入门到精通（小规模纳税人）	39.00	赵金梅 马郡	作者拥有超过15年财税工作和培训经验，会计财务税务发票报税一本通
57145	营改增实战：增值税从入门到精通（一般纳税人）（第2版）	39.00	马郡 赵金梅 徐锋	作者拥有超过15年财税工作和培训经验，会计财务税务发票报税一本通
55845	内部审计工作法	68.00	谭丽丽 罗志国	8家知名企业内部审计部长联手分享，从思维到方法，一手经验，全面展现
56610	全面预算管理2.0：解开管理者难题的8大钥匙	49.00	张凤林 汤谷良 卢岗	总经理视解；创新的理念和思维，已被证明有效可行的预算系统；来自著名企业北京农业投资有限公司的实践经验
52074	财报粉饰面对面	39.00	夏草	夏草作品，带你识别财报风险
57253	财务报表分析与股票估值	69.00	郭永清	源自上海国家会计学院内部讲义，估值方法经过资本市场验证
58302	财务报表解读：教你快速学会分析一家公司	49.00	续芹	26家国内外上市公司财报分析案例，17家相关竞争对手、同行业分析，遍及教育、房地产等20个行业；通俗易懂，有趣有用